QUATRE AUTRES
DIALOGUES
DU MESME AUTEUR

Faits comme les precedens à l'imitation des Anciens.

QUATRE AUTRES
DIALOGUES
DU MESME AUTEUR.

Faits comme les precedens
à l'imitation des Anciens

Par

I. DE L'IGNORANCE LOUABLE.
II. DE L'OPINIASTRETÉ.
III. DE LA POLITIQUE.
IV. DU MARIAGE.

Tome II.

Par

LETTRE DE L'AVTHEVR.

VOus recevrez avec ces Dialogues (trés-cher Aristenus) de puissantes marques de mon amitié, puisque l'envoi des premiers ayant eu plus de suitte que je ne m'étois promis par la trop libre communication que vous en avez faitte, je ne laisse pas de vous confier ceux ci. Ce n'est pas que je ne m'apperçoive assez que je vais commettre une seconde faute que m'aura causé la premiere (comme un abysme en attire un autre) & qui paroistra d'autant plus remissible. Mais d'une part, je ne puis beaucoup apprehender les precipices où je suis porté de si bonne main, & d'autre costé je prends toute assurance de vous, qui me promettez d'apporter plus de precaution au gouvernement de ces derniers. Ne vous attendez pas d'y trouver quelque chose de meilleur qu'aux precedens ; c'est un mesme genie qui me les a capricieusement dictez. J'y vais suivant tout simplement mes fantaisies, & sans dessein de plaire à qui que ce soit, j'y chante à moy mesme & aux Muses, comme autrefois cet Ismenias. Aussi sça-

LETTRE

vez-vous bien que mes Muses ne sont pas argentines, comme les appelle Pindare, & croyez que si vous m'avez autrefois connu mesprisant les plus precieux metaux, vous me prendriez aujourd'huy pour leur plus capital ennemy. Je ne dis pas cecy pour controller l'humeur, ou mespriser la fortune de ceux lesquels aut famæ aut fami scribunt, mais seulement pour vous justifier l'extravagance libertine de ma plume, laquelle hors de toute ambition & de toute convoitise, ne vise qu'à quelque petite satisfaction d'esprit, sans se soucier du chatoüillement de l'oreille. Les forests de cyprez, & les jardins d'Adonis ou de Tantale, remplis de fleurs, contenteront ailleurs vostre veüe; tout ce que vous pouvez esperer icy, c'est d'y profiter de quelque fruit sauvage, si vostre goust s'y peut accommoder. Cependant, comme je vous puis asseurer d'avoir sans comparaison plus receu de satisfaction du favorable jugement qu'a fait de nostre Sceptique le gentil Mistarius, que je n'ay esté touché des rigoureuses censures de Bacuvius; aussi vous prieray-je de croire qu'il n'y a rien en tous ces chetifs ouvrages, que je n'expose & ne soubmette franchement à vostre jugement, comme on conte que l'Aigle fait ses petits

DE L'AUTHEUR.

au soleil, pour estre chaque chose reprouvée ou legitimée par vous, selon que vous l'estimerez digne de vie ou de suppression. Prenez les pour des divertissemens que je me donne dans un cabinet solitaire & innocent, lesquels je ne pretends pas faire passer pour plus importans que ceux de ces jeunes garçons qui dressent dans Homere leurs petits edifices au bord de la mer, pour estre aussi tost abatus de leurs propres mains, ou servir de joüet aux premiers flots qui les combleront d'arene. Ce sont icy toutes choses fort vaines, à la verité, mais je suis encore à reconnoistre qu'il y ait rien de plus serieux dans la vie, à le bien examiner, & je ne ris jamais plus volontiers qu'avec Democrite, quand je contemple aprés luy les actions que les pauvres humains estiment les plus importantes. Soyez donc seur (cher amy) que je me sentiray infiniment vostre redevable, si vous m'y rendez plus clair-voyant, & en tout cas vous vous souvenez qu'Aristote au premier de sa Metaphysique fait son Philosophe Philomythe, & que cet illustre Grammairien C. Melissus Bibliothequaire d'Auguste, ne dédaigna pas en l'âge de soixante ans de communiquer au Public libellos ineptiarum, seu jocorum, qui seroit le tiltre des miens,

Iliad. O.

C. 2.

Suet. de ill. Gram. c. 21.

si j'avois le moindre dessein de donner à la posterité quelque connoissance de mes resveries. Maintenant je seray bien aise de dresser, sinon quelque excuse, au moins quelque couleur aux fautes que vous dites qu'on a remarquées en ma façon d'écrire : puisque ne l'ayant point changée, il seroit trop messeant de paroistre incorrigible & inexcusable en mesme tems. Or déja vous sçavez que je ne mets pas la main à la plume avec tant

A. Gell. de ceremonie ou de precaution qu'un Car-
l. 15. c. neades, lequel avant que d'escrire con-
17. & tre les livres de Zenon, se purgea le
Plin. l. cerveau avec cet Ellebore blanc, que les
25. c. 5. Latins appellent veratre, ny avec tant d'austerité que ce renommé Protogene, lequel travaillant à son Jalysus, la plus rare piece qui soit partie de sa main, ne vescut cependant que de lupins trempez

Plin. l. en l'eau, ne sensus nimia dulcedine
35. c. 10. obstrueret. Quant à moy, j'aime mieux faillir, & paroistre homme en me joüant, que de me rendre impeccable & meriter des honneurs immortels avec tant de peine & de preparatifs. J'avoüe mesme que

De art. le plus seur seroit de suivre le conseil
Poet. d'Horace, qui veut qu'on reserve neuf ans une composition avant que de luy faire voir le jour, parce que laissant refroi-
dir

DE L'AUTHEUR.

dir cette ardente affection que chacun ressent pour les choses qu'il a nouvellement inventées, on les peut revoir quelque tems après, & en juger plus sainement, devenant par ce moyen d'autheur partial qu'aussi lecteur indifferent. C'est encore l'advis de Quintilien, lequel dit qu'il faut du temps pour perdre cette tendreur qui empesche de recognoistre les défauts de ses enfans spirituels, *ne nobis scripta nostra tanquam recentes fœtus blandiantur.* C'est pourquoy il se repent ailleurs d'une sienne action ou plaidoyer qu'il avoit laissé publier trop à la chaude, *quod me ipsum fecisse (dit-il) seductum juvenili cupiditate gloriæ fateor.* Et à la verité les conceptions de nostre ame, & les productions de nostre esprit sont en cela de la nature du vin nouveau, que pendant ce premier boüillon elles ne demandent qu'à eschapper & à se répandre. Mais comme ces prevoyances sont bonnes pour les ouvrages qu'on pretend consacrer au temple de Memoire, aussi semble-t'il que ceux-là s'en puissent bien dispenser, qu'un genie pareil au mien porte à communiquer librement leurs pensées à un amy, telles qu'elles se presentent à eux dans leur plus secret entretien. Ainsi comme ce Peintre ancien est estimé

10. Inst. c. 4.

lib. 1. 7. c. 2.

LETTRE

estimé de n'avoir souscrit aucun de ses ouvrages avec le mot fecit, mais seulement avec celuy du temps imparfait faciebat, pour montrer qu'il ne pretendoit pas avoir rien achevé d'absoluëment parfait, je presume quant à moy estre excusable aprés la declaration que je vous faits à bien plus juste tiltre, qu'en toutes ces rapsodies que je vous envoye il n'y a rien que de grossierement ébauché, & tel qu'une premiere imagination aidée de quelque lecture, l'a fantastiquement tracé sous un grossier pinceau. Aprés quoy je respondray premierement à ceux qui trouvent si mauvaises les citations que je faits de tant d'Autheurs, les blamant d'autant plus, que je rapporte quasi toujours les passages en leurs propres termes, au lieu que les traduisant & les diversifiant je pourrois profiter de leur conception, & la rendre comme mienne. A quoy je reparts, qu'outre l'authorité de ces grands hommes de l'antiquité, qui est de trés grand poids en beaucoup de matieres, cette naifve reconnoissance du bien d'autruy me semble preferable à toute sorte de larrecin, fût-il à la Spartiate. J'aime mieux me parer ouvertement des belles plumes de ces oiseaux de paradis, qu'en les changeant & alterant imiter ces voleurs

DE L'AUTHEUR.

leurs infames, qui deguisent les hardes desrobées, & coupent les oreilles au roussin qu'ils veulent rendre méconnoissable. Obnoxii profecto animi & infelicis ingenii est, deprehendi in furto malle quam mutuum reddere, cum præsertim fors fiat ex usurâ. *Ma paresse, à la verité, qui a trouvé icy son compte, m'a pû facilement persuader d'en user ainsi ; mais si faut-il d'ailleurs advouer qu'il y a peu de ces subtils larrons à qui l'on voye ce bien d'autruy si mal acquis profiter. Ils se contentent quasi toujours de leur sot artifice à faire passer pour siennes les conceptions des autres, là où ceux qui reconnoissent ingenuement ce qu'ils doivent aux anciens, seroient honteux de ne rien apporter du leur ensuite, & que cette semence des bons Autheurs fust tombée dans leur esprit, comme dans une terre si ingrate, qu'elle ne produisist rien de plus que ce qu'elle auroit receu d'eux. Outre cela, il faut confesser qu'il y a des choses qui ne peuvent estre traduites sans perdre quasi tout ce qu'elles ont de force & de grace, semblables à de certains vins, lesquels quoy qu'excellents, se ruinent par la seule transvasation, voulant même estre beus sur leur terroir, & ne pouvant souffrir le transport*

Plin. præf. ad Vesp.

port sans perdre leur principale saveur & generosité. Que si des plus grands personnages, dont nous reverons les ouvrages, ont esté accusez de s'estre attribué injustement les travaux d'autruy, &, comme parlent les Latins, d'avoir esté Plagiaires ; il me sera aisé de mépriser aujourd'huy qu'on m'impute de m'estre servy de quelques-uns de leurs passages, que je puis dire avoir cité fort souvent de telle sorte, qu'ils me servent à un sens tout nouveau, les ayant en quelque façon rendu miens par leur application. Homere mesme est accusé dans Suidas d'avoir emprunté son poeme d'un Corinnus, lequel des le tems de la guerre de Troye avoit composé une Iliade, & Clement Alexandrin le fait transcripteur des vers d'Orphée. Chrysippus, dit-on, mit dans un de ses livres toute la Medée d'Euripide, ce qui fist repondre celui qu'on interrogeoit quel livre il tenoit en sa main, que c'étoit la Medée de Chrysippus, & quelqu'un assure dans Diogenes Laertius que qui osteroit des œuvres de ce Chrysippus ce qu'il a pris d'autruy, les reduiroit à la charte blanche. Le mesme escrivain de la vie des Philosophes dit dans celle d'Eudoxus, que cettui-cy n'ayant fait que traduire de l'Egyptien quelques dialogues

L. 6. strom.

DE L'AUTHEUR.

gues Cyniques, il les avoit fait passer pour siens parmi les Grecs. Dans Hesychius on impute à Eschines de s'estre attribué d'autres dialogues qui estoient de Socrate, & qu'il avoit trouvé moyen d'avoir de sa veufve Xantippe. Et dans Philostrate Isocrate est taxé de n'avoir dressé cette celebre oraison panegyrique (par laquelle il portoit les Grecs en pleine assemblée olympique à leur grande expedition Asiatique) que sur le labeur precedent de Gorgias, lequel s'estoit déja exercé sur ce sujet. Timon reproche dans A. Gellius à Platon d'avoir composé son Timée des escrits Pythagoriques de Philolaus, qu'il avoit fort cherement acheptez; aussi bien qu'Aristote ceux de Speusippus, & assez d'autres, desquels il s'est si heureusement servy. Toute la Republique de Platon se voyoit dans les contradictions de Protagoras, si on en croit Phavorinus dans le mesme D. Laertius. Et Numenius appelle dans Hesychius Platon le Moyse Athenien, comme celuy qui avoit pris des textes sacrez tout ce qu'il a le plus divinement escrit de Dieu & du monde. Parmy les Latins Virgile, Terence, & leurs semblables ne sont que simples traducteurs des Grecs. Ciceron copie Panetius dans ses Offices, Platon dans ses loix & sa Republique, L. 3. c. 17.

Plin. ep. ad Vesp.

publique, & Crantor dans la consolation à sa fille. De sorte que Celsus, lequel Horace compare à la corneille d'Esope, & les autres qui ont fait comme luy, ont assez de quoy se deffendre, s'ils n'ont rien commis en cecy, qui ne leur soit commun avec ces puissants Demons du temps passé. Et pour moy, qui n'ay rien fait qu'emprunter d'eux de bonne foy, & avec toute sorte de gratitude, je ne suis pas resolu d'en rougir, comme de quelque grand defaut. Car puisque le peintre ne perd rien de sa recommandation pour prendre hors de chez luy ses couleurs, l'architecte ses materiaux, & les autres artisans de mesme ce qu'ils doivent mettre en œuvre ; pourquoy me seroit-il desavantageux d'avoir pris en si bon lieu les passages que j'ay estimé convenir à mon dessein, & comme necessaires à mon ouvrage. Pour ce qui est des personnes, qu'on trouve estrange que j'aye toutes fait parler à ma mode, j'aurois plus de sujet, si leurs noms estoient reconnoissables, de leur en demander pardon, que de m'en excuser envers le reste du monde ; puisque c'estoit un des privilege du Dialogue d'en user ainsi dès le temps de Platon, du Lysis duquel Socrate entendant faire la lecture, on dit qu'il ne pût s'empescher de s'écrier en riant, que

Ep. 3. l. 1.

D. Laer. in Plat.

DE L'AUTHEUR.

ce jeune homme de Platon luy en faisoit bien dire, à quoy il n'avoit jamais pensé. Ciceron se mocque aussi au quatriesme Livre des questions Academiques, de ceux qui lui reprochoient la mesme chose, *Sunt etiam qui negent in iis qui in nostris libris disputent fuisse earum rerum de quibus disputatur scientiam*; quoy que les envoyant à M. Varro il se fust assez expliqué là dessus en ces termes, *puto fore ut cum legeris mirere id nos locutos esse inter nos quod nunquam locuti sumus, sed nosti morem dialogorum.* Et à la verité le Dialogue se peut bien dispenser en ce point, puisque mesme il a droit de faire parler les Dieux, & les moindres animaux comme il luy plaist, témoin avec ceux de Lucien celuy d'*Asellius Sabinus*, in quo Boleti & Ficedulæ, & Ostreæ & Turdi certamen induxerat, pour la composition duquel Tibere luy fit present de deux cens mille sesterces. Il me reste à satisfaire ceux que mon stile, comme vous dites, a mécontentez. Or déja si c'est à cause du Grec & du Latin que j'ay meslez avec mon méchant François, sans doute que la plainte vient de la part des personnes à qui ces langues sont, ou peu familieres, ou tout à fait inconnuës, pour lesquelles
j'advoüe

Suet. in Tib. act. 42.

LETTRE

j'advoüe aussi n'avoir pas mis la main à la plume, principalement à l'égard de la Romaine. Tous ceux qui considereront qu'encore que les langues ne soient pas du nombre des sciences, le Grec pourtant & le Latin les tiennent tellement en leur possession, qu'il est aujourd'huy quasi impossible d'y parvenir que par leur moyen, ne s'emerveilleront pas que j'aye méprisé de faire entendre la pluspart de mes petites fantaisies à ceux qui ne sçavent pas le jargon de l'Eschole. Ciceron mesme, tout passionné qu'il est pour son Eloquence Romaine, s'est veu forcé d'inserer une infinité de dictions Grecques par tout où il a traité des sciences & de la Philosophie, & d'avoüer que l'Orateur & le Philosophe, s'ils ne sont pas incompatibles, n'ont au moins rien de commun que par bien-seance. A Philosopho, dit-il, si afferat eloquentiam non asperner, si non habeat non ad modum flagitem. Car il me souvient qu'en un autre endroit il les oppose comme contraire l'un à l'autre, en ce que l'Eloquence est une faculté tellement populaire, qu'elle n'a pour but que l'approbation de la multitude ; là où Philosophia paucis est contenta judicibus, multitudinem consulto ipsa fugiens, eique ipsi & suspecta

2. de fin.

2. Tusc. qu.

DE L'AUTHEUR.

suspecta & invisa. *Que si je me suis donné d'ailleurs quelque licence, soit aux parolles nuës, soit en leur construction, vous vous souviendrez du stile de Lucien, & de Platon mesme, tout divin qu'il ait esté nommé, Aristote remarquant dans Diogenes Laërtius, qu'il tient le milieu entre le poeme & la prose, avec une liberté ennemie de toute contrainte. Il y a certainement de l'indignité à témoigner tant d'affectation au discours, & à faire si grande parade des fleurs de la Rhetorique quand il est question du bon sens. Un esprit qui a conceu quelque pensée importante & majestueuse, ne s'arreste pas aux termes frivoles de l'enfantement; & on peut soustenir icy ce qui fut dit autrefois des ouvrages d'Apollonius Rhodien, que c'est quelquefois un vice de ne point faillir. Chacun peut bien aussi remarquer comme souvent au contraire un mot barbare a fort bonne grace lorsqu'il possede cette force extraordinaire, que les Grecs nommerent emphase, à nous exprimer quelque haute pensée.* Quis enim accurate loquitur, nisi qui vult putidè loqui ? *disoit lors cet austere Philosophe,* si fieri posset quid sententiam ostendere quam loqui mallem, *& ailleurs,* argumentum est luxuriæ publicæ, orationis lascivia. *Pour moy*

Sen. ep. 76. & 115.

LETTRE

moy qui ne suis pas si grand ny si zelé Philosophe, sans me declarer tellement ennemy du beau langage que luy, il me suffira de vous dire que j'ay toute ma vie méprisé le genie de certains critiques, qui sans s'arrester au sens du Discours, se contentent d'en sindiquer les parolles, & quelquefois les syllabes & les lettres; faisant comme Momus, lequel ne trouvant que reprendre en la personne de Venus se mit à médire de sa chaussure. Comme au contraire j'estime infiniment ce qu'a dit Boccalini sur les livres de Peranda, que quelques-uns reprenoient d'avoir usé de termes qui n'estoient pas purs Toscans, *che ne gli scritti de gli huomini Letterati, gli ingegni virtuosi con animo nobile notavano i concetti, i maligni pedanti con loro vil talento vi censuravano le parole.* Ce n'est pas que je ne sçache bien qu'en mon particulier j'aurois plus besoin de l'éponge entiere, que d'un simple trait du pinceau ou de la plume, pour estre suffisamment corrigé, *quosdam si quis corrigit, delet*; ny que j'aye à contrecœur d'estre repris, aprés qu'Homere a esté nommé *officina reprehensionum.* Mais j'ai creu pourtant estre obligé de vous fournir ces reparties, pour ceux que vous dites n'estre pas demeurez satisfaits de la façon dont je m'explique. Du reste,

Cent.1.
rag. 13.

Sen. ep.
115.

je

DE L'AUTHEUR.

je sçay bien que les livres (quand j'aurois quelque intention d'en faire) ont leurs destinées aussi bien que les hommes, & que leur vie ou leur fin n'est pas plus en nostre puissance que celle de nos autres enfans. Quelques-uns paroissent d'eux-mesmes & par leur propre deffaut, les autres par des calamitez publiques, comme sont celles des siecles d'ignorance ; mais il y en a bien aussi qui sont opprimez par la conjuration de leurs ennemis, & par les monopoles de leurs envieux. Comme au contraire il s'en trouve qui ne subsistent que par un extraordinaire bonheur, ou par l'artifice & les cabales de ceux qui les favorisent. Ainsi celuy qui faisoit gronder un veritable cochon sous son bras, fut rebuté par les fauteurs de Parmenion, qui s'écrierent nihil ad Parmenionis suem, avec une aussi injuste que ridicule prevention d'esprit. Ainsi Euripide fut quasi toujours vaincu par des poëtes de nulle consideration, n'ayant obtenu le prix qu'en cinq tragedies, de soixante & quinze qu'il avoit composées. Ainsi Menandre n'eut le dessus qu'en huit comedies, de plus de cent qu'il fit representer, la faction qui luy étoit contraire l'ayant toujours emporté ; ce qui luy fit dire de si bonne grace à l'un de ses antagonistes, quæso Philemon, bona venia dic mihi, cum me vincis

A. Gell. l. 17. c. 4.

LETTRE

vincis non erubescis ? Qu'il y a peu (cher amy) de Menandres aujourd'huy, & que nous voyons triompher de ces Philemons, ausquels il est d'autant plus aisé de parvenir à leurs fins, que comme il n'y a point de plus mauvais juges de la melodie du luth & des autres instruments que ceux qui ne les toucherent jamais, le mesme se pouvant dire de l'excellence de la musique en general, à l'égard de ceux qui ne l'ont jamais pratiquée, aussi n'y a-t-il point ordinairement de plus iniques censeurs des escrits d'autruy, & qui les voyent & en parlent avec moins de jugement, que ceux qui n'ont jamais mis la main à la plume, & qui, comme parle A. Gellius, nullas hoc genus vigilias vigilarunt.

L. 20.
c. ult.

Ce qui procede de ce que les uns ny les autres ne sçavent pas en quoy consiste l'artifice des arts dont ils prononcent temerairement, encore qu'ils estiment tous également y entendre les plus grandes finesses qui y soient ; scito eum pessime dicere, qui laudabitur maximè, disoit Pline de ceux qui recitoient leurs compositions à la mode de son temps. Le nombre de ces ignorans arbitres des ouvrages des Muses l'ayant toujours icy emporté sur le peu de personnes qui s'y connoissent, comme fait par tout ailleurs la violence de la multitude.

DIALOGUE DE L'IGNORANCE LOUABLE,

Entre

TELAMON, ORASIUS, MELPOCLITUS, ET GRANICUS.

UT POTERO EXPLICABO, nec tamen quasi Pythius Apollo, certa ut sint & fixa quæ dixero, sed ut homunculus unus è multis probabilia conjecturâ sequens, ultra enim quò progrediar, quàm ut verisimilia videam, non habeo. Certa dicant ii, qui & percipi ea posse dicunt, & sapientes esse profitentur. Cic. 1. Tusc. qu.

TELAMON. Ne me fais-je point coulpable de trop d'importunité, Orasius, vous surprenant ainsi dans la douce solitude de vos Syracuses, s'il m'est permis d'abuser après Auguste de ce mot en faveur de vôtre cabinet. *Suet. in Oct. act. 72.*

ORA-

ORASIUS. Si vous estes coupable c'est d'avoir pensé l'estre, blessant par ce doute la franchise de vôtre amitié. J'advoüe que je prefere souvent la solitude à beaucoup de conversations, & qu'en ce temps-là demie compagnie de ce feu m'est plus chere, qu'une entiere telle qu'il s'en presente souvent. Mais que cela se puisse entendre de Telamon, & qu'il doive là-dessus douter de sa bien venuë en ce lieu, c'est ce que je ne puis souffrir de lui.

TELAMON. Je sçay que vous ne voulez que la confession de ma faute pour toute satisfaction. Et puisque vous bannissez de vostre amitié mes trop respectueuses retenuës, je seray d'autant plus hardy à vous prier de me communiquer le sujet d'une si profonde meditation, en laquelle il m'a semblé vous avoir trouvé, aussi que j'ay bonne memoire de vous avoir ouy fort estimer un precepte que donne ce digne Empereur Marc Antonin, pour nous empêcher d'extravaguer lorsque nous sommes dans l'entretien de nous-mesmes, & pour eviter cette vanité de cogitations que le sage Hebreu dit nous estre si naturelle,

L. 3. de vita suâ.

relle, c'est à sçavoir de n'arrêter jamais nostre esprit que sur des pensées que nous puissions librement confesser, & que nous soyons prests de rapporter sur le champ à ceux qui nous en feroient la demande.

ORASIUS. Il adjouste au mesme endroit une consideration encores plus puissante, ce me semble, de porter un tel respect à nous-mesmes, c'est-à-dire, à cette faculté discursive, & à cette partie superieure qui est en nous, que nous ne concevions jamais rien qui soit indigne d'elle, & contraire à la nature d'un animal raisonnable. Or bien que je ne vous donne pas mes petites resveries pour des pensées aussi parfaites que les requiert ce puissant Phisolophe, si useray-je de complaisance, & ne vous déguiseray rien de ce qui m'a passé par la fantaisie depuis une petite heure que je me suis icy enfermé. Premierement, la veuë de ces froids meteores qu'à travers mes chassis je consideroit tomber du ciel, poussez d'une si rigoureuse tramontane, ne m'a pas seulement arresté le corps avec plaisir auprès de ce feu, mais encore m'a porté l'esprit à faire quelques reflexions sur la bene-

A 2 ficence

ficence de ce premier Element. Sa belle lumiere, dont nous jouïssons dans nos cheminées, & qui y fait passer le ris de Vulcain pour quelque sorte d'entretien, me portoit à douter si les poesies d'Allemagne, ou les hypocaustes des anciens estoient preferables à nos foyers. Son activité merveilleuse, par laquelle venant à bout de toutes choses, qu'il convertit en sa substance, il s'engendre encore luimême, me faisoit examiner les raisons d'Orphée, de Mercure, d'Anaxagore, d'Empedocle, d'Heraclite; de Platon, & de la pluspart des Stoïciens, qui vouloient avec nos escholes Chrestiennes qu'un embrasement general deust enfin reduire toutes choses à ce principe, de sorte que par une conflagration de toute la Nature, cet univers ne fust plus rien un jour, qu'un general empyreume. Son usage qui s'étend par tout, & qui l'a fait nommer la maistre des arts, me faisoit imaginer poetiquement la misere du genre humain avant le larrecin de Promethée, & douter serieusement que ce qu'on a escrit des habitans des Canaries, de Cumana, & de quelques autres lieux du monde nouveau, peut-estre

Pline l. 2. c. 107.

Arist. 3. Phys. c. 7. & 13. Metaph. c. 10.

Ficinus in Epinom.

estre veritable, c'est à sçavoir qu'avant leur découverte les hommes y fussent si grossiers & si miserables que d'ignorer tout-à-fait l'usage du feu. Je songeois ensuitte quelque temps au dire d'Anacharsis sur l'invention du charbon, quand il loüoit si fort les Grecs d'avoir par ce moyen apporté le bois en leur maison, duquel ils avoient laissé la fumée sur les montagnes. Et finalement je conferois l'opinion de Zenon, que la nature n'estoit autre chose qu'un feu, avec ce passage de l'Apostre, pris du quatrieme du Deuteronome, *Deus noster ignis consumens est*; à quoi rapportant le vers du Poëte touchant la substance de nos ames, *D. Laert. Cic. 2. de nat. Deo. Ad Hebr. c. 12.*

Igneus est ollis vigor & cœlestis origo.

& ce que nostre Theologie nous enseigne, qu'elles sont un souffle de la Divinité, *inspiravit in faciem ejus spiraculum vitæ*, il m'estoit alors avis qu'en ce sens Democrite avoit eu grande raison de dire *proprium ignis esse ut sit animæ simillimus*, quoyque Aristote au cinquieme de ses Topiques le veuille en cela convaincre d'impertinence, parce qu'en bonne *Gen. c. 2. C. 2.*

Logi-

Logique, *proprium debet esse notius suo subjecto*. Voilà de quelle façon je philosophois à l'advantage de ce feu, dont mon naturel plus froid qu'une salemandre ne se peut passer en ce rude climat pendant le long éloignement du bel astre duquel tous nos feux ont emprunté leur lumiere, & par consequent leur chaleur. Mais comme je donne une assez libre carriere à mon esprit dans cette chambre des Meditations, là où souvent,

Hor. ep. l. 1. ep. 1.   *Quò me cumque rapit tempestas deferor hospes,*

je me suis aussi-tost trouvé parmi les fourneaux embrasez des Chimistes, prenant plaisir à considerer comme il n'y a metamorphose poetique si extravagante, pour ne rien dire des choses les plus sainctement respectées, où ils ne trouvent les mysteres de leur Profession, & les certitudes de leur art; quoyqu'il ne se trouve peut estre de toutes les fables que le seul tourment de Sysiphe qui leur puisse bien convenir : puis qu'ils sont toujours après leur pierre philosophale, comme luy à rouler celle qui rend son labeur perpetuel. Cette pensée & celle de quelques Philosophes, qui disputent au feu sa secheresse, le constituant le plus humide des elemens, m'avoit enfin jetté comme dans un port agreable, duquel on découvre en toute seureté la tourmente & les naufrages des autres, sur les belles considerations de ma chere Sceptique, touchant l'incertitude de toutes choses, & particulierement des sciences les plus opiniastrées, dont elle découvre si gentiment la vanité ou l'imposture. Et c'est là justement où j'en estois quand vostre entrée aucunement à l'improviste m'a fait revenir comme d'un profond sommeil, quoy que je fusse attendant nos amis communs Melpoclitus & Granicus, lesquels m'ont fait sçavoir dès le matin qu'ils se rendroient icy après-disnée.

TELAMON. A ce que je puis voir vostre solitude n'est pas de ces fascheuses & chagrines, telles que les éprouvent ces ames vulgaires, qui n'ont rien de si ennemy qu'elles-mesmes quand elles sont reduites à leur propre entretien, *turbam rerum hominumque desiderant qui se pati nesciunt.* Que j'aime ces retraittes philosophiques, qui laissent un esprit dans un

Sen. praf. l. 4. qu. nat.

calme

calme plein de joye & de cette satisfaction que je vois peinte sur vostre visage. Telle étoit sans doute la solitude de *Strab. 7.* Zamolxis dans son antre, de Pyrrho *Geogr.* dans les deserts, de Democrite dans *Hesych.* les sepulchres où il éprouvoit ses ima-*in eorū* ginations, d'Euripide dans sa spelun-*vitis.* que de l'Isle Salamine, d'Orphée dans *A. Gell.* les forests où sa lyre preferoit aux *l. 15.* hommes les animaux les plus sauva-*c. 20.* ges, & d'Adam encore dans le Paradis terrestre, où il ne sentit de malheur que celui que lui causa la compagnie qu'il y receut. Hé quoy ! Socrate mesme, tout amateur des compagnies qu'il estoit, preferant le bien & l'instruction des hommes à son propre contentement, n'avoit-il pas son Demon Saturnien, qui lui donnoit ses grandes abstractions d'esprit de vingtquatre heures, comme en tombent *Ficin.* d'accord les plus nobles Platoniciens? *ad Po-* & n'est-ce pas par là qu'ils interpre-*lit. Pla.* tent leur maistre, lequel prise beau-*& ad 4.* coup plus par tout le regne de Saturne *de leg.* que celuy de Jupiter? A la verité il y a des misanthropes qui ne se separent du reste des hommes que par la tyrannie de leurs hypochondres, lesquels en cela sont plus à plaindre qu'à imiter.
Tel

Tel fut un Myson, auquel estant échappé de rire dans sa solitude, & interrogé qu'il fut pourquoy il rioit ainsi seul, pour cela mesme, dit-il, que je me vois ainsi seul. Et la mauvaise humeur de ce Timon Athenien fit nommer à Marc Antoine son *Timonium* le Palais d'Alexandre, où il rongeoit miserablement son frein. Mais ceux qui sçavent comme il faut profiter d'une heureuse solitude, & qui entendent cet art de converser avec soymesme, aujourd'huy si depravé, ou si inconnu, n'ont garde de tomber dans ces inconveniens. Ils ne sont jamais seuls se considerans composez de corps & d'ame, & trouvans dans euxmesmes la meilleure de toutes les compagnies.

D. Laert. in Mys.

Est Deus in nobis agitante calescimus illo.

Ovid.

Qu'il y en a peu, bon Dieu, qui sçachent que c'est que cette conversation divine, de quelle sorte un bon esprit se sçait interroger, & respondre socratiquement à lui mesme, par quelle voye il doit commencer, poursuivre, & heureusement finir sa meditation, quelles pensées il y doit admettre &

A 5 quelles

quelles congedies, & finalement qu'il y en a peu qui ne se perdent comme Loth dans le desert qu'ils trouvent par tout où la multitude cesse de les divertir. C'est le defaut de cet entretien & de ce discours mental qui fait que je m'étonne moins que les Egyptiens, lesquels canonisoient les inventeurs des choses, eussent beaucoup plus de figures d'animaux consacrez que d'hommes, pource que l'instinct naturel des bestes leur a fait trouver, & leur a indiqué mille bonnes choses, dont le profit est venu jusques à nous; là où les hommes, qui ont la ratiocination interieure au lieu de cet instinct, en sçavent si peu l'usage, & s'en servent si mal, qu'ils n'ont que fort rarement merité la gloire de l'invention. Et neantmoins l'homme est encore plus nay à l'entretien de lui-mesme qu'à toute autre conversation, puisque c'est le propre de son ame de se reflechir sur elle mesme, & que de là nous en tirons un argument de son immortalité; celle des autres animaux estant privée tout à fait de cette faculté, ou pour le moins n'en pouvant user qu'avec beaucoup de debilité & d'imperfection. Aussi voyons nous que plus
une

une ame est noble, plus elle est capable de cet entretien interieur, & de ces divines reflexions, & qu'au contraire les plus terrestres & pesantes sont celles qui ne se fournissant aucun divertissement, languissent d'ennuy & de chagrin dans la conversation d'elles-mesmes; *dæ res, que languorem afferunt cæteris, Scipionem acuebant, otium & solitudo.* Cir. 3. de Offic. Or comme jusques icy il y a une merveilleuse conformité d'humeur & de sentiment entre nous, aussi ne puis-je m'empescher de m'opposer aux injustes & extravagantes pensées de vostre Sceptique, principalement lorsqu'elle se rend injurieuse envers les sciences, les accusant d'impertinence, voire de nullité, ce que j'estime un blaspheme insupportable. Je pardonnerois à ceux qui font mine de les mépriser, comme cet Orateur Aper, duquel Tacite dit que *contemnebat potius litteras, quam nesciebat*, semblable Dial. de el. à cet Egyptien Protée, qu'Homere fait oras. homme fort sçavant, quoiqu'il cachast en diverses façons son sçavoir. *Laboriosos nos esse negamus ut valere ingenio videamur*, dit Aristote. Mais de 3. Topic. c. 2. parler à bon escient contre les filles de Minerve, & leur faire une guerre mortelle,

A 6

telle, comme vous autres Sceptiques, c'est ce que je trouve d'autant plus ridicule, qu'au mesme temps que vous niez qu'il y ait rien de vray, vous admettez le vray-semblable, comme qui diroit qu'un fils seroit fort semblable à son pere, & neanmoins soustiendroit qu'il ne connoist pas le pere. Prenez garde que qui se voudroit donner la licence de vous mal-traitter, comme vous faites hardiment tout le monde, vous pourroit encore reduire en d'assez mauvais termes. Il est vray que n'admettant aucun principe solide, il n'y a personne aussi qui ne méprise de traitter avecque vous.

ORASIUS. Si vous voulez que ce soit sans cholere, je tascheray de vous faire connoistre que nous ne sommes pas du tout si injustes, ny si ridicules que vous nous faites, vous asseurant cependant qu'il n'y a gens sous le ciel qui craignent moins la touche que nous; les Sceptiques étant *In Tab.* semblables à ceux qui ont esté mordus *sebet.* de la vipere, ausquels tous les autres serpens ne peuvent plus nuire, pource qu'ils ont receu par la morsure de ce premier le remede contre tous les autres. Car quiconque aussi a senty le coup

coup jusques au vif de la suspension Sceptique, il est asseuré contre tous les traits que les autres Sectes dogmatiques lui peuvent livrer. Au surplus ce que vous trouvez impertinent en nous, de nier qu'il y ait rien de vray, en admettant toutefois le vray-semblable, procede de ce que nous sommes contraints d'abuser de ce mot, & de quelques autres, *nam communi consuetudine sermonis abutimur cum ita dicimus.* Mais sçachez que quand nous nommons quelque chose vray-semblable, nous n'entendons pas luy donner une ressemblance avec aucune verité positivement establie par nous, mais seulement avec ce qui est reputé vray par les autres.

Cic. de Fato.

TELAMON. Nous serions en une déplorable condition, s'il estoit ainsi que de tout ce que nos sens, tant exterieurs qu'interieurs, & ensuitte nostre jugement peuvent comprendre, il n'y eust du tout rien de veritable; & je ne sçay pas comment, ny à qui vous pouvez persuader un tel aveuglement de corps & d'esprit, & si general à toute la nature humaine. Encores les Cimmeriens avoient des feux qui soulageoient en quelques façons leurs tenebres,

Cic. 4. qu. Acad.

bres, & les Hollandois en la nouvelle Zemble, & plus haut encore vers le Pole, estoient éclairez pendant leur longue nuit des feux & des lampes qu'ils tenoient allumées. Mais l'obscurité de toutes choses dans laquelle vous nous constituez est si invincible, que les plus clair-voyans de corps & d'esprit passeroient parmi vous pour des aveugles-naïs ; *Sed enim stultas opiniones admodum scrutari stultum fortasse est*, comme advertit prudemment Aristote.

3. de part. Anim. c. 3.

ORASIUS. Vous ne luy estes pas peu redevable, de vous avoir appris à dire si à propos des injures. Neanmoins je vous prie de croire que nous n'allons pas aussi jusques aux extrémitez que vous dites, car au contraire nous nous accommodons doucement au rapport de nos sens, reconnoissans bien que sans cela la vie ne pourroit pas subsister ; encore que nous sçachions d'ailleurs la tromperie ordinaire d'iceux, d'où naist en partie nostre suspension. Et pour le regard de l'entendement, nous ne le laissons pas non plus dépourveu de toute lumiere, quand au lieu du vray nous luy substituons le vray-semblable. Mais pour Dieu,

Dieu, ne vous prenez pas à nous de cette obscurité, & incertitude de toutes choses, estant bien plus raisonnable, s'il en faut faire quelque plainte, d'en accuser la Nature, qui a voulu cacher cette verité que vous cherchez tant au plus profond du puits de Democrite. Car comme Anacharsis se mocquoit avec assez de grace des Atheniens, qui avoient voulu la mettre jusques en plein marché, *in foro veritas*, bien qu'il n'y eust lieu, comme il remarquoit fort à propos, où ils mentissent plus impudemment ; aussi peut-on bien se gausser de ceux qui pretendent trouver dans la Philosophie cette verité constante & asseurée, n'y ayant peut-estre endroit où elle soit moins perceptible, ny gens qui la possedent moins que les professeurs Dogmatiques de cette science. Croyez aussi que la Sceptique n'est point une heresie d'entendement absurde & ridicule comme vous vous la figurez, *hæc in* L.1.*de Philosophia ratio contra omnia differendi* vat. *nullamque rem judicandi, profecta à* D*eo*. *Socrate, repetita ab Arcesila, confirmata est à Carneade*, au rapport de Ciceron ; & nous pouvons dire de nostre temps avec beaucoup plus de vray-semblance que lui du sien, que si elle s'y voit delaissée, la seule condition des affaires du monde, qui lui semblent aujourd'huy si contraires, avec la petitesse & pesanteur de la pluspart des esprits de ces derniers siecles, en doivent estre estimées les seules causes. Car il se peut dire avec toute apparence de raison, vers ceux qui se donneront le loisir de la penetrer, ἀπροτίστοις καὶ ἀκινήτοις, *sine sollicitudine ac motu*, comme parle nostre Sextus, qu'il n'y a point plus d'inconveniens à surmonter, ny, comme dit l'Eschole, plus d'incommoditez à devorer, dans l'Epoche Sceptique, qu'il y en a dans les nombres Pythagoriques, dans les idées Academiques, dans l'Auterquie Peripatetique, dans l'Apathie Stoïque, dans les Atomes du Sidonien Moschus ou de Leucippus, dans la Panspermie de Democrite & d'Epicure, dans la volupté d'Aristippe, dans l'Empireume d'Heraclite, dans l'Homoiomerie d'Anaxagoras, dans le principe aquatique de Thales, dans l'esprit general d'Anaximene, dans la noise & contention d'Empedocle, ou dans le tonneau mesme & la mendicité de Diogene, pour ne rien dire des fondemens

L. 10. adu. Math.

mens de tant de systemes nouveaux, que nous voyons aujourd'huy si opiniastrement soustenus. Et soyez seur que si exempt de toute prevention, vous prenez la patience d'examiner les couleurs que chacune de ces sectes donne à ses principaux axiomes, pour en tirer ses conclusions necessaires, & faire passer ensuitte sa doctrine pour veritable, vous serez enfin contraint de donner dans le panneau de nostre Acatalepsie ou incomprehensibilité, & d'advoüer ingenuement que toutes ces sciences pretenduës n'auront servy qu'à nous faire mieux reconnoistre les tiltres de nostre ignorance, & les mauvais fondemens de nostre presomptueuse suffisance. Il n'y a rien de si charmant d'abord que les testaments de ces grands hommes de l'antiquité, la plus part de leurs livres se devorent avec la mesme douceur, & avidité que Saint Jean fait celui que l'Ange lui presenta, *& accepi librum de manu Angeli, & devoravi illum, & erat in ore meo tanquam mel dulce, & cum devorassem eum amaricatus est venter meus*, mais ce miel se convertit bientost en bile dans nostre estomach, aussi bien comme au sien, nous causant des vertiges

Apocal.

vertiges, & nous donnant des trenchées spirituelles, qui nous font en peu de temps renoncer à cette trompeuse pasture de nos ames, si nous y meslons un grain de cette precieuse Epoche, qui en est le seul correctif.

TELAMON. Vous me faites souvenir du dire de ce Grec, qu'à la verité les sciences avoient leurs racines fort ameres, mais qu'en recompense les fruits en étoient tres-doux. Au surplus, ce ne sera point pour faire icy l'Hercules Musagetes, & le grand protecteur des Muses, si je prends le party de la science contre les invectives de vostre Secte, & de celle des Epicuriens, qui s'imaginoient qu'on pouvoit estre grand Philosophe, & ignorer tout à fait les bonnes lettres, c'est pourquoy, *in fugere omnem disciplinam navigatione quam velocissima jubebant*, comme en parle Quintilien. Mais à la verité on peut bien dire qu'il faudroit avoir dépouillé tout à fait l'humanité, pour souffrir sans contradiction de si déraisonnables sentimens, puisque ce mot d'humanité ne signifie pas tant cette bienveillance appellée des Grecs Philanthropie, que l'erudition & bonne institution de laquelle les hommes seuls

Cic. 2. de sa.

12. St. c. 2. & cic. 1. de fin.

seuls sont capables, & qui a fait nommer proprement les lettres humaines. Que s'il se voit manifestement que nous ne différons en rien tant du reste des animaux, que par cette connoissance des bonnes lettres, il s'ensuit qu'au lieu de l'estimer vaine ou superfluë, nous serons contraints de reconnoistre ceux-là hommes d'autant plus parfaits, qu'ils auront plus de cette connoissance. Voire mesmes j'en tire cette consequence, qu'il vaudroit bien mieux estre quelque beau chien, ou quelque cheval bien formé, que d'avoir simplement la figure d'un homme, & n'en avoir pas la vraye forme, telle qu'elle doit estre, comme il arrive à ces ames ignorantes & dépourveuës de ce caractere d'humanité dont nous parlons; parce qu'on peut dire, qu'un cheval vigoureux & bien fait, est un animal parfait, & d'un chien de mesme, là où on ne peut pas nier qu'un homme d'esprit defectueux, ignorant & brutal, ne soit un animal extrémement imparfait. C'est ce qui est cause que beaucoup de Philosophes, aprés Socrate, ont constitué le souverain bien de l'homme dans la science, comme Hevillus qui soustient

A. Gel. l. 13. c. 15.

mesme

mesme dans Ciceron qu'il n'y a point d'autre bien que celui-là. Et quand les Stoïciens ont nommé les sciences des vertus, comme l'ignorance leur estoit un vice, ils avoient encore la mesme opinion du souverain bien, puis qu'ils le mettroient en la vertu. Aussi certainement, si la science a bien esté nommée la lumiére, & comme l'œil de nostre ame, & si nous éprouvons de si dignes & de si solides contentemens de la seule lumiere corporelle, quelles voluptez, & quelles exstases ne devons nous attendre de ces yeux de l'esprit, qui ont fait prononcer hardiment à l'Orateur Romain au second Livre de la Nature des Dieux que *scientia ne in Deo quidem res est ulla præstantior.* Or s'il est encore vray, qu'outre les plaisirs de la vie, il nous en reste de bien plus grands à esperer aprés la mort des habitudes que la science aura imprimées dans nostre intellect, lesquelles il emporte avec lui comme indepéndantes du corps, *siquidem intellectus non habet organum*; voire mesme si le seul esprit des hommes sçavans se trouve lors habile à prendre connoissance des veritez reconnoissables en cette seconde partie, par les especes acquises

[margin: 5. de fin.]
[margin: Arist. 3. de ani. c. 4.]

acquises, & par les habitudes qu'il s'est formé en les recherchant icy bas, les ignorans s'y trouvant consequemment inhabiles par des habitudes contraires, d'où vient que Platon ne donne qu'aux seuls Philosophes l'esperance de la felicité des Elisées. Si ces choses dis-je, sont veritables, comme beaucoup de grands personnages en ont esté persuadez, quelle estime ne devons nous point faire de cette science immortelle, qui fait escrire à saint Hierosme, *scientiam discamus in terris quæ nobiscum perseveret in cælis*; qui fait que Socrate dans son Apologie, se promet de Philosopher encore là bas, & sonder avec plaisir la grande prudence d'Ulisse, d'Agamemnon & de Sysiphe; & qui porte Ciceron à s'imaginer que les hommes d'estude auront toute sorte d'advantage sur les autres dans cette contemplation Philosophique, qu'il leur donne pour derniere beatitude dans le Ciel, *præcipuè vero fruentur ea, qui tum etiam cum has terras incolentes circumfusi erant caligine, tamen acie mentis dispicere cupiebant.* Parce que, dit-il un peu après, ceux qui trop attachez au corps ne se sont jamais élevez au dessus de leurs sens,

&

In Phæd.

Ep. ad Paul.

1. Tusc. qu.

& n'ont jamais pratiqué cette separation Philosophique du corps & de l'ame, se trouvent encore lors tout stupides ou appesantis, *nam qui in compedibus corporis semper fuerunt, etiam cum soluti sunt tardius ingrediuntur, ut ii qui ferro vincti multos annos fuerunt.* Ce qui ne peut estre fondé en raison, qu'en tant que les especes des choses par nous connües, & les habitudes intellectuelles que nous avons acquises par le moyen des disciplines, se conservent, & nous sont encore d'usage en cette seconde & meilleure vie; conformement à ce qu'a dit le Poëte des inclinations que nous conservons jusques aux enfers,

Virg. 6.
Æn.
>   *quæ gratia currûm*
> *Armorumque fuit vivis, quæ cura nitenteis*
> *Pascere equos, eadem sequitur tellure repostos.*

Voilà les considerations qui m'obligent principalement à m'opposer au mépris que vous faites des sciences, & qui me font croire que vostre secte est en cela beaucoup plus dangereuse que ne fut jamais cet Edit de l'Empereur Julien, qui fit tant crier autrefois tout
le

le Christianisme ; pour ce que la deffense que ce Prince sçavant faisoit aux Chrestiens d'envoyer leurs enfans aux escholes, n'intéressoit qu'une partie de ses sujets, là où la calomnie dont vous persecutez les Sciences, les feroit mépriser à tout le genre humain, si vous autres en estiez creus.

ORASIUS. Comme je prends grand plaisir au zele loüable duquel vous estes porté, aussi ne m'est ce pas chose desagreable de vous voir si gentiment escrimer contre vostre ombre. Car qui vous a si bien instruit des sentimens de nostre eschole, que de nous faire condamner simplement & absoluëment tout ce que vous appellez science & discipline, nous dis-je qui n'abandonnant jamais nostre suspension Sceptique, ne pourrions par consequent juger si definitivement sans nous contredire nous mesmes. Et pourquoy nous imputez-vous de ruiner tous les colleges, & de destruire les Universitez, si tout au contraire nous faisons profession de les frequenter autant & plus que tous autres, quoyque pour en recueillir une instruction assez differente ? Sçachez que nous ne condamnons point la connoissance

sance des lettres & des Sciences, comme vous dites, mais nous en blasmons seulement l'arrogance, & nous contentons d'en moderer l'opiniastreté. Car comment pourrions-nous reprimer l'audace de tant de Pedans Dogmatiques, avec qui nous sommes journellement aux prises, les ayant tous unis contre nous, si nous ne sçavions jusques où s'estend leur suffisance lettrée? & quel avantage n'auroient-ils pas contre nous, si nous nous meslions de contester avec eux un sujet, qui nous fust inconnu? Vous me demanderez peut estre, à quoy est donc bonne cette connoissance des Arts & des Sciences, si elle ne nous doit servir qu'à nous en faire remarquer l'incertitude? Je vous respond que ce n'est pas peu, ce me semble, d'estre instruit autant qu'il se peut de la portée de nostre foible humanité, d'estre détrompé des vaines opinions de capacité & de certaine science, qui tiennent abusez le reste des hommes, & d'estre informé par tous les tiltres possibles, que nostre nature au lieu de certitudes & de veritez pretenduës, se doit contenter des apparences & du vray-semblable. Il m'est donc advis que toute vostre decla-

LOUABLE. 25

déclamation seroit mieux adressée à un Epicure, qui se vantoit d'estre autodidacte, ou à un Zenon, lequel soutenoit au commencement de la Republique Stoïcienne que toutes les disciplines liberales estoient inutiles. Car quant à nous, nous ne les publions pas telles, mais seulement que nous n'y voyons rien que de problematique, & que comme vous parlez de bonnes lettres, il peut y en avoir aussi de fort mauvaises. Prenez-vous en à un Caligula, qui vouloit abolir le chef d'œuvre des Muses, cette divine poësie d'Homere & supprimer les ouvrages de Virgile & de Tite-Live. Blasmez ce Pape Gregoire le grand, qui osa deffendre les livres de Ciceron le plus grand homme, à mon jugement, de la Republique Romaine, & cet autre Paul deuxiéme, qu'on dit avoir declaré heretiques tous ceux qui par jeu ou serieusement proferoient le seul mot d'Academie, ou d'Université. O que nostre Epoche Sceptique, & nostre douce Arrepsie sont ennemies de semblables violences! J'advoue qu'au lieu que les autres sectes pretendent de reconnoistre le vray & le certain, dont ils font le Pole de leur navigation spi-

Suet. in cal. art. 34.

Tome II. B *rituelle*

rituelle comme les Pheniciens de la Cynosure, nous nous contentons d'observer l'apparent & le vray-semblable, ainsi que ces premiers Grecs, qui ne contemploient que les plus visibles étoilles de l'Ourse majeure, *nostras cogitationes dirigimus non ad illam paruulam Cynosuram, sed ad Elicem & clarissimos Septentriones.* Mais aussi y a t-il cette difference, que les estoiles polaires, pour petites qu'elles soient, forment neantmoins un objet proportionné à nôtre veuë, là où cette verité constante, que chacun pretend remarquer, (*Aut videt, aut vidisse putat per nubila Lunam*) est seulement imaginaire. Que si Quintilien est estimé d'avoir mis entre les vertus de son Grammairien l'ignorance parfaite de quelques choses, *mihi*, dit-il, *inter virtutes Grammatici habebitur aliqua nescire*, combien doit-on faire plus d'estat de la modestie de nôtre secte, qui fait profession de cette ignorance loüable, & de cette douteuse suspension d'esprit, qu'elle estend par tout, sans jamais s'en departir. Car nostre ignorance n'est point de ces stupides & grossieres, que les escholes appellent crasses & supines, *noque est pura privationis,*

Cic. 4. quest. Acad.

L. 1. inst. c. 8.

LOUABLE. 27

tionis, neque prava affectionis, c'est une ignorance honorable, & vrayment philosophique, laquelle s'accommodant à l'obscurité de la Nature, & se mesurant à la portée de l'esprit humain, ne promet rien au de là de ses forces. C'est une ignorance discouruë & raisonnable, que je ne veux pas nommer docte, comme le Cardinal Cusan, mais à laquelle neantmoins on ne peut parvenir que par la porte des sciences, qu'elle laisse au dessous de soy, mettant le Sceptique un degré au dessus de tous ces superbes Dogmatiques, & de tous ces Thrasons lettrez. Maintenant je repondray à ce beau paranymphe de la science que vous faites regner jusques dans le tombeau, & que vous donnez en l'autre monde (comme l'on dit) aux seules ames des Sçavans, les autres devant rester, ce me semble ; assez empêchées de leur contenance. *Jocaris, Telamon, an philosopharis ? an potius philosophandum paucis, pluribus jocandum putas ?* Hé quoi, il sera vray dans la doctrine d'Aristote que vous alleguez icy, que la science se corrompe, & se perde par une longue maladie, & *In præ-* neantmoins qu'elle se conserve après *dicam.*

la totale destruction du sujet ? Que deviendront, je vous prie, ces especes de connoissances dont vous parlez, le corps n'estant plus, *si species pendent à phantasmatis sicut in fieri ita & in conservari*, car vous ne pouvez pas nier que les phantosmes ne dependent du corps. Et comment subsisteront vos habitudes intellectuelles, si dans toute la doctrine de ce Philosophe l'ame separée n'a aucune souvenance, *neque amat, neque reminiscitur*, d'où vient que nos Theologiens luy font connoistre les choses passées par des especes nouvellement acquises. La science, dites vous, est le propre de l'homme, & celle seule qui nous distingue du reste des animaux ; & moy je vous soustiens avec le mesme Aristote, qu'elle est le propre de Dieu seul, adjoutant que l'ignorance Sceptique sera bien mieux prise pour nous faire differer des autres animaux, qui ne sçavent pas qu'ils ignorent, ny mesme que c'est que cette louable ignorance. Aussi que la science nous venant selon luy du dehors par acquisition (quoy qu'ait voulu dire Platon avec sa reminiscence) & l'ignorance estant née avecque nous, il n'y auroit

L. 1. & 3. de Anima c. 6.

roit point d'apparence d'en juger autrement ; *Quoniam animal scientiæ capax vere dicitur de Deo, homo autem Deo non attribuitur, non potest esse hominis proprium animal scientiæ capax*, dit-il au cinquiéme de ses Topiques chapitre quatriéme. Par cette responses je ne ferai rien perdre à la science de sa dignité, puisqu'au lieu que vous la rendiez toute humaine, je monstre qu'elle est divine, & en cela ne la traitte pas comme ennemy. Et à la verité les Philosophes ont bien definy l'homme par capable de raison ou de discours, mais non pas de science, laquelle n'estant que des choses universelles & infaillibles (*de ente enim per accidens non datur scientia*) n'a nulle convenance avec nostre nature singuliere & caduque, tant s'en faut qu'elle puisse entrer en sa definition comme son propre ; *homo ad immortalium cognitionem nimis mortalis est.* Car si ainsi estoit que la science nous fust propre & naturelle, il y a grande apparence que nous l'acquerrions sans beaucoup de peine, & la possederions avec plaisir & volupté. Or je me rapporte aux Sçavans combien cette acquisition leur a été laborieuse (*hanc oc-*

L. 6. Metaph. c. 6. & passim.

Sen. de vita be. c. 32.

C. 1.

cupa-

cupationem pessimam dedit Deus filiis hominum, dit l'Ecclesiaste:) & si la possession leur a donné la satisfaction qu'ils s'en estoient promise. Au contraire, ce sage Hebreu proteste que la plus grande science est celle qui nous cause le plus d'indignation, & d'affliction d'esprit ; & le coriphée des Sçavans prononce nettement que *qui plura novit eum majora sequuntur dubia.* C'est pourquoy je trouve qu'il a fort bien nommé les connoissances des souffrances παθήματα, & qu'il a eu raison de dire que nous ne pouvons rien comprendre sans patir, *intelligere est pati*, encore que ce n'ait été que pour expliquer comme nostre intellect pour connoistre reçoit l'action en soy. Aussi voyons-nous que Dieu deffendit le sçavoir à nostre premier pere, tant s'en faut qu'il le luy eust donné en propre, *de ligno scientiæ boni & mali ne comedas*, & que ce bon homme n'acquit la science qu'en perdant la felicité du Paradis. La tentation du serpent est la mesme qui fait tous les jours endurer toutes les peines des estudes sur l'esperance trompeuse de devenir quelques grands personnages, *aperientur oculi vestri, & eritis sicut Dii*

Arist. in Rhetor.

Gen. c. 2.

Ib. c. 3.

Dii scientes bonum & malum. Et la séduction des Sirennes, comme l'explique Ciceron, est encore toute semblable, Homere leur faisant promettre qu'elles le rendroient l'un des plus sçavans hommes de la terre, *vidit Homerus probari fabulam non posse si cantiunculus tantus vir irrretitus teneretur, scientiam pollicentur.* On peut donc bien dire que les sciences sont les Sirennes de nostre ame, qui nous feroient faire de dangereux naufrages, si nous n'estions rappellez par les voix celebres de nostre Sceptique, & si elle ne nous bouchoit les oreilles de son Epoche. Car encore que je ne veuille pas imputer à la science ce que nous pouvons observer après Cardan, que la plufpart des hommes sçavans ont esté encore très-malheureux, comme si la fortune se plaisoit à les persecuter, & que *ubi mens plurima ac ratio ibi fortuna minimum sit*, selon le dire d'Aristote, si faut-il reconnoistre ingenuëment que la grande science n'est pas celle qui nous donne le meilleur jugement, & qui nous fait penser le plus sainement des choses, si tant est que nous possedions quelque santé d'esprit, & quelque netteté

5. *de fin.*

L. 1. *de consol.*

2. *mag. mer. c.* 8.

B 4

teté de jugement pour ce regard. C'eſt ce qui a donné lieu au proverbe Eſpagnol, *la ſcientia es locura ſi buen ſeſo no la cura*, fondé ſur cette autre ſentence d'Heraclite, Πολυμαθίη νόον ȣ διδάσκει, *eruditio mentem non confert.* Nous voyons tous les jours la Minerve des Sçavans leur diminuer les nerfs, & leur affoiblir les forces du corps comme de l'eſprit également, & nous pouvons remarquer la plus grande partie des foux courans les ruës y parler Latin qu'ils ont appris dans leurs eſtudes. C'eſt ſi je ne me trompe, pourquoi Marc Antonin remercioit les Dieux de n'avoir pas fait grand progrès aux ſciences, finiſſant le premier Livre de ſa vie par cet important precepte, de quitter l'ardeur des Livres & cette violente ſoif des ſciences, ſi nous deſirons achever doucement noſtre vie, & ſans murmurer en ſon dernier periode, ἵνα μὴ γογγύζων ἀποτάμης, *ne murmurans moriare.* Voilà ce que j'ay bien voulu vous repartir hors de toute animoſité contre les lettres & les ſciences, leſquelles auſſi nous n'eſtimons pas tout à fait infructueuſes, comme vous vous eſtes imaginé, puiſque par elles au moins il arrive ce que

D. Laert. in Herac.

que respondit Aristippus à celui qui luy demandoit de quoy elles pourroient servir à son fils quand il les auroit apprises, *certe vel in theatro non sedebit lapis super lapidem*; & puis qu'encore par elles reconnoissant les tiltres de nostre ignorance, & remarquant dans toute leur estenduë la foiblesse de l'esprit humain, nous sommes conviez à quitter ces certitudes magistrales, & ces affirmations pedantesques des autres sectes, pour mettre en leur lieu les doutes raisonnables, & les conjectures modestes du Pyrrhonisme. Cebes ayant eu, à mon jugement, fort bonne grace de peindre dans son tableau l'imposture assise sur le seuil de la porte du monde, laquelle fait boire tous les hommes qui doivent y entrer au gobelet d'erreur & d'ignorance, dont les uns avalent plus, & les autres moins, sans pourtant que personne s'en puisse dire exempt.

D. Laert. in ejus vita.

in tabula.

TELAMON. Encore que j'estime beaucoup la presence de ces chers amis, si m'auroit-il fasché qu'ils fussent entrez plustost crainte d'interruption, car je prenois un singulier plaisir à vous voir en si bonne humeur, quoy que portée à mal mener la science qui vous a fourny, comme l'Aigle de l'Apologue, les traits dont vous la frappez,

Ovid.   *Heu patitur telis vulnera facta suis.*

Et bien que je ne puisse esperer d'assistance de Melpoclitus, ny de Granicus, que je connois aussi Sceptiques qu'Orasius mesme, & qu'ainsi ma partie soit encore plus mal faite qu'elle n'estoit tantost, si ne perderay-je pas pourtant courage, ou pour mieux dire, je ne laisserai pas passer une si favorable occasion de m'instruire. Car comme je n'ay peu encore m'accommoder avec l'indifference de vostre secte, aussi puis-je bien dire que je n'ay en horreur aucun genre de Philosophie, qu'entant que le juge deraisonnable, ou tout à fait ou en partie, faisant profession d'eslire ce qui me plaist en quelque lieu que je le trouve, & de prendre ce qui est conforme à mes sentimens de quelque main qu'il *Cic.* 5. me soit presenté, *quoniam me nulla Tusc.* *vincula impediunt ullius certa disciplina,* qu. *liboque ex omnibus quodcunque me maxime specie veritatis movet.*

MELPOCLITUS. Si nous survenions

nions en un lieu de moindre familiarité, il seroit besoin d'user de beaucoup de civilitez pour excuser le trouble que nous pouvons avoir apporté à vôtre entretien. Mais afin que d'ailleurs quelques mauvais complimens ne nuisent à une bonne conversation, nous prendrons place sans autre ceremonie auprès de ce beau feu, & part, s'il vous plaist à vos agreables propos. Or à ce que je vois vous voulez, Telamon, imiter cet Antiochus qui fut Autheur de la cinquiesme Academie, duquel on disoit, *ipsum in Academia Philosophari Stoica*; ou Platon mesme, qu'on remarque avoir suivi Zenon & Parmenides Eleates en ce qui concerne la Logique, comme il a fait Heraclite aux choses Physiques, & qui tomboient sous le sens, Pythagoras aux intelligibles ou Metaphysiques, & Socrate en ce qui regardoit les Morales & politiques. *Sext. l. Pyrrh. hypot. c. 33. Phot. vit. Pyth. D. Laert. in Plat. & Hesy.*

GRANICUS. Cet accommodement de divers systemes de Philosophie en un me fait souvenir de ce plaisant Proconsul Romain Gellius, qui fut si admirable que d'assembler tous les Philosophes d'Athenes, les exhortant à se vouloir reconcilier entr'eux, *Cic. 1. de Leg.*

& à terminer sous son authorité tous leurs differens. Pour moy je dirois après Seneque, comme chose impossible, *facilius inter Philosophos quam inter horologia conveniet*, m'imaginant qu'encore que nous soyons icy trois d'un mesme Genie Philosophique, nous aurions pourtant assez d'affaire à reduire celui de Telamon à nos sentimens, bien qu'il se die de si facile convention.

De mort. Claud.

ORASIUS. Il me semble pourtant très-raisonnable que nous y facions nostre possible, car outre l'office d'amy que nous luy rendons, je ne crois pas que nous puissions prendre un plus agreable & plus honneste entretien pour le reste de cet aprés disnée, puisque pour m'obliger vous avez voulu la donner à ce cabinet. Ce n'est pas que je ne sçache bien que les hommes de vostre sorte ne trouvent point de petit sujet d'entretien, *fanno fascio, d'ogni herba*, & que comme ils sçavent faire changer de condition aux choses les plus basses, par la bonne façon dont il les traittent, aussi n'estiment-ils rien indigne de leur connoissance, à qui la nature n'a pas refusé l'essence. Les Philosophes, aussi-bien que

que les Poëtes, paroissent & se plaisent par tout également, cette divine piece d'Homere n'est pas moins admirée quand elle descrit l'importunité de la mouche, que quand elle fait combattre les Dieux; Virgile n'a pas pris plus de plaisir à faire descendre son Enée aux enfers, qu'à nous representer le travail d'une fourmy, ou la nature d'un charanson & d'une cloporte,

--- *lucifugis congesta cubilia blattis*; & nous voyons qu'Aristote ne considere pas moins serieusement la fiante des animaux, que la quintessence des cieux; ou l'ame vegetative d'une plante, que l'intelligence assistante des spheres superieures.

GRANICUS. C'est l'avantage qu'ont ceux dont vous parlez sur les hommes vulgaires, de ne rencontrer rien de si vil dont ils ne tirent d'importantes considerations; voire mesme comme entre nos sens la veuë ny l'ouïe, quoy qu'estimez les plus nobles, ne sont pas si necessaires que l'attouchement; & tout ainsi qu'on peut dire que l'artisan & le laboureur sont en quelque façon plus utiles à l'Estat que le Gentil-homme ou le Prince; souvent aussi les choses les plus

plus negligées de ce monde, sont celles qui revelent à ces belles ames les plus hauts mysteres de la Nature, & dont ils reçoivent les plus fructueuses leçons. De sorte que comme cet avaricieux Empereur trouvoit l'odeur mesme des urines agreables, pour ce qu'il en tiroit du profit, rien aussi n'offense ces grands & solides esprits, qui ne voyent point de chose si chetifve qui ne serve à leur instruction. L'Ambre & la Civette pour n'estre que des excremens n'en sont pas moins agreables à l'odorat, & la corruption des choses n'est pas moins contemplée par les Philosophes que la generation. Que s'il se trouvoit quelqu'un d'entre eux si delicat que de mespriser le moindre ouvrage de la Nature, je luy voudrois dire qu'il cessast donc de faire le Philosophe, comme une vieille fit à ce Roy qu'il quittast donc sa couronne, puis qu'il dédaignoit de l'escouter en ses petites affaires.

MELPOCLITUS. Je suis d'accord qu'il n'y a rien qui ne se puisse regarder avec plaisir d'un œil philosophique, attendu que la nature se trouve toute entiere par tout. La moindre Estoille du firmament ne laisse pas d'avoir d'avoir sa lumiere & son influence, sans laquelle on ne verroit pas tant de merveilles dans le monde, & il ne se trouve plante aucune si abjecte, qui ne contienne en soy quelque vertu, & qui bien reconnuë ne produise sa médecine. Mais puis qu'il n'y a point de bien qui n'ait son comparatif de mieux, pourquoy ne choisirons nous pas par preference de nous entretenir avec Telamon sur nostre chere Sceptique, selon qu'il a esté proposé par lui mesme, afin qu'en l'instruisant des douces & moderées pensées de nostre secte, & lui revelant avec confiance toutes les beautez de nostre ravissante Epoche, nous puissions aujourd'huy gagner cette ame à nous. Car il me souvient que c'estoit le plus agreable & ordinaire passe temps de Socrate d'attirer ainsi tous les jours à lui quelque jeune homme Athenien, faisant tout son possible pour le seduire, & le rendre amoureux de sa Philosophie, d'où vient que nous voyons dans le convive de Xenophon qu'il se qualifie luy mesme excellent maquereau.

TELAMON. Avant que de me faire voir ces merveilles si à nud, j'ay besoin, à mon advis, de quelque preparatif

paratif & s'il faut dire ainsi, de quelque purification. Car si ce que l'Eschole m'a appris est veritable, *intus existens prohibet alienum*, je crois que vous me devez faire perdre les impressions que j'ay dans l'esprit d'une Philosophie contraire à la vostre, avant que de pretendre d'y loger cette derniere. Et pource que je vous considere icy trois qui conspirez unanimement à mon bien, je m'imagine que nous pourrions traitter des trois parties de la Philosophie avec assez bon ordre, si chacun de vous me vouloit satisfaire à son tour sur ce que je luy proposerois de chacune.

ORASIUS. Il est vray que tous les anciens quasi ont usé de cette division ternaire, en Logique, Physique & Morale, pource que comme Philosophes nous parlons, nous contemplons, ou nous agissons, si non qu'Epicure se mocquant de la premiere partie substituoit en sa place celle qu'il appelloit Canonique. Aussi faut-il advoüer que le quatriesme membre de la Metaphysique, qu'on a depuis adjousté, ne sera que de petite ou nulle consideration à ceux qui traitteront la Physique comme il faut, & qui lui sçauront

Sext. l. 7. adv. Math.

D. Laert. in Epic.

LOUABLE.   41

sçauront donner sa juste estenduë, n'y ayant peut estre rien en la Philosophie au de là de la Physique, non seulement à l'esgard des plus anciens Philosophes, qui n'admettoient aucunes substances immaterielles, comme tesmoigne Aristote, & des Epicuriens & Stoïciens, tels que ce Basilides, dont parle nostre Sextus, lequel soustenoit qu'il n'y avoit rien d'incorporel, mais à l'esgard d'Aristote mesme, puisqu'il n'a pas moins reconnu le premier moteur dans ses livres Acroamatiques de la Nature, que dans ceux qui ont receu hazardeusement le nom de Metaphysiques. Tant y a qu'ils comparoient toute la Philosophie à un animal, duquel la Logique faisoit les os & les nerfs, l'Ethique les muscles & la chair, & la Physique l'ame qui l'informoit; & à une ville, dont la Dialectique composoit les murailles, la Physique le corps des citoyens, & l'Ethique les loix du gouvernement, quelquefois aussi à un verger, dont la Rationelle estoit la haye, la Naturelle le champ & les arbres, la Morale le fruit; voire mesme ils la comparoient à un œuf, dont la coquille avoit son rapport à la Logique, le blanc à la Physique, & le
jaune

6. Me-
sap. c. 1.
& l. 11.
c. 6. 7.
adv.
Math.

D.
Laert.
in Zen.
Citt.

jaune à la partie des Mœurs, selon noſtre Sextus, car il me ſouvient que Diogenes Laertius veut que le moyeuf repreſentaſt la Phyſique, comme celle qui eſt la plus cachée, & d'une plus profonde ſpeculation.

L. 7. adv. Matth.

TELAMON. Avant que de les prendre ainſi en particulier, j'ay à vous faire la meſme plainte ſur le general de la Philoſophie, que je faiſois tantoſt à Oraſius ſur le ſujet generaliſſime des Sciences. Car comme je luy teſmoignois mon indignation contre voſtre Secte, en ce qu'elle les accuſe d'eſtre incertaines, ou les meſpriſe d'eſtre vaines ; je vous advouë que je ne puis auſſi ſouffrir de vous voir encores traitter la Philoſophie avec ſi peu de reſpect, comme ſi tous ſes preceptes n'eſtoient que des doutes, & ſes ſentences que de Doctes reſveries, *verba otioſorum ſenum*. Eſt-il poſſible qu'il ſe trouve des hommes raiſonnables qui ſe diſpenſent de parler ainſi de la choſe du monde la plus venerable & la plus ſaincte ? *Vituperare quiſquam vita parentem & hoc parricidio ſe inquinare audet ?* Ne ſongent-ils point que c'eſt elle qui a fait eſtimer Socrate & Ariſtote plus qu'Alexandre, Homere

Cic. 5. Tuſc. qu.

Jul. ep. ad Them.

mere plus qu'Achille, & Seneque plus que Neron ? Que c'est elle qui pour avoir esté violée par les Atheniens en la mort de ce Socrate, fut cause de la ruine de leur Estat & que jamais depuis ils ne firent rien de grand ? Que c'est elle qui estoit à la Grece ce qu'est le Nil à l'Egypte, qui embellit & engraisse, comme il paroist bien aujourd'huy que pour son grand malheur elle a pris son cours ailleurs ? Que c'est elle qui a fait rendre des honneurs divins à Mercure en Egypte, à Zoroastre en Perse, à Atlas en Lybie, à Orphée en Thrace, à Moyse en Syrie, à Anacharsis en Scythie, à Deioces parmy les Medes, à Confutius dans la Chine, à Abaris parmy les Hyperborées ? qui a fait craindre & respecter tout ensemble nos Druides Gaulois, les Mages de Perse, les Prophetes de Chaldée, les Turdetains d'Espagne, les Mandarins de la Chine, les Arymphées du Nort, les Brachmanes ou Bramins d'Orient, & leurs inferieurs en sagesse, au rapport de Philostrate, les Gymnosophistes d'Ethiopie ? Et enfin que c'est elle qui fit quitter à Socrate la Statuaire, à Menedemus la guerre, à Pyrrhon la peinture, à Phedon le maquerelage,

Eunap. in Æ-des.

L. 6. c. 4. de vit. Apoll.

querelage, à Asclepiades la truelle, à Cleanthes l'arene, à Chysippus la lice, bref à Democrite & Heraclite le sceptre, pour se donner à elle & la suivre? Que s'il est vray que cette Philosophie ne soit qu'un amusement trompeur, & un vain travail d'esprit, que voilà d'honneurs mal distribuez, que de demi Dieux trompeurs ou trompez, que de Nations insensées. Zenon n'estoit donc qu'un sot, d'acquerir dans une estude cette couleur des morts dont lui avoit parlé l'Oracle, Aristote de dormir la bulle d'airain dans la main, Zamolxis de s'amuser au service de Pythagore, Dion de Prusse de servir de mesme pour donner du pain à sa Philosophie, Cleanthes de tant tirer d'eau la nuict à mesme fin, Euclides de Megare d'aller au clair de la Lune contre l'Edict des Atheniens escouter Socrate, Antisthenes de venir trouver le mesme tous les jours du port de Pirée par un chemin de quarante stades, & Theophraste avec ses deux mille disciples n'estoient donc pas plus sages les uns que les autres, de perdre tout le temps, l'huile, & la peine qu'ils mettoient à une si ridicule occupation. Vous vous riez tous, ce me

Philostr. in vit.

Gell. 6 noct. c. 10.

me semble, de me voir parler de la sorte. Vraiement il faudroit que je fusse plus impassible ou plus stupide que ces Ethiopiens Ichthiophages dont L. 3. parle Diodore, qui estoient si peu susceptibles d'émotion, qu'ils voyoient tuer leurs femmes & leurs enfans, & se sentoient blesser eux mesmes, sans en tesmoigner le moindre ressentiment, si je souffrois, exempt de passion, deschirer ainsi celle sans laquelle je renoncerois de fort bon cœur à la vie.

GRANICUS. Hà! Telamon, le zele de cette maistresse vous a transporté cette fois, & quant à moy il faut que je vous advouë de vous avoir veu en cette belle humeur avec d'autant plus de plaisir que je consideroit, dans la connoissance que j'ay de votre naturel, que comme il n'y a point de plus fort vinaigre que celui qui est fait de vin doux & de malvoisie, aussi n'y at'il pas de plus gentile ardeur de bile, que de ceux qui sont d'ailleurs les plus froids, & se picquent ordinairement le moins. Or je ne me contenteray pas de vous respondre que si vos Philosophes, & mesmement vostre Aristote au premier chapitre du second

cond livre de sa Metaphysique, ont bien definy la Philosophie une science de la verité ἐπιστήμην τῆς ἀληθείας, puisque suivant les plus clairvoyans d'entr'eux cette verité cachée au fonds du puits de Democrite ne se trouve nulle part, ou pour le moins ne se reconnoit pas, y ayant trop de disproportion entre son objet lumineux & la foible veuë de nostre esprit, que le mesme Aristote est contraint de comparer par ce regard à celle du Hibou; il faut necessairement advoüer que cette Philosophie, ou cette science de verité n'est pas le partage de nostre humanité, & que les Sceptiques ont raison de se rire de la presomption de ceux qui s'en veulent prevaloir, au lieu de se contenter avec eux de suivre modestement l'apparent & le vray-semblable. Il ne me suffira pas non plus de vous dire qu'une partie de ceux que vous avez nommez ont pensé des choses avec la mesme Aphasie, & la mesme suspension d'esprit que nous pouvons faire, puisque Socrate & Pirrhon entre autres se peuvent nommer les fondateurs de l'Epoche. Mais pour vous donner la satisfaction plus grande, & user de la complaisance dont les nostres

tres font profession, je vous declareray qu'il n'y a pas un de tous ces grands personnages que nous n'ayons en singuliere veneration, quoy que sçachant qu'ils estoient hommes, & comme tels sujets aux mesmes deceptions des sens & du discours que nous esprouvons tous les jours, nous allions la bride en main sur tous leurs sentimens, que nous recevons simplement comme des apparences très-bien colorées, mais non pas à la mode de ces pedans Dogmatiques pour des certitudes infaillibles. Et tant s'en faut que ce beau mot de Philosophie nous soit odieux, que comme il ne sonne qu'affection & amour, aussi n'y en a t'il point qui ayent pour elle de plus ardentes passions que nous. Car à la verité il se trouve une très-grande diversité de zeles & de sentimens entre ceux qui professent une mesme inclination à la cherir. Mais comme il n'y en a point qui s'y portent avec plus de modestie & de sincerité que nous, aussi ne crois-je pas qu'il y en ait à qui elles fassent de si veritables & de si essentielles faveurs, nous imprimant enfin cette genereuse ataraxie dans l'entendement, & cette douce metriopathie

dans

dans la volonté. Sur quoy je vous veux bien communiquer à tous une application que j'ay tousiours faite de cette fable ou Theologie des anciens touchant la fameuse Rhea mere de tous les Dieux du Paganisme; m'imaginant que par elle ils n'entendoient autre chose que nostre divine Philosophie Sceptique, la plus ancienne, & comme la mere de toutes les autres, à laquelle ils avoient imposé le nom de Rhea ἀπὸ τῦ ῥεῖν, sive à fluendo, pource que c'est elle qui considerant le flus & la mobilité de toutes choses, nous en fait reconnoistre l'incertitude. Aussi estoit elle femme de Saturne, pource qu'estendant sa consideration sur toute l'éternité, elle conçoit de là ses hautes pensées de la revolution du monde, & de la vicissitude de toutes choses, qui les rend incomprehensibles. Elle n'estoit servie que par des Eunuches, tels que le renommé Atys, ausquels elle inspiroit une fureur divine, pource qu'elle veut que nous quittions toutes ces preventions d'esprit, & ces opinions erronées qui semblent nées avec nous, afin qu'ainsi purgés, & comme chastrés de toute mauvaise anticipation, nous soyons parfaitement

ment deſtachez des choſes mortelles & caduques, ſujettes à generation & corruption, que nous ſignifient les parties genitales, pour contempler avec fureur & enthouſiaſme les divines & immortelles, qui ne peuvent autrement eſtre connuës. Elle tenoit domptez les Lyons, & autres beſtes les plus farouches, pource qu'elle met ſous les pieds les plus obſtinées conteſtations, & les plus invincibles opiniaſtretez de tant de Dogmatiſtes. Et finalement elle faiſoit porter toutes ſes reliques & tous ſes ſacrez myſteres ſur un Aſne, pour nous donner à entendre que nos plus grandes connoiſſances ne ſont que des aſneries, & que la plus belle Philoſophie que nous pouvons embraſſer c'eſt l'ignorance louable de la Sceptique.

TELAMON. Puiſque vous voulez en apparence reſpecter la Philoſophie, je prendray comme de mauvais debteurs vos foibles excuſes en payement, pour venir à l'examen propoſé, & voir premierement ſi vous pouvez avec quelque ſorte d'apparence raiſonnable rejetter cette premiere partie, appellée organique ou inſtrumentale, d'autant que ſans elle nous ne pouvons posseder veritablement aucun art ny aucune discipline. Aussi est-elle nommée la science des sciences, l'œil de la raison, & la balance de la verité. Car bien que nous voulussions supposer que quelqu'un sceust certaine chose sans la Logique, tousiours seroit-il constant qu'il ne la sçauroit que douteusement, *nesciret se scire*, & n'auroit pas l'asseurance de la science; pource que c'est la Logique qui enseigne les marques, & donne les regles du veritable sçavoir, qu'elle sousmet à la connoissance des choses par leurs causes, & à l'examen d'une legitime demonstration. Pour moy j'ay tousjours cru que les hommes ne different point plus du reste des animaux par la raison, qu'ils sont differens entre-eux par l'usage de cette mesme raison que nous enseigne la Dialectique, & qui a esté inventée, dit quelqu'un, pour suppléer à ce que la connoissance des Anges peut avoir de plus que la nostre. Ce n'est pas que je ne sçache bien qu'on a voulu dire que nous avions tous une Logique naturelle, par le moyen de laquelle nous parlons avec bonne consequence, & discourons raisonnablement de toutes choses; voire

voire mesme qu'il étoit à craindre, que comme ceux qui se veulent prevaloir de la memoire artificielle prejudicient souvent à la leur naturelle, nous ne corrompions aussi cette faculté rationelle & discursive que la nature nous a donnée, la voulant augmenter; & comme raffiner avec trop d'artifice. Mais déja nous pouvons respondre que ce n'est pas icy seulement que l'art adjouste à la nature, & la perfectionne, ne se contentant pas tousjours de l'imiter, comme il se voit dans toute l'estenduë des arts & des disciplines. C'est ce qui fait qu'Aristote nous a rapporté ce vers du Poëte Antiphon,

Τέχνῃ γὰρ κρατοῦμεν ὧν φύσει νικώμεθα.

Arte superamus ea à quibus natura vincimur.

Et pour ne tomber dans des enumerations ennuyeuses, on ne peut pas nier que celui qui se servira du compas, ne descrive un cercle avec toute autre facilité & perfection que celui qui n'y employe que la main toute seule; le mesme se pouvant dire de ceux qui s'aident de l'organe de la Logique, lesquels sans doute ont toute sorte d'advantage sur les autres qui l'ignorent ou le mesprisent. On dit qu'un boiteux arrive plutost au but par le droit chemin, que le meilleur coureur du monde qui extravague, & s'égare d'autant plus qu'il va viste; mais il est encore plus vray au fait du discours qui a pour but la persuasion, que celui qui sçaura les voyes de la bonne demonstration, & de l'argumentation parfaite, obtiendra bien plutost sa fin & plus commodément, que celui qui n'aura jamais appris les chemins que la Logique nous enseigne. La naturelle nous fait tous argumenter, mais l'artificielle y adjouste la facilité & la perfection. Pour le regard des difficultez, & des contraintes que cette science semble donner à nostre esprit, en quoy ils la comparent à la memoire locale, on peut bien mieux dire qu'il en est à peu près comme des travers & des entraves que l'on donne aux jeunes chevaux pour les dresser à l'amble ; car comme ceux-cy se trouvent gehennez d'abord, ne marchans qu'avec peine pendant qu'ils se forment l'habitude qui les fait après estimer ; de mesme les preceptes de la la Dialectique travaillent au commencement, & semblent embarasser les esprits lorsqu'elle les dresse encores à raisonner en bonne forme, bien qu'avec le temps elle les y habituë de sorte, que ce qui estoit contrainte se fait aisément une seconde nature. Pourquoy aussi lui imputeroit-on à blasme la multitude des preceptes qu'elle donne, soit pour dresser un syllogisme apodictique & vraiment demonstratif, soit pour reconnoistre le vice des captieuses argumentations des Sophistes, puisqu'on ne blasme pas les autres sciences en cas pareil? comme par exemple, la Medecine n'est pas reprise de ce qu'elle donne quantité de loix pour la conservation de nostre santé, & nous prescrit une infinité de remedes contre toute sorte de maladies. Qu'y a-t-il, je vous prie, de plus utile, pour ne pas dire necessaire, que de sçavoir pourquoy la division doit preceder la definition ; de combien de membres la premiere est susceptible ; que la seconde doit être composée de matiere & de forme, ou de genre & de difference ; pourquoy les genres souverains ne se definissent point ; comment il faut ingenieufement diftinguer ; quel eft l'ordre analytique ou refolutif, & quel le fynthetique ou compofitif ; ce que c'eft qu'induction, exemple, enthymeme, & fyllogifme ; quel eft l'ypothetique, quel le tentatif, quel le dialectique ou probable, qui fait l'opinion, & quel le *expofitorius*, & le demonftratif qui feul engendre la fcience ; pourquoy on appelle un argument cornu, pourquoy *ad hominem*, pourquoy *elenchum*, & pourquoy les Grecs en nommerent un *foritem*, que Ciceron apppelle *formam argumentandi acervalem*, & les efcholes *de primo ad ultimum* ; reconnoiftre le vice du cercle, & les cinq differentes façons de ce qu'Ariftote a nommé pofition de principe ; juger fur le champ fi un argument eft en bonne forme & figure par la table des modales, appellée le pont aux Afnes ; reduire toutes les autres figures à la premiere, comme à la plus noble de toutes ; fçavoir quelles chofes ne font pas demonftrables, & fçavoir que de faulles propofitions premifes on en peut tirer une conclufion veritable ; en vertu de la forme fyllogiftique (d'où vient qu'Ariftote ne s'eft fervy que

4. A-
cad. qu.

8. Top.
c. ult.

que de lettres toutes nuës) quoy qu'au-contraire des vrayes & necessaires on n'en puisse jamais rien induire que de vray & de necessaire. Bref, quel avantage n'a point celuy lequel instruit en cet art des controverses, & exercé en cette lutte spirituelle, n'ignore aucun des tours de souplesse qui s'y peuvent pratiquer, & sçait également bien attaquer & se deffendre ? Aussi voyons-nous que tous les grands hommes ont fait un estat merveilleux de cette connoissance, & quelque-uns en ont estimé si honteuse l'ignorance, que ce Diodorus Autheur des argumens cornus & enveloppez n'ayant pû respondre sur le champ à ceux que luy avoit fait Stilpon en la presence du Roy Ptolomée, en mourut de déplaisir ; la gausserie de ce Roy y ayant à la verité beaucoup aidé, car voyant que Diodorus demandoit du temps pour respondre, il lui donna le mesme surnom que Strabon attribue encore à son maistre Apollonius de κρόν☉ ou de Saturne ; ce qui fit rencontrer à quelqu'un sur le sujet de sa mort, qu'en ostant les deux premieres lettres il eust mieux esté nommé ὄν☉, ayant commis une grande asnerie de se don-

D. Laert. in ejus vita.

L. 27. Geogr.

ner la mort pour si peu de chose. Et toutefois nous lisons encore dans Hesychius, que le Philosophe Philetas compatriote du grand Hippocrate tomba de mesme en un marasme, & mourut hetique d'ennuy de n'avoir pû resoudre ψευδόμενον λόγον, un de ces arguments trompeurs. Ce n'est pas pourtant la plus grande utilité que nous tirions de la Dialectique que celle-là, de nous sçavoir garder de toutes les supercheries des disputes, & de prendre les advantages possibles en toute sorte de conferences. Je faits une merveilleuse estime de ce qu'elle nous sert pour bien & raisonnablement converser avec nous-mesmes, estant certain que sous son aide nos entretiens privez n'ont rien de reglé ny de solide. Il n'y a chose aucune si naturelle à l'homme que de se tromper lui-mesme, la philautie lui fait approuver quasi toutes ses pensées; & s'il n'a quelque chose qui le guide dans ses plus abstraites meditations, ou qu'il ne soit fort exercé en l'art du discours mental, c'est le lieu où il commet les plus lourdes fautes, & où il se trompe le plus grossierement. Nos plus profondes speculations sont souvent

vent comme ces perspectives trompeuses, qui nous font voir ce qui n'est pas, representant aux yeux de nostre esprit les choses tout autrement qu'elles ne sont ; c'est pourquoy nous avons lors le plus besoin des regles de la Logique. Et soyez seurs que, comme a trés-bien remarqué Aristote au chapitre seiziéme du livre où il reprend les Sophistes, celuy qui se laisse decevoir aux propos & aux suggestions d'autruy, se pourra bien encores abuser s'il entre en conference avec soy-mesme, *qui ab aliis facile paralogismo decipitur, nec id animadvertit, ipse quoque à semetipso hoc pati sæpe numero potest.* Or le propre du Philosophe est de se questionner, & de se former des doutes à luy-mesme, *aliquid facultatis habere volentibus bene dubitare operæ pretium, nam posterior facultas solutio eorum est quæ ante dubitata fuerunt.* Et ce n'est pas une petite partie de se sçavoir bien proposer ses doutes, & se bien representer les raisons qu'on a de douter, *de quibusdam non modo invenire veritatem difficile, verum neque bene ratione dubitare facile est.* Car comme il est dit ailleurs, quand nous entendrons la methode de

3. Metaph. c. 1.1

C 5 bien

bien & philosophiquement douter, il nous sera aisé de resoudre ensuite, & de distinguer le vray du faux, *cum poterimus in utramque partem dubitare, facile in singulis perspiciemus verum & falsum.* Il faut donc avoüer que la Dialectique, qui nous ouvre le chemin, & nous éclaire en cet entretien secret de nous-mesmes, qui nous apprend à douter, & nous fournit les resolutions infaillibles, est une des plus essentielles parties de la Philosophie, tant s'en faut qu'elle soit vaine ou superfluë. Mais cette belle science a cela sur toutes choses d'excellent, qu'elle est mere de l'ordre, & que par tout, soit avec autruy, soit avec nous-mesmes, elles nous fait observer une admirable methode, de sorte qu'on peut dire que le filet d'Ariadne n'estoit point si necessaire à Thesée pour le tirer des perplexitez du labyrinthe, qu'elle est à nostre ratiocination pour la conduire en ses operations ordonnement, & sans extravaguer. De là vient qu'un des fruits, & des plus sensibles que l'on retire de nostre Aristote, c'est que quiconque a pris familiarité avec lui, il s'est en mesme temps rendu capital ennemy de la confusion

confusion & du desordre. Aussi est-ce luy qui a dit au troisiéme livre du Ciel, que faire les choses contre l'ordre c'estoit les faire contre nature, pour ce que, comme il avoit enseigné au huitiéme de sa Physique, la nature est admirablement ordonnée par tout, & son esprit est celuy qui communique l'ordre, & par consequent la raison à toutes choses, τάξις πᾶσα λόγος, omnis ordo est ratio. Platon asseuroit que le feu de Promethée n'estoit autre chose que l'ordre qu'il avoit enseigné aux hommes. Et Job pour bien descrire l'enfer, l'appella *terram* C. 10. *miseria & tenebrarum, ubi umbra mortis & nullus ordo.* Je ne diray pas comme quelques-uns, que l'homme seul ait du sentiment pour l'ordre, car il me semble que tous les animaux l'aiment & le recherchent; mais bien que nous devons d'autant plus l'estimer, que l'esprit & le corps dont nous sommes composez nous representent par tout une parfaite simmetrie, & que les trois liens du dernier, qui sont la santé, la beauté, & la force, consistent en l'ordre & en la proportion, *artus etiam leviter moti perdunt quo viguerunt usum, & turbati exerci-*

C 6 *tus*

tus sibi ipsi sunt impedimento. Nec mihi videntur errare qui ipsam rerum naturam stare ordine putant, quo confuso peritura sint omnia, disoit Quintilien parlant de l'ordre de sa parfaite oraison. Et parce qu'il ne faut pas estre désordonné ny excessif en parlant de l'ordre, je n'y adjouterai plus rien, non plus qu'au sujet de cette science organique, dont je pense vous avoir suffisamment justifié l'usage & la necessité. Il me reste seulement à prier celuy qui me respondra, qu'il ne se donne point la peine de me repeter ces longs discours de vostre Sextus, quand pour destruire la discipline dont nous parlons, il pretend montrer que tant s'en faut qu'elle puisse servir à nous faire reconnoistre la verité, qui est sa fin, qu'à le bien prendre cette verité n'est qu'une chose chimerique ; & quand elle seroit quelque chose de réel, que nous n'avons aucun signe certain pour la remarquer, ny ensuitte aucune demonstration pour nous en asseurer, non pas mesme une faculté qui en puisse juger, laquelle il nomme κριτήριον τῆς ἀληθείας. Car bien qu'il traitte ces choses avec beaucoup de subtilité, & que *cum ratione insani-*

Proem. l.7. instit.

Pyrrh. hyp. l.2. & adv. Math. l.7.

re videatur, n'est-ce pas abuser du temps, & se mocquer des hommes, de leur vouloir persuader ce qui renverseroit l'estat de leur vie, & les jetteroit en des confusions insuperables; veu mesmes qu'il pretend faire voir ces choses demonstrativement, au mesme tems qu'il soustient qu'il n'y a point de veritable demonstration.

MELPOCLITUS. Puis que ceux qui ne sont armez qu'à la legere commencent ordinairement l'escarmouche, je soustiendray, s'il vous plaist, ce premier effort, & vous obeiray, Telamon, d'autant plus volontiers, que puisque vous vous estes donné le loisir de lire ce qu'a escrit nostre grand precepteur sur ce sujet, je n'y pourois rien adjouter sans m'obliger à des redites importunes. Toutefois je m'estonne fort, cela estant, que vous nous imputiez de n'admettre aucun *Criterium*, ou aucun instrument pour juger de la verité des choses, d'où il s'ensuive une subversion de la vie humaine. Car vous pouviez avoir remarqué qu'il establit deux sortes de *criterium*, l'un qui juge en dernier ressort, & pose une certitude aux choses de sa connoissance, lequel à la verité nous rejettons comme

L. 1. Pyrrh. hyp. c. 11.

me un imposteur ; l'autre qui s'accommode aux vray-semblances sans rien determiner, appellé τὸ φαινόμενον, ce qui nous apparoit, qui est le criterium de la Sceptique. Celui-cy nous fait user de certaines actions plutost que des autres, en sorte que recevant pour bonnes les mœurs que l'usage, & le cours de la vie authorise, & respectant les loix & constitutions qui y sont establies, on ne peut pas dire sans calomnie que nous soyons des brouillons & des perturbateurs du public, puis qu'au contraire en ce faisant nous lui deferons d'une part autant que personne, & d'ailleurs nous luy profitons en nous opposant aux violentes affirmations des Dogmatiques, ὁ μόνον ὁ μαχόμεθα τῶ βίω, ἀλλὰ καὶ συναγωνιζόμεθα, *non solum non adversamur vitæ communi, sed etiam ipsi patrocinamur*, comme il dit tres bien. Voilà donc comme au lieu du vray nous luy substituons le vray-semblable, au lieu d'un criterium certain & arrogant nous nous contentons de l'apparent, au lieu des signes indicatoires & infaillibles nous nous servons de ceux qui nous admonestent doucement. Et pour le regard de la demonstration,

L. 2. Pyrrh. hyp. c. 10.

ou vous nous faites si ridicules pour ce que nous nous en servons pour la destruire, je vous prie de vous souvenir de tant de belles comparaisons que vous avez peu voir à la fin justement de son septiesme livre contre les professeurs des disciplines, pour montrer que la demonstration de laquelle nous usons en disant qu'il n'y en a point d'infaillible, peut bien estendre sa force sur elle mesme, & se procurer la mesme mort qu'elle donne aux autres. Si ce n'est que nous voulions prendre cette demonstration pour une probabilité seulement, de façon que nous ne demonstrions pas tant, que nous rendions vray-semblable qu'il n'y a point de veritable demonstration. Maintenant je respondray à tous ces grands advantages que vous avez donné à la Logique, me servant de ce mot qui ne se trouve point dans Aristote, selon l'usage ordinaire indifferemment, comme vous avez fait avec celui de Dialectique, quoyque quelques-uns les ayent voulu distinguer, pource que le Dialecticien de Platon semble estre le Metaphysicien d'Aristote, d'où vient qu'au septiesme livre de la Republique, Platon n'admet

met aucun auditeur de la Dialectique qui n'ait l'âge de trente ans; & il y en a qui ont estimé la Dialectique plus ancienne que la Logique. Or tout vostre propos a esté pour nous monstrer que c'estoit une science non seulement utile, mais mesme necessaire, tant pour les conferences que nous pouvons avoir avec autruy, que pour nostre propre entretien, ces choses ne pouvant estre bien prattiquées qu'avec l'ordre & la methode qu'elle nous enseigne. Premierement, que ce soit une science qui demonstre avec certitude le vray, comme vous supposez, & selon que les Stoïques la definissoient, *scientiam veri, falsique & neutrius*, je m'en rapporte non seulement à ce que nostre Sextus vous en a fait voir, mais mesme à ce que vos escholes en temoignent, qui disputent tous les jours de cela, & resolvent souvent que c'est assez de lui donner le nom d'art & de faculté, selon qu'Aristote l'appelle quasi tousjours. Mais venons à son usage. Je suppose comme vous, que c'est le propre de l'homme de discourir raisonnablement avec qui que ce soit, & principalement avec luy mesme, quoy que ce soit souvent le lieu où il le prattique

D. Laert. in Zen.

tique le moins bien, pource qu'il n'y reçoit correction de personne. Je veux encore que l'ordre soit comme la forme de l'Univers ; que ce monde n'ait de beauté, & cette parfaite διακόσμησις ne se conserve que par l'ordre ; & plus l'esprit de l'homme est eslevé, plus il ait d'inclination à l'ordre, & d'aversion au desordre & à la confusion. Avec tout cela qu'aurez-vous advancé en faveur de vostre science logicale, si nostre ratiocination naturelle suffit pour discourir sensement & methodiquement ? Nous devons parler avec raison, mais il faut que cette raison soit humaine, & non pas chimerique. Servons nous du discours, mais avec suspension & retenuë, non pas avec certitude arrogante & opiniastre. Nous ne blasmons pas la Logique, pourveu qu'elle soit modeste & douteuse selon nostre portée, non pas hyperphysique, magistrale, & pedantesque comme celle de vos escholes. Mais, dites-vous, l'art perfectionne souvent la nature, & moy je trouve que bien plus souvent il la corromp ou falsifie, & que si la memoire se debilite par l'art de Lulle, comme vous avez remarqué, le jugement ne se deprave pas moins par

la

la Logique d'Aristote, auquel on a de tout temps reproché qu'il avoit composé ce monde d'actes & de puissances, d'universels & de categories, pour avoir assujetty toute la Physique à sa Dialectique, dont il paroit si fort idolatre quand il se vante sur la fin de son traité contre les Sophistes d'avoir esté le premier qui l'a reduite en art, (quoy que peut-être à tort, si cet honneur est deu à Zenon Eleate) n'ayant recommandé aucun de ses ouvrages avec tant de vanité que celuy là. Or il faut noter que de toutes les Logiques des anciens il ne nous est resté que la sienne, quoy que la moindre de toutes. Aussi ne seroit ce pas merveille s'il avoit merité la gloire de l'invention, que celle de la perfection fust le partage des autres. Il est constant que les Stoïques ont esté tout autrement renommez en cette pretenduë science que les Peripatetiques, jusques là que les premiers reprochoient aux autres qu'ils en estoient du tout ignorans: d'où vient que Caton dit, comme Stoïcien, parlant de quelque question philosophique dans Ciceron, *pertractata est à Peripateticis mollius, est enim eorum consuetudo dicendi non satis acuta propter*

P. Ramus in Dial.

3. de fin.

propter ignorationem Dialecticæ ; & je crois que c'est à peu près au mesme sens qu'il faut prendre ce que disoit Cleanthes l'une des lumieres du Portique, *Peripateticis idem accidere quod lyris, quæ cum bene sonent seipsas non audiunt*. Aussi les Stoïques estimoient tant leur Chrysippus en cette partie, qu'ils avoient coustume de dire que si les Dieux se servoient de quelque Dialectique, il faloit que ce fust de celle de Chrysippus, n'en pouvant pas avoir de meilleure. Cependant toutes ces belles pieces sont peries avec l'Empire Romain dans cette inondation fatale de tant de barbares qui le renverserent, & qui firent faire naufrage avec luy quasi à toute la doctrine des anciens. De sorte qu'on pourroit dire que la Philosophie d'Aristote, & nommément sa Logique, ne s'est sauvée de cette mer d'ignorance que comme la moins solide & la plus legere, ainsi qu'une planche de bois que le flot du temps, & les ondes des siecles passez ont jettée successivement jusques à nous, pendant que ce qui estoit de plus de poids se perdoit dans leur abysme. Que si ainsi est, de quelle Logique vous pouvez vous tant vanter aujourd'huy

D. Laert. in Cleant.

Idem in Chrys.

jourd'huy, que les siecles les plus sçavans ont si fort mesprisée ? Et comment vous fournira t'elle ces regles d'infaillibilité dont vous vous vantez, si elle a esté convaincuë d'ignorance lors qu'elle pouvoit estre de quelque consideration ? Car pour le present, ce qui nous reste, & que vous nommez l'organe d'Aristote, peut bien estre comparé à ce mutilé Deiphobus qui n'avoit rien de reconnoissable,

> *Deiphobum vidit lacerum crudeliter*
> *ora,*
> *Ora manus que ambas, populataque*
> *tempora raptis*
> *Auribus, & truncas in honesto vulne-*
> *re nares,*

Virg. 6.
Æn.

bien que ses professeurs se donnent une peine digne de pitié & de risée, rapportant les cinq traittez qui nous sont demeurez seuls, & encore tous estropiez, aux trois operations qu'ils appellent de l'esprit. Car pource que la premiere n'apprehende & ne conçoit (disent-ils) que les choses simples, ils luy attribuent le bien des predicamens, qui sont des noms tous nuds, distribuez en de certaines classes; la seconde, qui compose & divise, a pour sa part celuy de l'interpretation, dont les Latins font deux parties ; & la troisiesme, qui nous fait raisonner, tire son profit du reste, à sçavoir des livres des Resolutions, & des lieux, avec celuy où il reprend le vicieux procedé des Sophistes. Se peut il rien voir de grotesque, & rien de tiré par les cheveux (ainsi qu'on dit) comme est ce fantasque rapport ? A quoy on peut bien marier toutes ces belles distinctions, *rationis ratiocinantis, & rationis ratiocinata ; in actu signato, in actu exercito ; in sensu composito, in sensu diviso ; subjectum quo, subjectum quod ;* & autres telles badineries, avec lesquelles ils vous soustiendront que le feu & la chaleur rafraischissent *per accidens*, c'est à dire, par leur absence. Et là dessus vous serviront de leurs beaux mots de *hæcceitas, subjicibilitas, simultas, identificatio, incompossibilitas, velleitas, principium suppositationis, aleitas, coloreitas, equinitas*, & de mille termes aussi barbares, qui contraindront tout homme de bon sens à dire de meilleur cœur que ne fit jamais Neron, *quam vellem nescire litteras!* C'est neanmoins sur ces belles distinctions, & sur ces belles paroles

Suet. in Ner. c. 10.

que sont fondées les plus grandes subtilitez de l'Eschole, hors laquelle elles ne sont plus de mise, non plus que leur Logique hors l'estenduë d'elle mesme, comme qui n'auroit des balances que pour y poser les propres poids du trebuchet, & n'en reconnoistroit point ailleurs l'usage. Mais, direz-vous, l'ignorance de ces choses ne laisse pas d'estre honteuse, tesmoins ceux que vous avez rapportez qui en moururent d'ennuy. A cela je vous oppose le trait d'Aristippe, qui me semble bien plus judicieux, quand il respondit à celuy qui lui proposoit un de ces argumens enigmatiques à resoudre; Pourquoy veux-tu que je resolve & deslie ce qui me donne déja de la peine tout lié qu'il est? se moquant avec mespris de ces petites galenteries. *Quid te torques & maceras in ea quæstione, quam subtilius est contempsisse quam solvere?* disoit aussi fort bien Seneque sur ce propos. Et veritablement la pluspart de ces Sophisteries sont comme les toiles d'aragnées subtiles & artificieuses, mais d'ailleurs absolument inutiles. Elles sont plus seantes en la bouche d'une Reine de Saba, qui estoit venuë exprès pour se jouer

D. Laert. in Arist.

Ep. 50.

jouër avec Salomon (*Regina Saba ve-* 3. *Reg.* *nit Salomonem tentare enigmatibus*) *c.* 10. qu'en celle d'un Philosophe serieux. Un estomac capable de nourriture solide rejettera ces viandes creuses, semblables aux escrevices, où on trouve beaucoup à esplucher & peu à manger. Voicy l'exemple que Seneque nous en donne quelque part, *mus est syllaba,* *Ep.* 49. *syllaba caseum non rodit, ergo mus caseum non rodit.* Et Diogenes en la vie de Chrysippus nous en fait voir une demie douzaine d'autres, qui sont d'assez plaisans eschantillons de cette Logique des Dieux, *quod non amisisti hoc habes, cornua autem non amisisti, ergo cornua habes.* En voilà un qui vous peut faire souvenir & juger du reste. Certainement ces choses si pueriles depriment & émoussent plutost un esprit qu'elle ne l'aiguisent, la Philosophie se perd dans cette philologie, & comme dit le mesme Seneque, *comminuitur & debilitatur generosa indoles in istas angustias conjecta.* Peut estre neantmoins est ce pour semblables rencontres que vous estimez tant vos belles modales, me souvenant du Proverbe Scholastique, *de modalibus non gustabit asinus.* Mais soyez seur qu'on

se

se mocquoit de ces chardons avant vos tables de *Barbara* (qui ne comprennent aussi que trois figures, bien qu'on en puisse trouver d'autres, tesmoin celle qu'on appelle la quatriesme de Galien) & que sans elles on peut bien encore mespriser ces petites vanitez, puisqu'en choses mesme de quelque consequence, *quemadmodum Prator, sic hos philosophia in integrum restituit qui formula ceciderunt*, & qu'en tout cas on peut lors protester comme on fait contre les basteleurs, d'estre trompé, quoy qu'on ignore leurs tours de passe-passe. L'importance est que telles niaiseries ostent à la Philosophie ce qu'elle a de majestueux, & luy font perdre son credit ; pour la rendre difficile ou espineuse, elles luy enlevent la grandeur & le respect ; & la faisant en apparence plus subtile & ingenieuse, elles la font en effet ridicule, & de nulle consideration. N'est ce pas ce qui la rendit mesprisable à Hippocrate & à Epicure ? n'est ce pas ce qui fait dire à ce dernier dans Ciceron, *nos in vocibus occupatos inanes sonos fundere* ? & n'est ce pas ce qui oblige ailleurs ce grand Orateur à se plaindre des Stoïques, les plus grands Logiciens de l'antiquité,

Sen. ib.

Sextus Pyrrh. hyp. l. 2. c. 22.

2. & 4. de fin.

l'antiquité, de ce que *pungunt quasi 4 de sis aculeis interrogatiunculis angustis, quibus etiam qui assentiuntur nihil commutantur animo, & iidem abeunt qui venerant. Res enim fortasse vera, certe graves, non ita tractantur ut debent, sed aliquanto minutius?* comme encore au second livre des questions Tusculanes, *Stoici viderint qui contortulis quibusdam ac minutis conclusiunculis, nec ad sensus permanentibus, effici volunt non esse malum dolorem.* Il a veritablement raison, c'est une honte de manier les choses hautes si bassement, nous ne voyons pas que les Aigles s'amusent à prendre des mouches; & il y a de l'indignité à considerer les fleches de Philoctete employées à tirer aux petits moineaux. D'ailleurs, comme il dit, qu'y a t'il à gagner avec toutes ces cavillations? ceux qui s'en trouvent surpris en sont-ils plus persuadez? ceux qui ne s'en peuvent desmeler en deviennent-ils plus traittables? la verité se rend-elle par là plus reconnoissable? Au contraire, ces petites tromperies d'Eschole n'ont esté inventées que pour la deguiser, & ces finesses de Sophistes ne vont qu'à rendre le Logicien semblable à l'Orateur. Car comme entre les Advocats

Advocats ce n'est pas tousjours celui lequel a le meilleur droit qui gagne la cause, mais souvent celui qui plaide le mieux, & qui impose le plus subtilement aux juges, de mesme en la Dialectique artificielle, celui qui combat pour la verité court grande fortune de succomber, si son adversaire est plus ingenieux que lui en ce mestier, tant s'en faut qu'on puisse dire qu'il nous apprenne à discerner le vray du faux. Que si vous repliquez qu'il faut pour cela connoistre ses artifices, au moins comme les Medecins font les poisons, pour empescher leur mauvais effet; j'insisteray d'autant plus à vous maintenir, que comme des choses si futiles sont indignes d'une connoissance serieuse, & d'une étude vraiement philosophique, aussi le moindre sens naturel, & la moindre lumiere de cette Logique qui est née avecque nous, suffit pour nous faire mespriser, & nous desvelopper mesme, si besoin est, de tous ces embarras pedantesques & sophistiques. Car c'est icy sans doute que le proverbe Espagnol reussit trés-veritable, *masvale pugnado de natural, que almoçada de scientia*, une poignée de Dialectique naturelle vaut mieux

mieux que les deux pleines mains de cette vaine Scholastique. Et pour me servir de la comparaison du grand Marc Antonin, nous devons ressembler en ces combats spirituels au Pancratiaste des Grecs plutost qu'au Gladiateur Romain. Car comme cettuycy perdant son espée n'avoit plus de quoy disputer sa vie, là où l'autre avec les armes naturelles des mains n'estoit jamais hors d'escrime, & avoit tousjours de quoy se deffendre pendant qu'il estoit sur ses pieds ; de mesme celui qui se sert de la Logique artificielle, si on l'oste de ses formalitez, de ses termes recens, & de sa table des modales, il demeure du tout à nud & hors de combat ; mais le Logicien naturel subsiste par ses propres forces, ne peut jamais perdre ses armes, & a tousjours de quoy attaquer & se deffendre. Voilà, Telamon, tout ce que vous aurez de moy pour cette heure, suivant les bornes que vous aviez prescrit à mon discours, si non ce mot en passant, que vostre Aristote mesme, semblable à Cintius, Pericles, Sulpitius Tribun, Stolo Licinius. Salethus & autres tels Legislateurs, que nous voyons contrevenir les premiers à leurs

L. 12. de vita sua.

Lucian. Dia. 2. de merc. cond. Plin. l. 18. c. 3.

Ordon-

Ordonnances, n'a nulle part gardé l'ordre Dialectique qu'il prescrit aux autres, jamais donné une definition essentielle telle qu'il la requiert, ny jamais produit un argument qui fust exempt du cercle vicieux, & à sa mode vrayement demonstratif, comme les anciens qui ont escrit contre luy & nos novateurs modernes luy ont unanimement reproché. Que si je me fusse mis sur les differentes opinions des Thomistes & des Scotistes, des Reaux & des Nominaux ou Terministes, & de toutes ces Sectes dont il n'y a gueres moins que d'autheurs classiques, il m'eust esté aisé d'en tirer une consequence assez vray-semblable, qu'il ne peut y avoir aucune certitude où toutes choses sont si disputables & problematiques. Mais il m'eust fallu traitter cela à plein fonds, comme a fait nostre Sextus, & je me suis contenté, pour vous complaire, de vous justifier seulement que le Logicien que vous estimiez déja un grand Philosophe, *nihil aliud est quam frigida & futilis opiniuncula, ex verborum sutelis contexta, è quibus tanquam è tenuissimo filo dependet*, selon la belle description que fait Epictete dans Arrian de son Sophiste.

L. 3.
c. ult.

TE-

LOUABLE. 77

TELAMON. Encores que vous m'ayez donné assez de sujets de vous repliquer, je veux bien neanmoins quitter ces espines Logicales qui vous font crier si haut, pour considerer les belles fleurs de la Physique, & faire mesme un essay des fruits que produit cette science naturelle. Que s'il est vray, comme Aristote le rapporte au second livre de ses grandes Morales, qu'il n'y ait rien de plus difficile & de plus doux tout ensemble que la connoissance de soy-mesme, nous ne pouvons doutter que ces fruits ne nous soient esgallement utiles & agreables, puisque non seulement la physique traittant des parties de l'ame & du corps, dont nous sommes composez, nous apprend ce que nous devons estimer du total qui en resulte, c'est-à-dire de nous mesmes; mais de plus, pource qu'il y a un si grand rapport du petit monde au grand, qu'elle a pour continuel objet, qu'il est du tout impossible de prendre quelque notion de l'un sans l'autre. *Intrandum est igitur in rerum naturam, & penitus quid ea postulet pervidendum, aliter enim nosmetipsos nosse non possumus; quod praeceptum quia majus erat quam ut ab homine vide-*

C. 15.

Cic. 5. de fin.

D 3 *retur,*

retur, id circo assignatum est Deo. Mais nous penserons encore plus hautement de cette science si nous considerons que nous ne pouvons sans elle aimer Dieu suivant son precepte de tout nostre cœur. Car si cet amour ne peut estre qu'avec une parfaite union, puisque nous ne pouvons nous unir à la Divinité que par la contemplation, & par la connoissance que nous sommes capables d'en avoir, il s'ensuit que Dieu ne pouvant estre connu par nous que *à posteriori* & dans ses œuvres, il n'y a que la seule Philosophie naturelle qui nous puisse donner cet amour parfait, pource que c'est elle qui nous revele ses ouvrages & nous explique ses actions. C'est dans ce grand livre du monde, dans ce Code du Toutpuissant, dans cet *Abecedarium Naturæ*, que se voyent toutes ses merveilles ; & c'est par le moyen de la science naturelle que nous sommes capables de lire dans cet authentique authographe. Heureux ceux qui en entendent les rubriques, qui sçavent gloser un si beau texte, & qui sont capables d'en tirer les sens les plus cachez, puisque Dieu & la Nature se plaisent souvent au jeu de l'espousée

&

& des petits enfans, qui se cachent pour estre trouvez, *gloria Dei est celare verbum*. Certainement quiconque est capable de cette lecture, mesprise avec un grand dedain toutes les autres occupations de la vie, celuy lequel y peut considerer la nature en sa majestueuse grandeur, trouve le reste des choses du monde trop viles & trop petites pour s'y arrester; & la volupté de reconnoistre en mesme temps toutes les merveilles de Dieu, & tous les secrets de l'Eternité, est une chose si charmante, qu'elle nous rend insensibles à tous autres plaisirs, faisant mesme advoüer à cet austere Stoïcien Balbus, qu'il l'a trouve si ravissante & si ecstatique, *ut interdum Pronea sua Epicurea fuisse videatur*. Aussi n'est-ce pas le fait de toute sorte d'esprits de vacquer à une estude si profonde, & peu se trouveront à qui Jupiter favorable ait assez donné de cette splendeur seche d'Heraclite, pour percer avec tant d'activité jusques au centre de ses conseils; *magni animi res suit rerum natura latebras dimovere, nec contentum exteriori ejus conspectu, introspicere & in Deorum secreta descendere*. Tant y a que si le naturel peut

Salomon.

Cic. 2. de Nat. Deo.

Sen. 6. nat. qu. c. 5.

être

être icy aidé, comme partout ailleurs, par l'inſtitution & par l'acquis, c'eſt la Phyſique qui nous fournira les lumieres d'intelligence pour parvenir à un ſi haut degré de connoiſſance. Elle nous apprendra d'abord les differentes ſignifications de ce mot de Nature ; pourquoy elle eſt nommée le principe du mouvement & du repos ; quels ſont ſes principes, la matiere, la forme & la privation; quelles les cauſes materielle, formelle, efficiente, finale, & celles qu'on appelle accidentelles ; que toute cauſe eſt non ſeulement plus ancienne, mais encore plus noble que ſon effet; qu'il ne peut y avoir rien en l'effet qui ne ſoit en la cauſe ; que les cauſes ſe cauſent l'une l'autre & concourent ſouvent à produire un meſme effet, eſtant lors connexes ou concauſes, συναίτια ; comment il faut entendre que *effectus ſequitur deteriorem partem ſuæ cauſæ* ; & comment on peut concilier ces deux maximes, *eadem poteſt eſſe cauſa contrariorum*, &, *contrariorum contraria ſunt cauſæ*. De là elle nous fera conſiderer les quatre principales affections ou proprietez des choſes naturelles, la quantité, le lieu, le temps,

temps, & le mouvement. Dans la quantité, qu'il n'y a rien qui soit actuellement infiny en toute la Nature, d'où vient que nostre ame ne peut mesme concevoir l'infiny *nisi sub ratione finita*, selon qu'a fort bien remarqué Simplicius. Dans le lieu (qui n'est autre chose que la superficie du corps environant) que deux corps ne peuvent être naturellement en une mesme place, pource qu'ils se penetreroient, & que ce n'est pas sans sujet que la nature abhorre si fort le vuide, puisqu'il empescheroit les influences des corps superieurs, ce qui va à la destruction de l'univers. Dans le temps (qu'on definit *numerum motus secundum prius & posterius*) elle nous fera considerer que toutes choses se font dans le temps, d'où vient le proverbe de Thales, σοφώτατ@ χρόν@ *sapientissimum tempus*; ce que nous devons penser du passé, du present, & du futur; & comme on peut concevoir l'eternité. Et finalement dans le mouvement (que l'eschole definit *actum entis in potentia quatenus in potentia vel actum mobilis ut est mobile*) ses trois premieres especes selon la quantité, la qualité & le lieu, ou d'aug-

Comm. ad 3. de nat.

D. Laert. in Thal.

mentation, d'alteration, & local ; le naturel enfuite & le violent ; que le repos ne luy eſt oppoſé ſinon privativement ; bref, que rien ne ſe meut de ſoy-meſme, mais toujours par un principe interne ou externe, d'où nous ſerons conſequemment contraints de reconnoiſtre avec Ariſtote & Platon un premier moteur immobile, afin de ne tomber dans un progrez infiny. Que ſi par après nous voulons contempler plus particulierement le monde, cette ſcience vous dira pourquoy il a eſté ainſi nommé, pourquoy il eſt unique & pourquoy eternel, ſelon le Peripatetiſme. Elle nous monſtrera les Cieux compoſez d'une matiere exempte de contradiction, & d'une forme aſſiſtante, appellée intelligence. Elle vous dira ſi outre le mouvement & la lumiere ils agiſſent encore par ces influences qu'on nomme qualitez occultes ; ſi leur nombre peut eſtre determiné, ſi les aſtres ne ſont qu'une condenſation de leur orbe, comme les nœuds d'une table ; & ſi leur influence agit meſme ſur noſtre volonté. Elle nous enſeignera le mouvement de ces ſpheres celeſtes, la theorie de leurs planetes & les rapports

Plut. à vit. Pyth.

rapports qu'il y a des parties du ciel aux climats de nostre terre. Et quoy qu'elle ne puisse parler de ces choses que sur les apparences, à cause de leur éloignement de nos sens, si est-ce que, comme Aristote dit fort bien, elles nous donneront plus de contentement que toutes les connoissances les plus certaines de ce qui est icy bas, *res namque illas superiores tametsi leviter attingere possumus, tamen ob ejus cognoscendi generis excellentiam, amplius oblectamur, quam cum hac nobis juncta omnia tenemur; ut quamlibet partem minimamque corporis τῶν ἐραμένων nostrarum deliciarum vidisse gratius est atque jucundius, quam cæterorum hominum membra tota perspexisse & contrectasse*, quoyque ce soit une comparaison merveilleusement libre & à la Grecque. De là descendant aux quatre premiers corps simples, appellez Elemens, elle nous fera sentir leurs deux qualitez actives, de la chaleur & du froid & les deux passives, d'humidité & de secheresse; elle nous monstrera comme elles sont convertibles des uns aux autres; & comme les deux inferieurs de l'eau & de la terre, composent un seul globe ou plutost un seul point, pour le par-

1. *de part. anim. c. 5.*

tage

tage duquel les hommes exercent toutes leurs animositez, *punctum est illud in quo navigatis, in quo bellatis, in quo regna disponitis.* De ces corps simples elle nous produira les mixtes appellez imparfaits, pour ce qu'ils retiennent encore les formes elementaires, à sçavoir les meteores, composez de vapeur chaude & humide, ou d'exhalaison chaude & seche, tels que sont les cometes, les foudres, les iris, les parelies & paraselines, les neiges, les gresles, les vents, & autres telles impressions. Les mixtes parfaits se voiront ensuitte, comme sont les metaux, les pierres & autres fossiles, dont nous sçaurons la generation. Mais, si de ces corps inanimez nous nous portons à luy demander raison de ceux qui possedent quelqu'une des trois ames, vegetante, sensitive, ou raisonnable ; que nous nous facions expliquer quelles sont les puissances, facultez & instrumens de chacune d'icelles ; comment la nature procede par degrez de l'une à l'autre, & par la liaison des Zoophytes & des Amphibies : quels sont les sens, tant internes qu'externes de la sensitive ; quels l'intellect & la volonté de la raisonnable ;

Sen. praef. l. 1. qu. natur.

sonnable ; ce que nous pouvons dire humainement de son estat separé qui suppose son immortalité ; il n'y aura aucun de tous ces points sur lequel elle ne nous donne une telle satisfaction & contentement d'esprit, qu'élevez au dessus de nostre condition humaine, nous n'aurons plus de goust que pour cette sorte de contemplation des choses Physiques & n'estimerons plus rien que la meditation de ces veritez eternelles. *Quid enim videatur ei magnum in rebus humanis, cui æternitas omnis totiusque mundi nota sit magnitudo?* Les anciens nous representoient toute la Nature sous la figure mysterieuse du Dieu Pan, qui estoit encore particulierement le Dieu des Chasseurs; par lesquels à mon advis, ils entendoient les Philosophes, qui chassent & poursuivent incessamment les veritez naturelles, & comme c'est le propre de tous les chasseurs, renoncent à tout autre exercice pour vacquer à celuy-là, preferant les bois ou les solitudes de leur cabinet aux plus doux passetemps de la vie active.

Cic. 4. Tusc. qu.

GRANICUS. Je me sens aussi touché de quelque terreur panique, quand je me figure qu'il faudroit examiner

miner tous les ordres de la nature, si je voulois suffisamment respondre à tant d'axiomes que vous avez supposez pour establir l'excellence & la certitude de vostre science naturelle. Neantmoins pource que vous m'avez tracé un chemin dans lequel je n'auray qu'à remplir vos vestiges, je le ferai avec le plus de legereté qu'il me sera possible, selon ce que vous pouvez attendre de moy pour cette heure. Et premierement je ne veux point contester avecque vous de l'utilité & des beautez de la Physique, encore que le peu de solidité qui se trouve en tous ses discours, après les avoir attentivement pesez nous laisse souvent plus de degoust que de satisfaction. Je veux que son entretien & ses speculations (puis que nostre pauvre humanité n'est pas capable de mieux) nous mette l'esprit en la plus noble assiette, & nous esleve l'ame au plus haut point où elle puisse atteindre, *hec inspicere, hec discere, his incumbere, nonne transilire est mortalitatem suam, & in meliorem transcribi sortem?* disoit comme vous ce Philosophe Romain. Et à la verité, s'il faut establir quelque objet à nos sens, tant interieurs qu'exterieurs,

Sen. 1. qu. nat. præf.

terieurs, s'il faut que nostre entendement s'attache à quelque consideration qui l'arreste, & s'il faut que nous donnions quelque aliment à ce vain desir de connoissance, qui semble nay avecque nous, que nous pouvons nous proposer de plus digne & de plus convenable, ce semble, que toute l'estendue du monde & de la nature, puis qu'il y a apparence que les Dieux ne nous ont donné la place que nous y tenons, comme en un magnifique Theatre, que pour en estre avec admiration les spectateurs. Mais si faut-il demeurer dans les termes de l'humanité, n'estendre pas nostre capacité au de là de sa sphere d'activité, & ne pas prendre les doutes pour des certitudes & les vray-semblances pour des veritez. Ce sera le sujet de ma responfe, pretendant que vous n'avez advancé aucune maxime de Physique pour constante, qui ne soit très-problematique, & que cette pretendue science naturelle est aussi vaine que toutes les autres, à l'examiner sans prevention d'esprit, & Sceptiquement. Déja quant au mot de Nature & à sa definition, tout le monde ne l'a pas comprise comme vous, *quidam enim ex ex numeris naturam constituunt ut Pythagoreorum nonnulli*, comme il est porté au troisiéme livre *de cælo*, d'Aristote chapitre premier. Et Pline, suivi d'assez d'autres, soustient que *casus, Deus & Natura*, ne sont qu'une mesme chose. Le mesme Aristote veut en beaucoup de lieux qu'elle face tellement tout pour le mieux, *ut neque abundet superfluis, neque deficiat in necessariis*. Il y en a qui le dementent par les monstres, & assez d'autres instances trop longues à deduire. Hippocrate & Galien l'appellent pour ces deux raisons tantost sçavante, tantost indocte & impertinente. Aristote veut encore qu'elle face tout pour une certaine fin, *natura determinata est ad unum*, & qu'elle agisse toujours pour un seul sujet, ἓν πρὸς ἕν, comme il parle, *singula ad singulos usus*, μηδὲν πενιχρῶς, *nihil parcè ac tenuiter*, ses ouvrages ne ressemblant pas, dit-il, au cousteau Delphique, qui servoit à immoler les victimes & à punir les criminels, ou selon son autre comparaison à ces instruments que les Grecs nommoient ὀβελισκολύχνια, *quæ candelabri & verriculi usum præbebant*. Les Anatomistes au contraire font voir

L. 27. nat. hist. c. 3.
2. de Cælo c. 3. & 4. de part. anim. c. 13.

dans

dans le seul petit monde, qu'il n'y a partie en nous qui ne serve à beaucoup de differens usages, & ceux qui ont osé dresser des commentaires sur vostre grand livre du monde, & se sont donnez des libertez de Momus pour en juger licencieusement, ont remarqué tant d'antinomies dans ce Code de la Nature, & ont trouvé son Digeste si confus & si indigeste, qu'ils en ont causé des scandales nompareils. Mais cela est trop general, venons à vos principes. Certainement, si tout ce qui en dépend est aussi sujet à controverses comme eux, je ne sçai pas où vous establirez la certitude de vostre science. Parmenides, Melissus & assez d'autres n'en mettoient qu'un ; Anaxagoras, Leucippus, & Democrite les faisoient infinis ; & par maniere de dire, il n'y a nombre entre deux qui n'ait esté affecté par quelqu'un sur ce sujet, tant la diversité y est grande. Ce que je laisse comme connu d'un chacun, aussi bien que vostre matiere, forme, & privation, vous priant seulement de me dire en conscience, si vous avez jamais entendu avec satisfaction d'esprit comment les formes se tirent & sont produittes de la puissance

Just. adv. Genses.

sance de la matiere, & si vous avez jamais compris en quelle façon la privation, qui n'est qu'une pure negation, & pour cela nommée par Aristote mesme un principe accidentel, peut estre neanmoins reputée un veritable principe des choses naturelles. Mais puisque le proverbe venu de Pythagore dit que le principe est la moitié de l'ouvrage, Platon adjoustant au sixiéme de ses Loix, & Aristote en ses Ethiques à Nicomachus, que c'est encore quelque chose de plus, je me donnerai la licence de dire icy un mot davantage des Principes Metaphysiques, attendu qu'en nostre premiere distribution nous avons fait estat de comprendre dans nostre Physique ce qu'Aristote a bien nommé Sapience, Theologie, & Science des premiers principes, mais jamais Metaphysique. Car puis que Simonides en a fait le partage des Dieux, & qu'Aristote a prononcé, que s'ils estoient susceptibles d'envie, selon les fables poëtiques, ils nous envieroient cette connoissance, elle merite bien une petite excursion, qui ne sera que sur deux points. L'un, qu'Aristote entre ses principes qu'il appelle indemonstrables, ἀξιώ-ατα-

Iambl. de vita Pyth. c. 29. l. 1. c. 7.

L. 1. Met. c. 2.

ἀντιϕάσεων, en met deux principaux, à sçavoir l'affirmatif, *De quolibet vera est affirmatio, vel negatio*, lequel Zenon & tous ses Stoïciens renversoient, posant quelque chose de neutre entre le vray & le faux, comme nous lisons dans Diogenes Laertius ; & le negatif, *impossibile est idem simul esse, & non esse*, qu'on dit le premier absoluëment & le plus certain de tous les principes, contre lequel neanmoins Heraclite & Protagoras faisoient leurs protestations publiques. L'autre point regarde particulierement nos Sceptiques, en ce qu'Aristote deffend de disputer contre ceux qui nient ces principes, lesquels avant toutes choses il veut qu'on luy aloüe & concede, autrement il en vient aux injures, disant qu'on n'a pas plus de sens que les plantes, ou qu'on est opiniatre, & lors ne menace pas moins que du feu, *vel pœna, vel sensu indigent* ; son successeur Theophraste ayant de mesme prononcé que la demonstration des premiers principes estoit violente, *& præter naturam*. Or n'est ce pas déja un grand temoignage d'indigence, de demander ainsi honteusement, & n'est-ce pas encore une tyrannie dans la republique philosophique,

In Zen. citt.

L. 13. Met. c. 6.

4. Met. c. 4. & 1. Ethic. Eud. c. 3. & passim.

phique, de vouloir extorquer par force ce que les autres croyent n'estre pas obligez de donner par raison. Car si les principes qu'il confesse indemonstrables sont si evidens qu'il dit, n'etans pas moins perceptibles à nostre entendement que les couleurs le sont à nos yeux, il a mauvaise grace de demander qu'on les admette par concession, puis qu'estans tels ils se feront assez recevoir d'eux mesmes; que s'ils ne sont pas tels, n'est-ce pas une injustice toute pure, & une insolence bien Peripatetique de les vouloir exiger tyranniquement de la sorte. Mais vous avez fait suivre les causes, dont outre le nombre superflu ou defectueux, le cercle que vous admettez monstre assez le mauvais fondement. Souvenez-vous aussi (après ce qu'en a dit nostre Sextus) du cinquiéme livre d'Aenesidemus dans Photius, dont le sujet estoit μηδὲν μηδενὸς αἴτιον εἶναι, *nihil nullius causam esse*. Je respondray neanmoins à l'une de leurs proprietez, pour monstrer la futilité de toutes. Vous dites qu'il ne peut y avoir rien en l'effet qui ne fust premierement en sa cause, & neantmoins dans la Logique deux fausses propositions

Sextus adv. Math. l. 7.

fitions causent une conclusion veritable; dans la Physique le Soleil nous echauffe, blanchit les dents, noircit la face, &c. sans posseder aucunes de ces qualitez, la Torpille endort les bras sans estre engourdie, la pierre Queux ou affiloire, *cos* en Latin, fait trencher le rasoir & ne trenche point, & dans la morale une bonne cause produit souvent un mauvais effet, *habet has vices conditio mortalium, ut adversa ex secundis, ex adversis secunda nascantur*, & on interprete la fable des belles Naiades, qui sont meres des vilains Satyres, de la verité qui cause souvent la haine, *veritas odium parit*. Pour la quantité, non seulement il y en a eu qui ont bien conceu le monde infini, mais qui ont mesme establi une infinité de mondes, comme Democrite & les Epicuriens, jusques-là, que Metrodorus ne jugeoit pas plus absurde de se figurer une grande campagne avec un seul épy de bled, qu'un seul monde dans l'etenduë infinie de l'univers. Selon que vous définissez le lieu, une tour dont l'air qui l'environne est agité, change de place, & un vaisseau voguant à pleine voiles pourra estre dit ne bouger d'un lieu, au cas que

Plin. in Paneg.

Xenoph.

que le flus de l'eau s'y accorde, si vous n'avez recours à ce lieu fantastique du premier ciel. Quant à la penetration des corps, sans alleguer les cendres qui reçoivent l'eau, & le fer chaud la chaleur, je vous faits juge des belles hypotheses de vos eschoiles, quand elles font qu'un mesme homme, par permission divine, est en deux lieux en mesme temps, qu'il vit à Paris & meurt à Rome, & de la peine qu'elles se donent pour sauver cette penetration, en cas qu'il se rencontrast lui mesme vers Lyon sur le chemin. Le vuide, receptacle de tous les estres, que vous faites si ennemy de la nature, est estimé par d'autres lui estre si necessaire, que sans luy il n'y auroit aucun mouvement, comme dit Xenophanes dans Aristote. J'oppose à Thales sur la sagesse du temps le Pythagorien Paro, qui le nommoit ἀματέσατον insipientissimum, à ce que rapporte vostre mesme Aristote, pource qu'il fait tout oublier, *Omnia fert ætas, animum que-que*; & je dis en un mot à la definition & division que vous en donnez, que le passé n'est plus, le present est un moment ou instant, & par consequent imperceptible, ou rien du tout selon les

V. Scot. d. 10. qu. 1. art. 5. Conim. ad 4. Phys. c. 5. qu. 4 & 5. Fons. soc. ad 5. met. qu. 4. c. 4.

L. de Xeno.

4. Phys. c. 29. Vir. Ecl. 9.

les Stoïciens, & que le futur n'estant pas encore, n'a par consequent rien de réel, non plus que vos belles ques- *Plut.* tions, *possit ne annus in quadrantem* *des com.* *bæra divinitus includi.* Pour le regard *conc.* du mouvement, par le moyen duquel vous venez à la connoissance d'un premier moteur, dont beaucoup ont improuvé la consequence, vous sçavez que non seulement Parmenides, Me- *L. 9.* lissus & tous ceux qu'Aristote, dit Sex- *adv.* tus, nommoit Philosophes Stationnai- *Math.* res, nierent le mouvement, mais que Zenon Eleate se vantoit d'avoir contre *Arist. 6.* luy un argument invincible, que pour *Phys. c.* cela il appelloit son Achille, ou pource *9.* qu'il alloit à monstrer que toute espace estant divisible en infinies parties, jamais Achille, par le mouvement, ou le cheval d'Adraste, comme le rapporte Plutarche, ne pourroient attraper *Des* avec toute leur velocité la plus tardi- *comm.* ve Tortuë. Vous venez après à con- *conce.* siderer le monde en sa beauté. Beaucoup y ont remarqué plus de deffauts que de perfection, & Pythagore est celui qui l'a le premier nommé κοσμος. Democrite y rit de tout, comme de- *Phot. in* pendant du concours des atomes, & *vit.* par consequent du hazard, Heraclite *Pyth.*

y pleure de tout comme sujet par une fatalité inevitable à un general embrasement. Quant à son unité, Alexandre ne le croit pas unique,

Lucanus.   *Vnus Pellæo juveni non sufficit orbis*;

& on argumente tous les jours en faveur de Moyse contre son eternité. Les cieux sont trop esloignez de nos sens, comme vous advoüez, pour en rien determiner, & c'est-icy que vous estes le plus raisonnable, & sans y penser, Pyrrhonien, reconnoissant qu'on n'en peut discourir que sur les Phenomenes. Leur matiere, leur forme, leur nombre, leur influence, sont toutes choses conjecturales, autant d'ouranoscopes, autant d'opinions. Les Elemens dans lesquels nous vivons, & desquels nous sommes mesme composez, ne nous en sont pas pour cela plus connus. Vostre nombre de quatre n'est pas plus mysterieux icy que le ternaire des Chymistes, qui ont cet advantage de resoudre & convertir vos elemens aux leurs; & (comme nous avons dit des principes) il n'y a nombre qui ne soit affecté par quelque naturaliste, jusques à l'infinité de Democrite, qui est contraint

de

LOUABLE. 97

de permettre que, comme il se rioit de toutes choses, on se rie aussi de ses atomes infinis. Heraclite vouloit que tout fut engendré du feu ; Anaximenes & Archelaus disoient le mesme de l'air ; Thales leur ancien l'avoit prononcé de l'eau ; Empedocles fit son fondement de la Terre, adjoutant la paix & la guerre perpetuelle de tous les quatre ; les Chinois rendent raison de leurs cinq Elements, qu'ils disposent ainsi ; l'eau, le bois, le feu, la terre & le metal ; bref, tout se trouve par tout à qui l'y veut chercher, *omnia sunt in omnibus* ; & il ne faut qu'oser icy avec un peu d'adresse pour établir tout ce qu'on voudra. Le feu est reputé humide par quelques-uns ; la terre demonstrée legere & mobile par le Mathematicien Aristarchus & par tous ces Pythagoriens qui ont consideré la Terre comme un Astre, & la Lune comme une seconde terre, qu'ils appelloient Antichtone, ou contraire à la nostre. De sorte que nous ne sçavons pas seulement quel lieu nous possedons en la nature, si nous sommes au centre ou en la circonference, si la terre se meut, ou si elle est le marchepied arresté du premier moteur, si

Herrera hist. Chin.

Arist. 2. de cœlo c. 13. & simplic. ibid. comm. 47.

Tome II. E si toutes

toutes ces grandes machines des cieux tournent autour de nos testes, ou si c'est nous qui par une voye bien plus courte faisons la ronde autour du centre lumineux, bref, ce que l'un establir en cette matiere elementaire, l'autre facilement le destruit. Mais vos escholes, qui s'attachent à Aristote, n'ont rien de si frivole que l'explication des meteores, comme croyent le demonstrer sensiblement ceux qui les considerent dans leurs fourneaux, aussi bien que vos mixtes parfaits, sur lesquels ils croyent que leur Art peut autant que la nature, sans en excepter le plus parfait, & tout ensemble le plus coupable de tous les metaux. Quant aux choses animées, je ne m'amuseray pas à vous dire sur la vegetation combien de grands personnages ont estimé les plantes animaux, non seulement capables de joye & de desplaisir, mais mesme de connoissance & de discours. Qu'à l'esgard de la sensitive, les uns n'ont rien du tout donné aux sens, comme Democrite, les autres leurs ont deferé en tout, comme Epicure, & d'autres ont tenu une voye moyenne, comme Zenon. Qu'aucuns ont fait tous les animaux raisonnables, selon l'advis d'Empedocle &

Sextus 7. adv. Math.

de

de Galien, qui ne met de difference entre leur discours & le nostre, que *secundum plus & minus*, qui ne changent point l'espece; les autres ayant même disputé à l'homme le tiltre d'animal raisonnable, comme Heraclite, qui soustenoit qu'il n'y avoit que τὸ περιέχον, *id quod ambit*, qui fust λογικὸν, *particeps rationis*. Qu'Empedocle croyoit estre bien fondé à maintenir les animaux aquatiques estre les plus chauds de tous, Aristote l'ayant très mal mené là-dessus; & un Rabi ayant esté icy profane, jusques à écrire qu'Adam mesme n'avoit peu s'asseurer de leur naturel qu'en s'accouplant avec eux. Je ne m'arresteray point non plus sur ce que tous les hommes conviennent quasi avec les Stoïciens, à se persuader que ce monde n'est fait que pour eux, & que particulierement ils sont maistres de la vie de tous les autres animaux, desquels ils se nourrissent, comme les chats, peut-estre, se persuadent que Dieu n'a créé les rats & les souris que pour les engraisser; les Pythagoriciens avec les Epicuriens ayant soustenu le contraire, & que n'avions nulle legitime jurisdiction sur le reste des animaux;

Sext. ib.

L. de respir. c. 14.

Cic. 3. de fin.

Iambl. de vita Pyth. c. 24.

maux; beaucoup aussi qui se sont imaginez le mesme, s'estans servis d'infinis passages de l'Ecriture Sainte, où Dieu semble avoir eu un soin d'eux trés-particulier, comme quand il dit à Jonas qu'il pardonne à cette grande ville de Ninive, à cause qu'elle contenoit, *plusquam centum viginti millia hominum, & jumenta multa*, & quand il commande qu'on face faire le sabath à la terre, *ut comedant Pauperes, & quicquid reliquum fuerit edant bestiæ agri*; c'est chose certaine que les Turcs admettent entr'autres bestes les moutons dans leur paradis, suivant le texte de la Zuna de Mahomet. Mais je veux bien insister contre vous sur ce que vous dites que la Physique nous rendra Sçavans, & nous contentera en ce qui regarde l'immortalité de nos ames. Car comme elle ne traitte aucune matiere plus importante que celle-là, aussi n'y en a-t-il point où ses professeurs se soient plus partagez; & non seulement ils en sont *a Spada tratta* les uns contre les autres, mais Aristote même se contrarie de ses propres escrits, estant tout apparent que si l'on en regarde certains passages, l'ame vient de dehors,

Proph. Jer. c. 4.

Exod. c. 23.

hors, & se conclud immortelle, mais que si l'on a esgard à ses principes, il faut de necessité qu'elle soit mortelle, comme quand il pose l'éternité & oste l'infiny actuel ; car dans cette éternité les ames estant immortelles, seroient par consequent infinies. Si on n'a recours à une ame universelle où toutes les autres se reunissent, ou à une metempsycose purement humaine & Peripatetique, puisqu'il s'est mocqué de celle de Platon & de Pythagore, qui sont choses sujettes à de grands inconveniens, & à des disputes sans fin. Voire mesme la propre definition qu'Aristote donne de l'ame seroit tout-à-fait vicieuse, *anima est actus corporis organici* ; car si elle est immortelle, il s'ensuit qu'elle n'est conjointe au corps que par un temps de nulle consideration, eu esgard à l'eternité qu'elle demeurera separée, & par consequent cet estat de separation luy doit estre reputé naturel, & celuy de son information du corps accidentel ; or on n'a jamais ouy parler de definir par ce qui est accidentel & contre nature ; & partant la definition d'Aristote demeureroit ridicule & insoutenable. Mais vous avez peu

E 3   voir

voir là dessus le duel celebre de ces deux grands hommes, Pomponatius & Niphus, & comme le premier, ainsi qu'un autre Entellus.

Virg. 5. Æn.   *Creber utraque manu pulsat versatque Decreta.*

Ce n'est pas que Niphus n'eust esté judicieusement choisi pour un des plus grands Philosophes de son temps, & qu'il n'ait fait aussi tout ce qui se pouvoit en une si importante controverse, jusques à imiter ce Medecin de Milan, qui ordonna un bain de toutes les herbes d'un pré, presumant qu'il y en auroit quelqu'une propre à son malade; car il a de mesme apporté en faveur de sa cause toutes les raisons, pour foibles qu'elles soient, qui se peuvent alleguer, pour esprouver si l'on se contenteroit de quelqu'une; *1. Eth. Eud. c. 6.* aussi qu'Aristote donne souvent ce precepte d'user des argumens apparens autant que des autres, pource qu'il y en a qui s'y prennent plustost qu'à ceux qui ont une conclusion certaine; estant des esprits comme des corps, dont tous ne peuvent pas supporter les fortes medecines. Mais à dire le vrai, Niphus defendoit un party non seulement

ment foible dans les limites du Peripatetifme qu'ils s'eftoient prefcrittes, mais qui eft mefme plein de difpute dans toute l'eftenduë de la Philofophie, où on ne peut apporter de raifons humaines fi fortes pour l'immortalité de noftre ame, qui n'ayent leurs revers, faifant autant pour l'immortalité de l'ame des bruttes, ou qui ne foient balancées par d'autres raifons auffi puiffantes; quoyque nous ayons perdu les trois livres Lefbiaques de Dicearchus, dans les deux derniers defquels Pherecrates argumentoit fi puiffamment, dit Ciceron, pour la mortalité de l'ame; auffi bien que celuy qu'Albert le grand dit avoir efté compofé & envoyé par Ariftote à fon difciple Alexandre avec ce titre, *De morte animæ*; car il en refte toujours affez pour embaraffer tout efprit qui ne confultera que la Philofophie pour fe refoudre fur ce point. Ce que je prononce d'autant plus hardiment, pour ce que non feulement hors le Chriftianifme il y a eu de plus grands hommes, & des plus gens de bien, à parler moralement, qui ont creu l'ame mortelle, comme Simonides, Homere, Hippocrate, Galien, Alexandre

1. *Tufc.* qu.

dre Aphrodisien, le grand Alpharabius, Abubacer, Arempace, Pline, Seneque, Cassius avec tous les Epicuriens, les Saducéens mesmes en la loy de Moyse (moins iniques envers JESUS-CHRIST que les Pharisiens qui declamoient pour l'immortalité) & assez d'autres personnages de très-grande reputation ; mais encore pour ce que j'estime que c'est faire tort au Christianisme de l'authoriser, & avec luy l'immortalité de l'ame, sur des opinions humaines prises de la Philosophie, où tout est problematique, veu que nous devons tenir cela de la foy, dans laquelle tout doit estre certain. Car pourquoy cet article de l'immortalité de l'ame ne sera-t-il pas aussi constant par la foy Chrestienne, & ne despendra-t-il pas d'elle aussi bien que ceux de la Trinité, de l'Incarnation, & de la Resurrection ? D'ailleurs, je me confirme en cette religieuse opinion, en ce qu'elle est conforme à celle de ce grand Cardinal Cajetan, lequel expliquant ces paroles de l'Ecclesiaste, *quis novit si spiritus filiorum Adam ascendat sursum, & si spiritus jumentorum descendat deorsum!* prononce si nettement en son commentaire

C. 3. *juxta finem.*

mentaire ces importantes paroles, *Dicendo quis scit, perinde dicit ac si dixisset nullus scit, & quamvis argumentando loquatur, dicit tamen verum ; negando scientiam immortalitatis animæ nostræ ; nullus enim philosophus hactenus demonstravit animam hominis esse immortalem, nulla apparet demonstrativa ratio, sed fide hoc credimus, & rationibus probabilibus consonat.* Et pour ce qu'il me semble qu'il y a assez long-temps que je tiens le dé, veu que vous avez encore, Telamon, à livrer chance nouvelle, je finiray icy avec cette esperance, que comme j'ay accordé d'abord à vostre science naturelle (si on la peut ainsi abusivement nommer) l'advantage d'estre l'une des plus agreables & des plus honnestes occupations que nous puissions donner à nostre esprit, aussi me concederez-vous, qu'au lieu des resolutions & des certitudes que vous luy attribuyez, il n'en faut rien attendre que des conjectures, & des vraisemblances bien souvent assez legeres.

TELAMON. Quand j'aurois moins de disposition à l'accommodement que vous me proposez, je sens ma partie si malfaite, me trouvant seul

E 5 contre

contre trois, où Hercule ne se vit jamais reduit en tous ses travaux, qu'il n'y a rien à quoy vous ne me faciez condescendre. Si est-ce que vous connoissant tous si gens de bien, j'ose me promettre que vous ne me serez pas si contraires en cette troisiesme partie de nostre Philosophie qui regle les mœurs & donne la probité, que vous avez esté aux precedentes. Et pource que la fin de toutes choses, qui paroist la derniere en l'execution, est neantmoins tousjours la premiere en l'intention ; la Morale nous proposant d'abord la felicité humaine pour but, nous apprendra premierement en quoy elle consiste, & puis nous enseignera les moyens pour y parvenir. A l'esgard du premier poinct, nous serons asseurez par elle que la vraye beatitude git en la connoissance & en l'usage de la vertu. Car quand vous voudriez icy vous estendre selon vostre coustume à particulariser les differentes opinions des Philosophes touchant le souverain bien pour en eluder la science, comme Ciceron dit que Carneades divisa autrefois si bien cette matiere, qu'il exposa non seulement les pensées de ceux qui l'avoient precedé, mais mesme

5. de fin.

mesme toutes celles que l'on pouvoit à l'advenir former sur ce sujet; je vous maintiens pourtant que toutes ces diversitez apparentes se peuvent aisement accorder, puisque la varieté n'estant qu'aux paroles, & en la façon de s'exprimer, elles se rapportent en effet quant à la substance, & conviennent toutes à signifier une mesme chose. Pythagoras, par exemple, mettoit cette souveraine felicité en la science des nombres, Aristote en l'action vertueuse dans une vie parfaite, le Chrestien en la connoissance de Dieu. Je dis que ces opinions qui paroissent differentes par leurs termes, ne sont pourtant qu'une mesme chose à les penetrer comme il faut. Car qui voudra remarquer comme quoy les Pythagoriens soustiennent dans Lucien & ailleurs, que Dieu n'est autre chose qu'un nombre & une harmonie; il s'appercevra aisement que toute leur beatitude dépendoit de la connoissance de Dieu, signifiée par leur science des nombres. Or on ne peut connoistre Dieu sans l'aimer, ny l'aimer sans suivre les loix de sa droite raison, qui nous fait operer vertueusement & nous porte à cette vie parfaite

In vit. auctivae

3. con- faite des Peripateticiens. Voilà donc
tra Gen. Pythagore, Aristote, & S. Thomas,
c. 25. & qui ont eu une mesme conception du
26. & souverain bien, quoyqu'ils s'en soient
quod. l. expliquez diversement. Tant il im-
8. art. porte tousjours d'avoir plus d'esgard
19. au sens qu'aux paroles, & de considerer pius l'importance des pensées que
les termes du discours. Quant aux
moyens qu'il faut tenir pour arriver
au souverain bien, la Morale nous fera connoistre premierement quels sont
les principes tant internes qu'externes
des actions humaines ; de quelle façon l'intellect meut la volonté, qui
ne s'attache à rien qui ne lui soit
preallablement connu, *ignoti nulla cupido* ; en quelle maniere s'acquierent
les habitudes morales ; & comment
cette volonté peut conserver son franc
arbitre, supposant une destinée Payenne, ou une Providence Chrestienne.
De là elle nous fera considerer plus
particulierement ces mesmes actions
humaines, en tant que bonnes ou
mauvaises, selon qu'elles sont vo-
lontaires ou involontaires, faites avec
connoissance ou par ignorance, &
comme il en faut examiner les circonstances,

Quis,

Quis, quid, ubi, quibus auxiliis, cur, quomodo, quando.

Et pource que les passions qui ne sont moralement bonnes ny mauvaises, fournissent de matiere indifferente aux vertus & aux vices, ainsi que la raison & le dereglement en peuvent estre nommez les formes, selon le dire de Plutarque ; elle nous apprendra premierement comme la bonne constitution de nostre esprit ne depend pas du retranchement absolu de ces passions, mais bien de leur regle & moderation, non plus que la santé du corps ne procede pas de l'aneantissement des quatres qualitez contraires, mais seulement de leur accord & temperature. Car celui qui voudroit se depouiller entierement de tous ces mouvemens de l'appetit sensuel, ressembleroit mieux à la statuë insensible d'un homme sage qu'à lui mesme, & ne commettroit pas une moindre faute que ce mal advisé Thracien dont parle Gellius, qui couppa sa vigne & ses oliviers, & arracha les meilleures plantes de son champ avec les chardons, les épines, & les buissons ; l'apathie ayant cela, qu'elle

Tr. de la vertu mor.

Theages Pyrrh. in frag.

L. 19. c. 12.

nous

nous prive également de tous les offices de la vie, de sorte que nostre ame se sentant par elle frustrée de ses plus nobles fonctions, *in corpore ignava, & quasi enervata vita consenescit*, & se trouve avoir insensiblement perdu l'humanité en voulant s'aquerir cette imaginaire impassibilité. Secondement elle nous exposera les onze differentes especes de nos passions, nous montrant comme l'amour & la haine, le desir & la fuitte, la joye & la tristesse, dependent de la partie concupiscible, aussi bien que l'esperance, le desespoir, la timidité, l'audace & la cholere, de l'irascible. Si bien que recevant sur chacune d'elle les preceptes convenables pour les soubmettre avec facilité à l'empire de la raison, nous nous trouverons en une aussi heureuse assiette que les Poëtes nous ont representé cet Orphée, apprivoisant par le son de sa Lyre les animaux les plus sauvages, pour nous figurer comme ce grand Philosophe captivoit par les douces voix de la Morale les plus violentes passions de la partie inferieure sous les loix de la raison. Or c'est en cette raisonnable subjection, & en cette moderation, appellée des anciens mediocrité

diocrité dorée, que resident les vertus morales, entre les deux extremitez vicieuses de l'excez & du defaut, mais dans un milieu pourtant plutost geometrique & equitable, qu'arithmetique ou numerique seulement, lequel la prudence, qui regle toutes les autres vertus sçait judicieusement discerner. Et bien que nous tombions d'accord que la raison & la prudence soient naturelles à l'homme & par consequent aussi la vertu, d'où vient qu'Aristote dit au premier livre de sa Police, que l'homme a pour armes naturelles la prudence & la vertu, & ailleurs, qu'il y a une vertu Physique & naturelle, & une autre acquise & comme artificielle, si est ce qu'il n'y a personne qui ne puisse temoigner par luy-mesme comme l'une & l'autre a ses commandemens, ses foiblesses, & ses alterations qui sont fortifiées & redressées par la bonne education, & par les preceptes de cette science dont nous traittons. La vertu aussi bien que le vice a ses elemens, n'y ayant jamais eu personne qui se soit rendu remarquable par l'une ou par l'autre en un instant. *Parvi virtutum simulachris, quarum in se habent semina, sine doctrina moventur;*

Arist. 2. Nicom. c. der.

C. 2.

8. Eth. Nic. c. 13.

Juven. Sat. 2.

Cic. 5. de fin.

moventur ; sunt enim prima elementa naturæ, quibus auctis, virtutis quasi carmen efficitur. D'où vient que les Stoïciens definissoient la prudence, *scientiam bonorum & malorum, ac mediorum;* & que Seneque, comme soldat qui combat ordinairement des armes du portique soubs les enseignes de cette compagnie, a prononcé en tant de lieux ; *discenda virtus est, ars est bonum fieri ; erras si existimas nobiscum vitia nasci, supervenerunt, ingesta sunt.* Voire mesme c'est un sentiment, dit Cotta, qui semble estre de tout le genre humain, lequel auroit tort de loüer & honorer les hommes vertueux, si leur vertu estoit un pur don des Dieux, ou un present gratuit de la Nature, sans qu'ils y eussent rien contribué de leur part, *Judicium hoc omnium mortalium, fortunam à Deo petendam, à seipso sumendam esse sapientiam.* C'est pourquoy Ciceron veut ailleurs que la vertu ne soit rien autre chose que la raison portée au poinct de sa perfection, *virtus rationis absolutio deffinitur ;* & en un autre endroit encore que ce soit le dernier accomplissement de nostre nature humaine, *est autem virtus nihil aliud quam in se perfecta & ad summum perducta*

D. Laert. in Zen. Citt.

Ep. 91. 95. & 124.

Cic. de Nat. Deo.

5. de siu.

1. de Leg.

LOUABLE. 113

ductu natura. Cette belle vertu (au delà de laquelle l'homme ne voit rien que le ciel qu'il puisse souhaitter) ainsi generallement reconnuë, la morale nous en expliquera les especes, nous faisant voir les quatre vertus Cardinales, avec leur rapport aux quatre principales perfections du corps. Car la prudence se peut fort bien comparer à l'integrité de nos sens ; la justice est tellement une santé, que l'injustice est une des plus grandes maladies de nostre ame ; la force se dit du corps comme de l'esprit également ; & la temperance n'estant qu'une convenance des facultez de l'ame, a sa relation à la beauté, qui consiste en une juste proportion des parties du corps. Mais je serois trop ridicule si je m'efforçois d'exposer icy toutes les beautez ravissantes des vertus, avec toutes les deformitez des vices, devant les plus passionnez amateurs des premieres, & les plus capitaux ennemis de leurs contraires que je connoisse. Je vous feray seulement souvenir que la science qui vous a rendus si clairvoyant en cette matiere, est celle là mesme qui fit mespriser à Socrate toutes les autres, de laquelle seule, au rapport de Diogenes Laertius

V. Marin. in Procl. & Plat. 4. de Rep.

Laertius en la vie de Menedemus, tous ces grands Philosophes Cyniques faisoint profession, & pour raison de laquelle les Stoïciens mesmes nommerent le Cynisme σύντομον ἐπ' ἀρετὴν ὁδὸν *brevem ad virtutem viam.* Herrera nous apprennant de mesme que les plus sages de tous les Orientaux, qui sont les Chinois, ne donnent des licences, & ne font des Bacheliers ny des Docteurs qu'en la seule science Morale. Or c'est chose fort considerable, que Socrate n'ayant cultivé que cette seule partie de la Philosophie, ait esté reconnu des Dieux le plus sage de tous les hommes, & de ceux-cy le pere commun de tous les Philosophes; comme aussi qu'estant l'inventeur de cette science, il l'ait peu mettre au jour avec une si heureuse production d'esprit, qu'on peut bien dire d'elle comme des Dieux de son temps, qu'elle se trouva au plus haut point de sa perfection dès celuy de sa naissance, qui fut encore si fortunée, que chacun s'escria aussitost qu'on la veit paroistre, que Socrate avoit fait descendre la Philosophie du Ciel en terre. Aussi receut-il d'elle la recompense que meritoit une si soigneuse culture, luy im-

LOUABLE.   115

imprimant des conditions si fort contraires à celles que le physionimiste Zopyrus remarquoit luy estre naturelles, le jugement non seulement luxurieux, mais mesme lourdaut & stupide, *quod jugula concava non haberet*, cette partie du gosier estant par trop comprimée en lui, pour luy donner, disoit-il, une liberté suffisante au passage des esprits. Et depuis luy le Philosophe Stilpon ne se fit-il pas par mesme moyen de lascif & yvrogne qu'il estoit, un exemple de temperance? Veritablement on peut maintenir que comme nostre ame est celle qui nous fait respirer simplement, la Morale est un second esprit qui nous fait bien & heureusement vivre, se trouvant estre un lien asseuré qui nous joint tres estroittement d'amitié avec que Dieu. *Inter bonos viros ac Deum amicitia est concilianti virtute; amicitia dico, imò etiam necessitudo, ac similitudo; quoniam quidem bonus tempore tantum a Deo differt, discipulus ejus, æmulatorque, & vera progenies*, selon les termes altiers de ce Philosophe Espagnol. C'est pourquoy, comme ceux qui veulent faire voyage ont accoustumé de se mettre en la compagnie de quelque

Cic. de Fato.

Sen. de provid.

quelque grand Seigneur, pour eviter les dangers qui s'y peuvent rencontrer ; ceux aussi, disoit Epictete, qui desirent passer heureusement la carriere de cette vie, ne peuvent mieux faire que de se jetter en la protection de la Philosophie, s'associer de la vertu, & se mettre en ce faisant sous l'escorte du Tout puissant. Mais peut-estre me direz vous tantost, qu'encore que la vertu ne puisse estre assez estimée, ny les bonnes mœurs qu'elle nous imprime assez affectionnées, ce n'est pas à dire pour cela que la science qui se vante non seulement de nous en faire leçon, mais mesme de nous donner les moyens de les posseder, ne puisse estre une trompeuse. Puisque de faict nous n'en voyons gueres qui soient plus esloignez des vertus morales, & plus souvent dans le vice, que ceux qui parlent de ces choses avec le plus d'estude, & quasi toujours d'arrogance, les hommes que nous voyons passer pour Philosophes, ne se reconnoissant tels que par quelques discours classiques, & par quelque exterieur encore plus importun (*non vita sed schola discimus,*) sans que leurs actions correspondent en rien à leur proffession, ny que

Arria. l. 3. c. 26.

Sen. ep. 107.

que leurs œuvres ayent la moindre teinture des vertus qu'ils distinguent & definissent. A quoy je vous repons, qu'encore qu'il soit peut estre plus de ceux que vous decrivez que d'autres, si est ce que l'observation n'estant pas generale, on n'en peut pas aussi tirer une conclusion valable. D'ailleurs qu'on n'a pas accoustumé d'imputer à l'art les fautes de l'artisan, ny à la science celles de ses professeurs, qui peuvent errer en leurs ouvrages, & pecher contre les regles qu'ils donnent aux autres, & qui ne perdent pour cela rien de leur certitude & bonté. Et qu'en tout cas quand le Philosophe moral ne feroit rien que penser sainement des choses bonnes ou mauvaises, en parler hautement & dignement comme il faut, & enseigner aux autres ce chemin de la vertu, comme fit autrefois Pythagore, il ne laisse pas de meriter beaucoup du genre humain, & la science qu'il enseigne d'estre digne de toute reverence, comme venuë du ciel. *Non præstant Philosophi quod loquuntur, multùm tamen præstant quod loquuntur, quòd honesta mente concipiunt*, repartoit Seneque a cette objection, *Non est quod contemnas bona verba*, *De vita bea. c. 20.*

ba, & bonis cogitationibus plena præcordia. Mais quoy ! ce n'est pas de cette heure qu'on condamne les choses par la consideration des lieux d'où elles viennent ; *à philosophis ista sumis ? metuebam ne à lenonibus diceres*, selon que

Parad. repondit gentiment Socrate au rap-
3. port de Ciceron en semblables rencontres. Tant il est vray qu'en tout temps ces Professeurs des sciences ont attiré l'envie & le mepris sur leur mestier, & qu'il ne seroit pas plus rare de

Eunap. voir, comme disoit ce Grec, une
in Ori- aloüette sans creste, qu'un homme
bas. sçavant sans envie. Ce que je ne pretends pas neantmoins appliquer icy au subjet de nostre conversation, sçachant bien que parmy des hommes de vostre sorte, & en un lieu où les Muses sont si respectées, une si honteuse passion ne l'emporte jamais sur la raison ; puisque suivant la paroemie, ἄφθονοι μουσῶν θύραι, *expertes invidentiæ Musarum fores*.

ORASIUS. La condition du lieu, ny le merite des personnes, tel qu'il est, ne sont point si considerables en cela, que la declaration que je vous fais qu'aucun de nous, ny de tous ceux qui ont les sentimens Sceptiques,

ne

ne fut jamais touché d'envie, ny d'aucune mauvaise volonté contre la vertu ou la science, lesquelles nous honorons dans le ciel au cas qu'elles s'y rencontrent, ce qui n'est pas de nostre connoissance, nous contentans de nous rire de cette fausse image de vertu & de ce phantosme de discipline morale, qu'on veut faire passer icy bas pour de veritables subjects. De sorte qu'il s'en faut tant que nous soyons portez d'aucune animosité contre vostre pretenduë science des bonnes mœurs, que nous ne reconnoissons ny science aucune à cet egard non plus qu'ailleurs, ny mœurs quelconques qu'on puisse absolument faire passer pour bonnes ou mauvaises, quoyque nous nous accommodions doucement à toutes celles que nos coustumes ont introduittes, & que nous portions tout le respect possible à celles que les loix divines & humaines ont authorisées parmy nous. Ce que je vous supplie de retenir, pour l'appliquer à tout ce que je pourray dire sur cette matiere, que je traitteray dans les purs termes de la Philosophie Sceptique, qui n'a rien de commun avec la Theologie fondée sur des certitudes hyperphysiques. *Sex. Pyrrh. hyp. l. 3. c. 23. & 24. & adv. Math. l. 10.*

Après

Après quoy, pour imiter le bon exemple de ceux qui m'ont precedé en leurs responses, je suivray du mesme ordre que vous avez tenu les principaux poincts de vostre discours. Et puisque son premier article estoit du souverain bien, duquel vous avez creu que tous les Philosophes avoient eu un mesme sentiment, quoy qu'ils s'en fussent expliquez en termes differens, selon que vous avez voulu accorder deux ou trois opinions; voyons si cela peut estre generalement ainsi, & y prenons garde d'autant de plus près, que c'est une chose en laquelle consiste, dit Ciceron, toute l'authorité de la Philo-

5. *de fin.* sophie; *qui de summo bono dissentit, de tota Philosophiæ ratione dissentit*, comme au contraire, *summo bono constituto in Philosophiâ, constituta sunt omnia.* Or laissant à parler de toutes les opinions possibles à vostre Carneades, qui ne s'estoit pas taillé une petite be-

19. *de* sogne, puisque S. Augustin asseure
Civ. que M. Varro en avoit remarqué jus-
Dei.c.1. ques à deux cens quatre-vingt huit toutes differentes; considerons-en seulement quelques-unes, que vous serez contraint d'advouer du tout inapointables. Car qu'y a-t-il de plus difficm-

LOUABLE. 121

dissemblable, que de faire dependre cette felicité tantost de l'action, tantost de l'habitude, tantost du repos & de la contemplation, en quoy les Peripateticiens sont mesme differens entr'eux; leur maistre estant encore repris par d'autres comme d'une lourde faute, d'avoir confondu la fin de l'homme avec son bien souverain, qui sont peut-être aussi differens en luy qu'au reste des animaux, desquels la fin semble estre à beaucoup dans l'ordre de l'univers le service de l'homme, quoique leur felicité en soit fort éloignée. Socrate la mettoit en la connoissance de la vertu, qu'il estimoit une science, comme l'ignorance le plus grand de tous les maux, & à son imitation Herillus ne reconnoissoit point d'autre bien que cette connoissance. Salomon proteste au contraire, que toute nostre science n'est qu'une vanité laborieuse, *qui addit scientiam, addit & dolorem.* Et quand il dit en son Ecclesiaste, *omni tempore sint vestimenta tua candida, & oleum de capite tuo non deficiat, perfruere vita cum uxore quam diligis, hæc est enim pars tua*, c'est à-peu-prés comme quand l'Italien prononce, *l'esser giovane, ricco,*

Arl. 1.
Eudem.
c. 5. &
D.
Laert.
in Socr.
Cic. 5.
de fin.

C. 9. &
11.

Tome II. F

& *matto, fa contento l'huomo a fatto.* Epicure veut qu'elle ne se trouve qu'en la volupté, le Philosophe Hieronymus avec quasi tous les graveleux dans l'indolence ; Anaxarchus, comme s'il eust esté Stoïcien, dans les douleurs de la mort mesme, pourveu qu'elle soit honneste. Aristippus & toute sa famille Cyrenaïque ne considere icy que le corps ; Zenon & tout son portique parle comme si nous n'estions qu'esprit, de sorte que les biens spirituels mis dans la balance de Critolaüs emportoient ceux du corps & de la fortune d'une telle pesanteur, *ut terram & maria deprimerent* ; & Epicure n'a point esté si sensuel en sa volupté, qu'il n'ait preferé une raisonnable infelicité à une felicité desraisonnable, εὐλογίστως ἀτυχεῖν ἢ ἀλογίστως εὐτυχεῖν. Aristote ne reconnoit point cette science εὐδαιμονία ou souveraine felicité, si elle n'est accompagnée de l'εὐτυχία, qui est une parfaitement bonne fortune ; ce qui l'a fait definir à Boece *statum omnium bonorum aggregatione perfectum* ; & Platon dans Diogenes luy attribuë cinq membres necessaires, εὐβουλίαν, εὐαισθησίαν, εὐτυχίαν, εὐδοξίαν, καὶ εὐπορίαν, qui sont la faculté deliberative

Cic. 5. Tusc. qu. 4. Acad. qu. & 2. de fin.

Cic. 5. Tusc. qu. D. Laert. in Epic. Eth. Nic. 7. c. 13.

in vitâ Plat.

berative excellente, la bonne constitution des sens, l'heureuse fortune, la reputation glorieuse, & les richesses en abondance. Beaucoup avec Seneque croyent qu'au contraire nous ne devons rien tant apprehender que cette bonne fortune, qui nous donne des aisles, comme à la fourmy, pour nous perdre, *neque Dii, neque Dea* *Ep. 97.* *faciant, ut te fortuna in deliciis habeat,* disoit-il à son amy Lucilius, parce que c'est elle qui nous met en la plus dangereuse assiette de toutes, *de gran subida gran cayda*, & qui semble vous jetter dans l'envie mesme des Dieux, *intelligo quam invidum sit numen,* es- *Herod.* crivoit Amasis à Polycrates un peu au- *in Thal.* paravant que de renoncer au droit d'hospitalité qui estoit entre eux. Aussi Aristote est contraint, se contredisant, d'advoüer luy-mesme en ses Politiques, que la vie la plus heureuse est celle des hommes de mediocre fortune, comme de ceux qui sont tousjours les plus raisonnables, ainsi qu'il le prouve là par l'exemple des plus *4. Polit.* grands Legislateurs Solon, Lycurgue, *c. 11.* & Charondas, qui estoient tous de moyenne condition dans leur ville. Bref, il s'en faut tant que le souverain

F 2   bien

bien depende de la bonne fortune, à l'esgard de plusieurs, qu'ils ont soustenu n'y avoir point de plus miserables personnes que celles qui n'avoient jamais esté miserables, ny de plus grande infelicité que celle de n'avoir jamais esprouvé la mauvaise fortune. Les uns n'estiment rien tant que le commandement, sans lequel Cesar ne peut estre heureux ; ce Velleius Epicurien met sa derniere felicité, *in omnium vacatione munerum*, & à n'avoir aucune part au gouvernement de l'Estat. Les Stoïciens ont pour but dans Ciceron *convenienter natura vivere*. Dans Arrian leur Maistre Zenon propose ἕπεσθαι θεοῖς, *sequi Deos*. Dans nostre Sextus le même Zenon, Cleanthes, & Chrysippus nomment la beatitude εὔροιαν βίου, *bonum vitæ fluxum*. Le celebre ἰεσώ de Democrite, qu'il appelloit autrement ὀυθυμίαν, & quelquefois, si nous en croyons Ciceron, ἀταξίαν (dont il avoit composé un livre que Seneque me fait fort regretter) consistoit en une pure tranquillité d'esprit, & une assiette exempte de toute agitation. Nos Academiques, fondateurs de la Sceptique, ont eu leur incomparable Epoche, de laquelle

Cic. de nat. Deo. & 1. de leg.

3. de offi.

L. 1. Ep. c. 20.

Adv. Math. l. 10.

D. Laer. in Dom.

5. de fin.

L. de tr. c. 2.

quelle l'Orateur Romain parle en ces termes, *quidam Academici constituisse dicuntur extremum bonorum, & summum munus esse sapientis, obsistere visis, assensusque suos firme sustinere.* Le plus grand Philosophe de tout l'Orient nommé Xaca (qui est peut-estre le mesme que Confutius, l'Aristote de la Chine) soustient que la beatitude humaine n'est point un bien positif, mais une pure privation seulement, & une exemption des maux & des passions ausquelles nostre nature est subjette ; fondant ainsi toute la morale sur le neant, après avoir consideré Dieu mesme comme un neant immense & eternel duquel tout autre estre, qui luy est encore un neant, tire son origine. Et finalement cette felicité a esté considerée si diversement, que Bion croyoit qu'il n'y eust point d'hommes plus miserables que ceux qui la desiroient le plus, ce qui est fort esloigné de la nature du bien, lequel semble estre de soy mesme souhaitable ; & qu'il y en a eu qui ont estimé avec Pline, qu'elle n'avoit pas esté donnée en partage à nostre humanité, *si verum facere judicium volumus*, dit-il, *ac repudiata omni fortuna*

3. de fin.

Relat. du Pere Borri de la Cochinchine.

D. Laer. in Bion.

7. nat. hist. c. 40

F 5   *ambitione*

ambitione decernere, mortalium nemo est fœlix; abunde igitur atque indulgenter fortuna decidit cum eo, qui jure dici non infœlix potest. Et à la verité, si le fondement de toute cette beatitude depend de la connoistre, personne ne pouvant estre heureux s'il ne s'estime tel, il est aisé de juger que peu ou point la possedent parfaitement, puisque la condition de nostre commun genie est telle, que nous n'entrons en connoissance de nostre bonheur qu'avant ou après la possession d'iceluy. Si est-ce qu'Averroes & ses sectateurs soustenoient que le monde n'est jamais sans qu'il se trouve quelqu'un, *non solùm in specie, sed etiam in individuo*, joüissant du souverain bien, en quelque part qu'il puisse estre, la perfection de l'univers le requerant ainsi; & d'ailleurs, estant une maxime, à leur dire, que tout ce qui est possible en une espece, se trouve tousjours actuellement & réellement en quelqu'individu d'icelle. A quoy on peut adjouster, que le desir de cette felicité estant selon nature, il ne peut pas estre vain & illusoire en nous; ce qui concluroit de mesme pour le reste des animaux, lesquels, comme ayant quelque

Libello de Beat.

quelque chose de divin, dit Aristote, ont aussi à leur mode pour ce regard les mesmes sentimens que nous. Vous voyez donc par ce peu que je vous ay rapporté des differentes conceptions qu'ont les hommes de leur beatitude, comme quoy elles sont directement opposées les unes aux autres, tant s'en faut qu'on les peust concilier par quelque amiable reduction, comme vous disiez, puisque selon les termes du pere, tant de la Philosophie, que de l'eloquence Romaine, *non est de terminis, sed de tota possessione contentio*. Il n'y a pas plus de certitude en ce que vous alleguès ensuitte des principes de nos actions, ces escholes n'ayant peu encore determiner si l'intellect & la volonté sont des puissances distinctes réellement, car Durandus & quelques autres maintiennent la negative. Et je n'ay veu personne jusques icy qui ait voulu accorder la contingence avec la fatalité, ou le libre arbitre avec la prescience de Dieu & la fatalité des Parques, qui ne s'y soit trouvé aussi empesché que le pauvre *Jupiter confutatus* de Lucien; & qui n'ait esté contraint en laissant pieusement la providence, comme Seneque, d'as-

L. 4 qu. Acad.

F 4 subjettir

subjettir Dieu mesme à la destinée, *scripsit quidem fata, sed sequitur; semper paret, semel jussit*, le faisant autheur de ce qui ne seroit plus vice, ny vertu aux hommes ; ou d'imiter Ciceron, lequel pour se tirer d'un si fascheux passage, a mieux aimé faire tort à Dieu qu'aux hommes, & paroistre impie en niant cette providence divine, que folet meschant en ostant avec la franchise de nos actions le fondement de tout le bien ou le mal qui s'y peut trouver moralement. Car, comme il remarque fort bien, ceux qui ont voulu cheminer par une voye moyenne, comme Chrysippus qui procedoit ici *tanquam arbiter honorarius*, n'ont peu enfin esviter de donner tantost dans l'une, tantost dans l'autre extremité. Pour ce qui est des circonstances, qui semblent imprimer le caractere de bonté ou de malice aux actions humaines, il s'en faut tant que vôtre pretenduë science en puisse donner des regles certaines, que nostre Sceptique par la seule consideration des temps & des lieux differens, selon lesquels une mesme action est condamnée ou canonisée, fait voir qu'il n'y a rien en tout cela que d'indifferent,

L. de providec. 5.

L. de fa. 10 & de divin.

different, pour ce que s'il y avoit quelques actions qui fuſſent naturellement bonnes ou mauvaiſes, elles feroient connoiſtre leurs qualitez eſgalement en tous lieux, & à toutes perſonnes, comme nous voyons que le feu fait ſentir ſa chaleur par tout, la neige ſa froideur, & ainſi des autres choſes qui ſont naturelles, ſans que perſonne entre là deſſus en conteſtation. Que s'il eſtoit queſtion d'amplifier icy ce moyen, qui eſt l'un des plus conſiderables des dix de noſtre Epoche, il me ſeroit aiſé de vous faire voir par aſſez d'inſtances & de remarques, ſur leſquelles j'entretiens avec plaiſir journellement mon eſprit, combien toute cette partie de voſtre Ethique eſt arbitraire, & vous feriez contraint, je m'aſſeure, d'advouër que la diſpoſition que nous donnons aux lettres de l'Alphabet, les faiſant aller devant ou derriere, ſelon les diverſes dictions que nous voulons exprimer, n'eſt point ſi incertaine ny ſi dependante de nous, que toute la bonté ou malice des actions humaines procede des jugemens differens des hommes, qui approuvent aujourd'huy ce qu'ils deteſtoient hier, & donnent icy le
nom

nom de vertu à ce qui passe pour vice, je ne diray pas à la Chine; mais chez nos plus proches voisins. Il faudra neantmoins en toucher quelque mot examinant tantost avec vous ces vertus par le menu, après avoir consideré si les passions sont aussi innocentes que vous les avez renduës selon vostre Peripatetisme. Si est-ce que le seul nom que les Grecs leur ont donné porte sa condamnation, car le mot de πάθη, par lequel ils expriment les passions, signifie proprement maladies, comme les Latins par celuy de *insania*, qui veut dire privation de santé, ont entendu la folie. C'est pourquoy toute la Morale des Stoïciens estoit fondée sur leur apathie, & sur le retranchement entier des passions, ausquelles Ciceron dans toute l'étenduë de son eloquence Romaine n'a peu trouver de nom plus doux que celuy de perturbations,

4. *Tusc. qu.* *quibus est ratio, quasi quædam Socratica medicina, adhibenda.* Et à la verité Xantippe, toute inique qu'elle estoit envers son mary, rendoit ce tesmoignage favorable de luy, qu'elle avoit tousjours veu retourner Socrate en sa maison avec le mesme visage qu'il avoit

avoit en partant, *jure autem erat idem semper vultus, cum mentis, à qua is fingitur, nulla fieret mutatio.* Ce n'est donc pas chose impossible, comme vous disiez, d'acquerir cet estat d'impassibilité, & de rendre son esprit comme une forteresse qui ne peut estre surprise par ces ennemis passionnez, ἀκρόπολις ἐστὶν ἡ ἐλευθέρα παθῶν διάνοια, *mens à passionibus libera, arx est*, ainsi que maintient ce brave Empereur au huictiesme Livre de sa vie. Vostre division qu'en fait le Lycée en onze parties, est combattuë par celle du Portique, qui ne fait que quatre differentes especes de passions, la joye, la tristesse, l'esperance, & la crainte. Et veritablement il semble qu'ils y procedent plus naturellement, parce que toute passion a pour objet le bien ou le mal ; or la joye regarde le bien present, ayant son siege dans la rate, comme l'esperance le futur, avec sa residence au foye ; la tristesse est esmeuë par le mal present, occupant la vesicule du fiel, tesmoin la jaunisse ; & la crainte est du mal futur, dont ceux qui sont touchez se trouvent avoir le cœur saisi. D'ailleurs, il n'y a pas une passion en particulier qui

3. Tusc. qu.

M. Ant.

F 6 n'ait

n'ait esté considerée diversement. Par exemple, la joye semble estre recherchée d'un chascun, comme celle qui est à l'ame ce qu'est le repos au corps, & qui touche mesme celuy-cy d'un air remarquable, *allegrezza di cuore fà bella pelatura di viso*, *animus gaudens ætatem floridam facit*, jusques là que les Stoïciens ne vouloient pas qu'autre que leur sage fust veritablement joyeux. Il y en a pourtant qui ont creu qu'elle enervoit les meilleurs esprits (sans parler de ceux qu'elle a fait mourir tout à fait) & l'Ecclesiaste ne se lasse point de luy reprocher sa vanité, *risum reputavi errorem, & gaudio dixi, quid frustra deciperis?* La tristesse au contraire, est tenuë pour ennemie jurée de nostre nature, c'est pourquoy Chrysippus disoit que les Grecs l'avoient nommée λύπην, quasi λύσιν, id est, *solutionem totius hominis*; pour raison de quoy les Pontifes Romains, aussi bien que le grand Prestre des Juifs, ne devoient rien voir de funeste, les statuës mesmes des Dieux estant violées sur ce respect, ou transportées des lieux où se faisoient les supplices. D'autres la font mere nourrice des bons esprits, ausquels elle donne

Prov. Sal. c. 17

c. 2. & 7.

Cic. 3. Tusc. qu.

donne cette bonne trempe, & cette lumiere seche d'Heraclite, *spiritus tristis exsiccat ossa*. D'où vient que les plus grands hommes, Hercule, Lysander, Ajax, Bellerophon, Empedocle, Socrate, Heraclite, Platon, nous sont tous representez tristes & melancholiques, Jesus-Christ mesme ayant esté ἀγέλαστος, au rapport de Josephe, aussi bien que M. Crassus & Pythagore; ce qui a fait dire à Salomon, *cor sapientium ubi tristitia, & cor stultorum ubi lætitia*. Pour l'esperance, on la fait partir la derniere de la boëte de Pandore, pour adoucir tous les maux qui en estoient deja sorti. C'est celle qui porte le soldat au combat, qui fait semer le laboureur, & qui donne le nom à la derniere anchre du marinier. Verulamius dit qu'elle prolonge nos jours, fortifiant le cœur, dont elle augmente les esprits vitaux, & Platon remarque qu'elle a esté fort bien nommée par Pindare ἀγαθὴ γηροτρόφος, *optima senectutis nutrix*. De sorte qu'il ne se faut pas estonner si Collatinus lui fit bastir un temple chez les Romains, & si le desespoir est une marque si certaine de reprobation parmy les Chrestiens, qu'ils disent en proverbe,

Prov.
Sal. c. 7.

Eccl. c. 7

Hist. vita & mor.

2. de leg.

proverbe; qu'il n'y a que les defefperez de damnez. Plufieurs au rebours ne confiderent l'efperance que comme le fonge trompeur d'un homme efveillé, l'hameçon duquel les Dieux fe fervent pour nous tenir attachez à la vie; & le pain (dit l'Italien) qui fait vivre en langueur les miferables, adjouftant que *chi vive fperando, muore cagando*. Sans mentir celuy qui efpere tefmoigne fon indigence, & nous n'en voyons point de plus transportez de cette paffion que les plus fimples, comme les jeunes gens, ou les plus brutaux qui fe prennent à ce trebuchet, *& fera & pifcis, fpe aliqua oblectante, decipitur*, dit Seneque fur ce propos. C'eft pourquoy les vieillards font qualifiez par Ariftote δυσέλπιδες διὰ τὴν ἐμπειρίαν, *mala fpei, quia periti*; & il s'en faut tant que tout defefpoir foit condamnable, qu'il eft fouvent autheur des actions les plus heroïques,

Ep. 8.

2. Rhet. c. 13.

Una falus victis nullam fperare falutem.

Virg.

Il refte la crainte qui femble eftre l'appanage des ames baffes & viles, defquelles noftre Pyrrho fe mocquoit fi gentiment, leur monftrant un pourceau

ceau auquel la tourmente ne faisoit point de peur; & nous voyons que non seulement les Payens ont creu que le Dieu Pan persecutoit les meschans de ces terreurs, qu'ils nommerent de luy Paniques, mais que le Dieu mesme d'Israël menace les transgresseurs de sa Loy de les reduire à ce point, que leur ombre seule les fera trembler de peur, & que *terrebit eos sonitus folii volantis, & ita fugient quasi gladium.* Si est-ce que beaucoup ont cru que la crainte & la sagesse estoient de fort bonne compagnie, *homo sapiens in omnibus metuit*, dit l'Ecclesiastique, & qu'elle n'estoit point si contraire à la magnanimité, puisque les plus courageux animaux en estoient susceptibles. Le Lyon craint le chant du coq, l'Elephant le gronder du pourceau & la veuë du belier, le Tigre le son du tambour, & l'orque marine ou la Baleine le son que font des féves remuées. Aussi que, selon le dire de Demosthene, celuy que la peur fait fuir prudemment, peut combattre vaillamment une autre fois. Et nous ne pouvons nier qu'Aristippe n'en pensast tout autrement que Pyrrho, quand il repartit à celuy qui le gaussoit de son apprehension

Levit. 26.

c. 18.

Sext. Pyr. hyp. l. 1. c. 14

Laert. in Arist. & Gall. l. 19. c. 1

sion de faire naufrage, qu'il eust esté aussi hardi que lui, s'il eust eu à perdre une vie aussi chetifve, & une ame aussi miserable qu'estoit la sienne. Vous voyez combien ces passions ont esté diversement envisagées, dont je pous adjousteray ce seul mot, qu'il ne semble pas que ceux là soient fort ennemis du vice, qui se contentent de le moderer, & qu'il y a bien de la peine à concevoir que la passion soit un vice par son progrez, si elle n'a esté qu'indifferente en son commencement, *quæ crescentia perniciosa sunt, eadem sunt vitiosa nascentia.* Venons à cette heure à contempler cette belle vertu, si tant est qu'il se faille tenir au terme singulier ; car comme il n'y a qu'une verité, & une infinité de mensonges, Platon soustient aussi qu'il n'y a qu'une espece de vertu ; bien que le vice en ait sans nombre. Antisthenes dans Laertius veut que la vertu de la femme soit la mesme que celle de l'homme, Plutarque ayant fait depuis un traitté exprès pour refuter l'opinion contraire (que semble tenir Aristote au troisiesme de ses Politiques, où il dit que ce qui est temperance en l'homme est intemperance en

Cic. 4. Tusc. qu.

4. de Rep.

c. 4.

en la femme) & nous voyons Apollophanes dans la vie de Zenon, qui maintient qu'il n'y a qu'une seule vertu, qu'il baptise du nom de Prudence. Mais Panaetius & tous les Peripatetiques en ont fait de deux sortes, c'est à sçavoir de contemplatives & d'actives, ou d'intellectuelles & de morales; sans parler de leurs subdivisions si expresses, qu'ils ne veulent pas qu'une espece puisse passer en la nature de l'autre. Quelques-uns ont esté pour le nombre de trois, nommant une vertu rationelle, une autre naturelle, & une troisiesme morale. Possidonius passa jusques à quatre, qui estoit aussi le nombre des Pythagoriciens, lesquels avoient des vertus practiques, purgatives, intellectuelles, & exemplaires; & Cleanthes, Chrysippus avec Antipater l'excederent chacun selon sa fantaisie. Or commençons par sa definition; selon vous, *Virtus est habitus electivus in mediocritate consistens*; Pythagore la nomme dans D. Laertius une harmonie, & dans Aristote un nombre; Platon veut qu'elle soit une santé, ou une certaine beauté; Socrate disoit que les vertus estoient des sciences, puisque l'ignorance d'icelles

Por- p'yr. sent. Pyth. 2. p. art. 35. 1. magn. mor. c. 1. 4. de re- publ.

les

les estoit un vice ; & les Stoïciens prouvent dans Seneque & dans Plutarque, qu'elles sont de veritables animaux. D'ailleurs, beaucoup estiment que comme une arondelle n'annonce pas le printemps, il faut une repetition de plusieurs actions pour engendrer l'habitude de vertu ; d'autres asseurent que nous pouvons faire une seule action avec tant d'ardeur & de courage, qu'elle sera suffisante, bien qu'unique ; pour produire en nous cette parfaite habitude. Vous considerez vôtre vertu avec quelque latitude, & non pas comme un poinct insectile & mathematique, ensorte qu'il y ait le plus & le moins vertueux, *virtus quo sublimior, eo melior*, dit Aristote, *nam quo magis virtus, eo magis medietas* ; Socrate asseure dans Seneque, que la vertu non plus que la verité, ne reçoit point ces degrez d'intention & de remission. Voftre Lycée admet quelque chose entre le vice & la vertu ; le Portique nie qu'il y ait aucun *medium*. Vous voulez que nous ayons naturellement quelques semences de vertu, qui croissent & se perfectionnent par la culture de la science morale, comme si ses preceptes

Epist. 114. des comm. concep. contre les Stoiq.

2. mag. mor. c. 3.

Ep. 72.

D. Laert. in Zenoit.

tes estoient les Georgiques de nostre ame ; si nous avions cette propension naturelle à la vertu, il nous seroit aussi impossible d'en acquerir d'autre, qu'à la pierre, bien que jettée mille fois en haut, de prendre son inclination à descendre en bas ; & puisque les choses naturelles moralement considerées n'ont ny merite ny demerite, il s'ensuivroit que ce fils parricide devoit estre legitimement absous, puisque son grand pere ayant esté traitté de mesme, il prouvoit par là à ses juges que c'estoit un vice de famille, & un crime qu'il tenoit avec sa naissance de la nature. Si l'action reçoit sa bonté ou malice morale de nostre ellection, & par consequent de nostre volonté, ainsi que porte vostre definition, comment se peut deffendre cet axiome celebre de Platon, πᾶς ὁ ἄδικος, ἐκ ἑκὼν ἄδικος, *nemo fit sponte nocens.* Chrysippus mettoit la vertu au rang des choses perissables ; Cleanthes au rebours soustenoit que qui s'en estoit une fois rendu possesseur ne la pouvoit jamais perdre. Le mesme Chrysippus & Zenon disoient que la vertu seule suffisoit pour vivre heureusement ; Panaetius & Possidonius l'estimoient deffectueuse

Arist. 2. magn. mor. c. 6.

D. Laert. in Zen.

deffectueuse sans l'accessoire des biens du corps & de la fortune. La pluspart des Philosophes a creu que la vertu estoit tellement eligible par elle mesme, qu'elle ne recherchoit rien hors d'elle, la conscience de l'homme vertueux estant son theatre, où il se contente de l'applaudissement que sa propre satisfaction luy donne de ses bonnes actions, comme celle du vicieux est son bourreau qui ne le quitte jamais ; *Sceleris in scelere supplicium est* ; les Cyrenaïques pourtant ne vouloient pas qu'on recherchast la vertu que pour arriver à la volupté, comme on ne prend medecine que pour acquerir la santé ; & ceux qui combattent pour l'immortalité de l'ame, n'estiment pas avoir un petit argument de ce que

Sen. ep. 98.

D. Laert. in Epic.

Exul ab octava Marius bibit, & fruitur Diis Iratis,

Juven. Sat.

là où la vertu se voyant si souvent opprimée en ce monde, le ciel seroit injuste s'il ne la recompensoit en l'autre. Aristote ne reconnoist aucune vertu en Dieu, *ut fera neque vitium, neque virtus, sic neque Dei* ; il y en a qui tiennent ce texte pour un blaspheme ; Origene fait les

les cieux mesmes capables de vice & de vertu ; S. Augustin a douté s'ils ne seront point de la societé des bienheureux ; & l'Escot admet aux Anges des habitudes de vertu. La lettre de Pythagore nous monstre le chemin du vice aussi aisé que celui de la vertu est difficile ; Seneque reclame au contraire, *non, ut quibusdam visum est, arduum in virtutes & asperum iter est, plano adeuntur.* Les uns pensent que ces derniers temps soient beaucoup plus vicieux que ceux de nos peres, s'imaginant avec les Poëtes un siecle de fer qui a succedé à ceux des plus nobles metaux ; le mesme Stoïcien s'en mocque en un endroit, tout austere qu'il est, & dit que c'est une imagination qui a faussement passé de tout temps par l'esprit des hommes, estant contraint d'advoüer ailleurs, qu'alors que la vertu sembloit estre le plus cultivée, le vice estoit en son plus haut periode, *si æstimare licentiam cujusque saculi incipias, pudet dicere, numquam apertius quam coram Catone peccatum est.* Pour ce que les contraires sont reputez de telle nature, qu'ils ne peuvent pas compatir ensemble en un mesme subjet, la morale des Stoïciens portoit qu'on

2. *de Ira. c.* 13.

1. *de Benef. c.* 10.

Ep. 98.

qu'on ne pouvoit estre vertueux à demy, ny vicieux de mesme, mais qu'on devenoit par necessité tout un ou tout autre, *qui peccat in uno factus est omnium reus.* D'autres ont creu que la vertu & le vice se pouvoient mesler, & que comme Theophraste remarque qu'il y a des pierres noires qui marquent des lignes blanches, & que l'argent au contraire, nonobstant sa blancheur, en tire de noires, il y avoit de mesme des hommes de vertu qui s'eschappent au vice; & de vicieux qui se portent par fois aux bonnes actions, *quidam alternis Catones, alternis Valinii sunt*; voire mesmes que comme il n'y a point de si beau corail qui n'ait sa tare, de si parfait diamant qu'on n'y remarque quelque paille, de si belle grenade, disoit Crates le Thebain, où il ne se trouve quelque grain pourry, de si beaux visages où on n'apperçoive quelque tache, ny de si beaux corps qui ne souffrent leurs parties honteuses, il ne se trouvoit point aussi de personnes si absolument dans la perfection morale, qui n'eussent quelque trait d'imperfection, *nemo adhuc extitit cujus virtutes nullo vitiorum confinio læderentur.* Et que dirons nous

Sen. 4. de benef. c. 26. & 27.

D. Laert. in Crat.

Plin. in Paneg. Traj.

nous fi l'on peut tous les jours obferver n'y en avoir point fur qui le vice face une plus forte & plus prompte impreffion que fur les plus vertueux? Ainfi les pointes les plus aiguës font les plus faciles à emouffer, ainfi la plus grande blancheur eft la plus aifée à tacher, ainfi le plus parfait de tous les Anges fut le premier qui faillit. L'egalité des crimes eft reputée non feulement eftrangement paradoxique, mais encore deteftable à Epicure mefme, comme celle qui femble convier aux pechez les plus énormes, par le peu d'eftat qu'on fait des moindres; Chryfippus pourtant, Perfæus, & Zenon, la defendent dans D. Laertius, *quæ vis enim quæ magis arceat homines ab omni improbitate, quam fi fenferint nullum in delictis effe difcrimen?* dit ce Stoïcien dans Ciceron, le prenant d'un autre biais. Le proverbe *minima de malis*, nous fait une leçon de grande importance, & de fingulier ufage dans le cours ordinaire de la vie; fi eft-ce qu'il y en a qui tiennent qu'il ne faut rien faire ici à demy,

D. Laert. in Epic.

in vita Zen. citt.

Parad. 3.

Res eft profecto ftulta nequitia modus,

Sen. in Agam.

les crimes eftans, à leur advis, en cela

la de la nature du mercure, lequel pris en petite dose est poison, & avalé en grande quantité passe, & purge innocemment. S'il faut estre meschant, disent-ils, soyez-le tout-à-fait, *testudinis carnes aut edas, aut non edas*. Or ce n'est pas d'aujourd'huy que toute cette matiere des vertus & des vices est pleine de contestations, le Paganisme avoit ses Casuistes aussi bien que le Christianisme, qui n'excitoient pas de moindres tumultes que ceux d'à present, Diogene, par exemple, vouloit qu'on peust en conscience remettre la fausse monnoye qu'on avoit receuë pour bonne, Antipater en opinoit tout autrement, semblables diversitez iroient à l'infiny. Aussi n'est-ce pas merveille qu'il y eust si peu de convenance en toute leur morale, puisque vous venez de voir qu'ils ne s'accordoient pas seulement de ce qui estoit vertu, & que le vice qui estoit tenu pour un mal positif par quelques-uns, n'estoit reputé par d'autres qu'une pure privation, pour ce que tout estre positif est un bien ; outre qu'il faudroit autrement reconnoistre Dieu pour Auteur de ce mal essentiel. Si nous descendons maintenant aux especes

Cic. 3. de Off.

peces des vertus & des vices, nous n'y trouverons pas plus de solidité, ny moins de contradictions que nous avons fait au general.

La Prudence que Bion disoit estre entre les vertus ce qu'est la veuë entre les sens, & qui a fait surnommer Ulysse par le Poëte Grec ἀντίθεον, *Deo paremi*, n'est-elle pas reputée par l'Apostre folie devant Dieu ? Le proverbe des Hebreux met quatre des moindres bestes, la fourmy, le lievre, la sauterelle, & l'aragnée, pour estre chacune plus prudente que les plus advisez des hommes ; & Polybe faisant une reflexion semblable, estime l'homme le plus aisé à tromper de tous les animaux, comme celuy qui ne profite jamais de ses fautes passées, tant s'en faut que la prudence soit une vertu purement humaine. Trouvons en quoy elle consiste. Aristote fait les plus prudens ceux qui ont la plus petite teste ; Hipocrate dit que ce sont les plus sanguins ; Heraclite & tous les vieillards se font croire le contraire, à cause de leur humeur froide & melancholique, ξηρὰ ψυχὴ σοφωτάτη, *anima sicca sapientissima*. Et à la verité l'Elephant, que Pline appelle *humanis sensibus*

D. Laert. in ejus vita.
Sext ad. Math.
l. 7.

s. kiler.

Probl. sect. 30. qu. 3.

Nat. hist. l. 8. c. 1. & sensibus 12.

sensibus proximum, & qu'on tient des plus advisez, a le sang trés froid, d'où vient que le dragon, dit-il, en est si friand. Mais quelle peut estre cette belle prudence humaine, quand la plus haute sagesse (dit Aristote) a toujours quelque grain de folie meslé, & qui approche le plus de la demence; comme les meilleurs coups du jeu de la paulme sont ceux qui frisent de plus pres la corde. Voire mesme il y a telle convenance entr'elles, que la folie la mieux representée est tenuë pour la plus fine prudence. Telle fut celle de David pour se tirer des mains du Roy Achis, de Solon pour corner la guerre aux Thebains, d'Ulysse pour n'aller point à la guerre, du Philosophe Monimus pour pouvoir philosopher avec Diogene, de Brutus sous les Tarquins, de l'Empereur Claudius sous Caligula, *Card. de* de ce Jean Porchitio pour executer *Sap. l. 3.* ses vespres Siciliennes, & d'assez d'autres que la folie a fait renommer de tres-grande prudence. Je vous adjousterai encore ce seul mot, que la per- *Sen. d* secution de la fortune (*raro, inquit* *tranq.* *Epicurus, sapienti intervenit fortuna*) *c. 15.* & celle des sots, qui l'emportent tousjours par la force, rendent, ce semble, cette

cette prétenduë prudence de fort petite considération dans le commerce de la vie, où elle se veut tant faire valoir; & de fait le fils de Dieu, qui estoit l'original de toute prudence, prononça hautement estant icy bas, que son Royaume n'estoit pas de ce monde.

La justice, que Pythagore nommoit le sel de la vie, comme celle qui conserve toutes choses, & qui est si necessaire, que les pirates mesmes & les plus scelerats ne s'en peuvent passer entr'eux, a esté reputée par d'autres une invention humaine, qui n'a nul fondement en la nature, où nous voyons que faire injure à quelqu'un est une chose aussi bonne, que c'est un mal d'en recevoir. Et de là, disent-ils, les hommes ont convenu de certaines constitutions entr'eux qui composent cette justice, laquelle Trasymachus au premier de la Republique de Platon & Callicles dans son Gorgias definissent *id quod est potentioribus utile*; ce qui est conforme (dit Platon) à l'opinion qu'en ont eu Simonides & Homere parlant d'Autolycus, quand ils ont nommé cette justice *juratoriam facultatem*; & à celle d'Anacharsis,

D. Laert. in Pyth.

D. Laert.

charsis, qui appelloit le Palais de la justice un Marché de Tromperie. C'est pourquoy on a peint cette Astrée fort à propos avec des balences en main, le propre desquelles est d'incliner du costé dont elles reçoivent le plus. Il est certain que ceux mesmes qui ont fondé l'equité en la loy de nature, ont mis la justice en la loy escrite, où ils sont contraints d'advoüer que *summum jus sæpe summa injuria*. Mais comment ferez-vous une vertu humaine & morale de la justice, quand vostre Aristote mesme en l'un de ses Problemes reconnoit l'homme pour le plus injuste de tous les animaux, pource, dit-il, qu'il est le plus ingenieux de tous, & que cette pointe d'esprit le porte à la recherche des choses qu'il ne sçauroit obtenir qu'avec injustice. Car il ne peut estre le plus injuste de tous, que les bestes ne soient plus justes que luy, & par consequent que la justice ne soit plus brutale qu'humaine, tant s'en faut qu'elle soit propre à l'homme privativement à tous autres, comme vous pretendez generalement de toutes vos vertus morales, *à viris virtus*.

La force & la grandeur de courage qui

LOUABLE. 149

qui faisoit joüer David avec les Ours   1. *Reg.*
& les Lyons comme avec desAgneaux,   *c.*17. &
& qui a fait dire de telles merveilles   *Eccles.*
d'un Hercule Grec, d'un Roland Gau-   *c.* 47.
lois, d'un Hellul-Africain, & d'un   *Leon*
Tlacaellel Mexicois; n'a rien de si re-   *d'Afr.*
levé en ses operations, & cet aiguil-   *l.* 3 1.
lon que les Grecs ont nommé κέντρον   *Acosta*
μανίας ne nous fait rien executer,   *l.*7.*c.*15.
qu'un peu d'opium à un Turc, un peu   &c.
de poudre à canon dans de la biere à
un Holandois, & une bouteille de
malvoisie à un François, ne leur face
aisement faire; *praeclara virtus, quam
etiam ebrietas inducit!* Il y a plus, cette vertu est contraire à beaucoup d'autres, & mesmement à la pieté. Nostre
soldat ne jure que par son espée, *dex-*
tra mihi Deus, dit cet Italien, & dans   *In Jove*
Lucien le Scythe guerrier sacrifie à son   *Trag.*
acinax ou cimeterre. D'ailleurs, Aris-   1.*magn.*
tote dit que de ne pas craindre le ton-   *mor.c.*5.
nerre, la tempeste, & choses semblab-   *Et* 21.
bles, c'est plustost demence que vail-   *item* 3.
lance, de laquelle les choses inanimées   *Eadem.*
participeroient plus que nous, si elle   *c.* 1.
ne consistoit qu'à ne rien apprehen-
der. D'autres veulent que l'homme
vraiment courageux mesprise tous ces
accidens indifferemment,

G 3   *Si*

Hor. 3.
carm.
od. 3.

> *Si fractus illabatur orbis,*
> *Impavidum ferient ruinæ.*

Sigism.
Herb.

La generosité du Moscovite, quand il est vaincu, lui fait recevoir la mort sans dire mot ny se deffendre; celle du Tartare luy fait en cette extremité user de resistance des pieds, des dents, & des mains jusques au dernier souspir; celle du Turc le fait mettre à genoux, pour obtenir avec la vie le moyen de combatre une autre fois. Caton & les plus grands hommes de l'antiquité sont glorieux de la mort qu'ils se sont donnez, au mespris de laquelle consiste, selon vostre morale, le plus haut poinct de la magnanimité. D'autres condamnent cette mort volontaire, qu'un debauché d'Apicius, un Diodorus Epicurien, un infame Sardanapale, ont eu le courage de se donner, & qu'on peut bien nommer une vraye mort d'oyson, si ce qu'escrit Pline de cet animal est veritable, que, *moritur contumacia spiritu*

N. l.
10. c. 23.

revocato. C'est pourquoy Martial soutient que Fannius fut un fol de se tuer ainsi,

l. 2. ep.
80.

> *Hic rogo non furor est, ne moriare,*
> *mori?*

Ces

Ces antitheses sur la plus essentielle partie de la vaillance en descouvrent assez les mauvais fondemens.

Pour la temperance, je ne sçay pas comment vous en pouvez faire une vertu morale, après avoir dit que toute vertu consistoit en l'action, car son seul nom de temperance monstre assez que c'est plutost une suspension de nos fonctions, & une bride à nos inclinations naturelles, qu'une veritable operation. Vous n'estes pas mieux fondez à la restreindre aux seuls excez du goust & de l'attouchement, qu'elle doit moderer, pource, dit Aristote, que les bestes ne participent avec que nous que des voluptez de ces deux sens seulement. Car l'experience nous fait voir journellement, que les autres animaux sont touchez des plaisirs de la veuë, de l'ouïe, & de l'odorat, aussi bien que les hommes. Et s'il n'y a pas plus de fondement en la nature, à vouloir brider les contentemens de quelques uns de nos sens que des autres, il semble qu'il n'y ait pas grande raison à maintenir que les excez des uns soient vicieux, & non pas des autres.

Probl. sect. 28. qu. 2. & 7.

Mais c'est peut être trop s'arrester

aux vertus, si nous voulons dire un mot des vices, dont on en a fait aussi quelques-uns Cardinaux.

La superbe a le soucil si eslevé, qu'elle oblige la pluspart du monde à luy vouloir mal, y ayant de la peine à souffrir ceux qui veulent estre par tout ce qu'est l'huile parmy les liqueurs, où elle tient toujours le dessus, ce qui a peut-estre convié le Boccalin à loger les ambitieux si peu courtoisement dans l'hospital des incurables. Et neanmoins c'est elle qui ne laissoit point dormir Themistocle, qui obligea Cesar à passer le Rubicon, & qui fit pleurer Alexandre sur la pluralité des mondes, sans que pas un d'eux en ait esté repris par ceux qui ont au contraire noté ces actions comme des marques de genereux courages. Et veritablement si c'est une inclination naturelle à la creature de vouloir ressembler autant qu'elle peut à son createur, on peut dire que l'ambition la plus demesurée est en cela non seulement excusable, mais mesme loüable, qu'elle se peut approcher d'une gloire sans horison.

Cent. 1. pag. 35.

D. Laert. in Diog.

Diogene nommoit l'avarice la metropolitaine de tous les vices, & l'oracle

racle prononça qu'elle seule feroit pe- *Cic. 2.*
rir cette belle Sparte, la plus admira- *de offic.*
ble Republique, à mon advis, que le
Soleil ait jamais esclairé de nostre
connoissance. Si est-ce que si nous y
prenons garde, nous voirons que les
plus austeres Philosophes en ont usé
icy tout autrement qu'ils n'ont parlé.
Seneque menoit la vie la plus mesqui-
ne & la plus lesinante qui fut jamais,
si nous conferons ce qu'il en dit, avec
ce que Tacite & les autres Historiens
nous apprennent de ses prodigieuses
richesses. Esope donne ce precepte à
son fils, de laisser plutost des commoditez à ses propres ennemis, que de se
reduire aux termes d'avoir besoin de
ses amis. Et Diogene mesme dans sa *D.*
mendicité ne demandoit-il pas une *Laert.*
obole seulement à l'avaricieux, & *in Diog.*
une mine entiere au prodigue, com-
me à celui duquel il desesperoit d'en
plus recevoir. Le meilleur de tous les
Empereurs Romains ce grand Vespasien, a laissé cet apophtegme à tous les
avaricieux, *bonum esse odorem lucri ex* *Suet. in*
re qualibet ; & les Grecs tesmoigne- *Vesp.*
rent combien ils faisoient plus d'estat
d'un avaricieux que d'un prodigue,
quand ils defendirent d'enterrer au

G 5   sepulchre

sepulchre de ses ancestres celuy qui auroit dissipé son patrimoine. Aussi voyons nous que les fourmis, les abeilles, & tous les plus advisez animaux nous font leçon d'avarice & de parsimonie, en laquelle selon le proverbe Latin, consiste le plus beau de tous les revenus, *summum vectigal parcimonia*, & comme dit l'Espagnol, *alquimia provada, tener renta, y no gastarnada*. Bref on peut remarquer que non seulement parmy nous, *ogn' uno tira l'acqua al suo mulino*, mais que les Elemens mesmes desquels nous sommes composez, se font guerre perpetuelle par une avarice d'attirer tout à eux; le feu comme le plus noble & divin, estant celui qui brusle le plus de cette envie de convertir tout en sa propre substance. Ce n'est donc pas un vice de retenir quelque chose de ces premieres qualitez.

Quand à la luxure, s'il faloit entrer en enumeration de tous les peuples qui l'ont estimée non seulement innocente, mais meritoire, il nous faudroit une après disnée entiere; je vous feray seulement souvenir de la coiffure de teste appellée Περισφύριον, que portoient les courtisanes d'Egypte pour

Pyrrh. hyp. l. 3. c. 24.

pour marque honorable de leur mestier, au rapport de nostre Sextus, & de ce qu'il remarque des Stoïques, lesquels avec toute leur austerité disoient que la profession de maquereau n'estoit point deshonneste. La loy de Mahomet, soubs laquelle tant de peuples croyent vivre raisonnablement, permet icy quasi tout ce que les autres defendent. Aussi ce Prophete, qui connoissoit onze femmes en une heure, promet-il aux bienheureux de son paradis des copulations de cinquante ans de durée. Dans la Loy Chrestienne beaucoup ont soustenu que la simple fornication n'estoit point peché. Et tout ce que nous trouvons aujourd'huy de plus criminel dans la luxure, nous sommes contraints de l'appeller innocence à la naissance du monde, dans la simple loy de nature.

Belon. l.3.c.9. & 10.

L'envie nous est depeinte comme une Megere, qui nous fait voir le champ d'autrui toujours plus fertile que le nostre, & qui seroit capable, dit un Pere, de rendre le Paradis un enfer, à cause de la gloire commune, si on y pouvoit entrer avec cette furieuse passion. C'est celle qu'on accuse de la mort de tant de braves hommes,

mes, & particulierement de noſtre premier pere Socrate,

Phæd. l. 3.
(*Cujus non fugio mortem, ſi famam adſequar,
Et cedo invidiæ, dummodo abſolvar cinis.*)

Porphyr. de vit. Pyth.
D'où vient que pour l'eſviter Pythagore conſeilloit ſon amy l'Athlete Eurymenes de bien combattre à la verité, mais pourtant ſans obtenir la victoire, afin de ne ſe charger de l'envie qui la ſuit. Si eſt-ce qu'on peut dire que c'eſt celle qui a de tout temps animé les meilleurs courages aux plus genereuſes actions, & que la vouloir ſi abſolument retrancher, comme un crime capital, c'eſt couper quant & quant les racines à toute vertu. Les meſtiers de paix & de guerre n'excellent gueres que par ſon moyen, c'eſt pourquoy dans le premier Themiſtocle ſe faſchoit en ſa jeuneſſe de n'avoir point encore d'envieux, & dans l'autre tous les ſçavans en font quaſi une publique profeſſion, *habet gloria, in*
L. 3. ep. 9.
ſtudiis præſertim quiddam, ἀκοινά νητον, dit Pline le jeune. Dedale ne fuſt peut-eſtre jamais arrivé à l'excellence de ſes mechaniques ſans le deſir envieux de ſurpaſſer

surpasser son neveu Talus, inventeur de la Scie ; & on a toujours remarqué que les grandes vertus n'estoient enviées que par les grands personnages, pource que, *cognatio movet invidiam*, comme dit le proverbe, & que *non arietant inter se, nisi in eodem ambulantes*. Il s'en faut tant que l'envie soit un vice, qu'elle est très-familiere de la vertu, & si inseparable qu'elle l'accompagne comme l'ombre fait le corps. C'est pourquoy il y en a qui ne mesurent les vertus & les felicitez des hommes qu'au pied de l'envie, comme ceux qui prennent la dimention des corps par leurs ombres.

Si les excez de la bouche, soit au boire soit au manger sont honteux en plusieurs lieux & prejudiciables à beaucoup de personnes (*eo namque mores venere, ut homo maxime cibo pereat*) il y a aussi infinis endroits où ils sont estimez & assez d'autres gens à qui ils profitent. Car pour ce qui est de l'estime, Hercule est prisé d'avoir mangé un bœuf jusques aux os, & dans Philostrate nous voyons un jeune homme qui s'excuse vers Apollonius de sa voracité & gourmandise, pource, dit-il, qu'il se fait par là admirer

Plin. l. 26. c. 8.

Pindar.

L. 5. c. 8.

d'un

d'un chacun. L'yvrognerie est une partie sans laquelle vous n'estes pas estimé homme de bien, ny capable d'affaires en mille lieux; & chacun sçait que Tibere recompensa du Proconsulat un Novellius Torquatus Milanois, qui avoit esté si brave que d'avaler d'un seul coup neuf pintes de vin, *tribus congiis, unde & cognomen illi fuit, epotis uno impetu*; & qu'une autre fois, *ignotissimum quæstura candidatum nobilissimis ante posuit, ob epotam in convivio, propinante se vini amphoram*. Quant au profit qui en peut venir, outre les diarrhées & renversemens d'estomach qui en procedent & qui sont souvent de très-utiles purgations (ce qui est en partie cause que quelques Medecins prescrivent ces débauches une fois le mois) c'est chose encore certaine qu'un ventricule accoustumé à ces charges extraordinaires, a de très-grands advantages sur les autres, se trouvant des occasions où il est besoin de se nourrir pour un long-tems, ce que je puis dire avoir remarqué en des personnes qui mangeoient lors facilement pour trois & quatre repas sans en estre incommodées, & en faisoient après leur profit comme s'ils eussent esté

animaux

animaux ruminans. Aussi n'est-il pas plus difficile à concevoir qu'on se puisse habituer à cette façon de manger, (tesmoins les Sauromates, lesquels, au rapport de Pline, ne faisoient *L. 7 c. 2.* en trois jours qu'un seul repas) qu'à celle de boire une fois toutes les semaines, comme font quelques Ethiopiens esloignez des eaux douces, & ces Arabes dont parle Strabon. C'est pourquoy quand Seneque dit, *magna L. 16. pars libertatis est, bene moratus venter Geog. & contumeliæ patiens*, il ne faut pas en- *Et. l. 14.* tendre cette contumelie seulement de luy faire par fois souffrir la faim, mais encore de luy faire supporter la charge & les excez desordonnez dont nous parlons. D'ailleurs, on peut dire que cette gourmandise n'est qu'une relation & rien de determiné, ne pouvant pas seulement estre conceuë que par comparaison, pource que ce qui cause la satieté à une personne seroit abstinence à une autre, comme au contraire les meilleurs repas de Fabricius eus- *Suet. in* sent esté des jeusnes à un Apicius, & *Vitell.* Vitellius accoustumé à ses quatre re- *art. 13.* pas & à manger encore par les ruës, voire mesmes à devorer une partie des sacrifices sur les Autels, eust jeusné

né de la bonne chere de Caton. Ce qui peut estre dit tant à l'esgard de la quantité que de la qualité des vivres, jusques où on estend la gourmandise,

Juv. *Atticus eximie si cœnat, lautus ha-*
sat. 11.   *betur,*
Si Rutilus demens.

La cholere a tellement son fondement en la nature, qu'il n'y a si petite mouche ny fourmy qui n'ait la sienne, *cada hormiga tiene su ira.* Tout ce qu'ont peu dire donc les plus religieux, c'est qu'il en faloit eviter l'ex-
David tremité, *irascimini & nolite peccare;*
& l'axl. par où on voit desja que toute cholere
ad Eph. n'est pas un vice. A la verité on pour-
c. 4. roit peut estre dire que la cholere des hommes doit differer de celle des brutes, qui la conçoivent pour des sub-
Sen. 3. jets du tout frivoles, *Taurum color ru-*
de ira c. *bicundus excitat, ad umbram Aspis assur-*
30. *git, ursos leonesque mappa proritat,* auquel cas la cholere badine de ce Sybarite Mindyrides ne sembleroit pas ex-
Id. l. 2. cusable, lequel *bilem habere sapius*
c. 25. *quastus est, quod soliis rosa duplicatis in-*
cubuisset. Mais tousjours resteroit-il qu'à parler simplement elle n'est point un vice; voire mesme j'en infere que
s'il

s'il faut discerner la cholere humaine de celle des autres animaux, ce doit estre par la durée, la leur n'estant qu'un esclat & une impetuosité qui passe aussi-tost, là où celle d'Achille, d'Ajax & des plus grands hommes de l'antiquité, a des racines si profondes, qu'il faut un long-temps pour les arracher. Aussi vos Peripateticiens mesmes l'ont nommée la pierre affiloire de la vaillance, *fortitudinis cotem*, τὰ̀ρραξίον γὰρ ἀ͘οργῆ, *fiduciam enim affert ira*, comme dit Aristote; les Physiciens la definissent une genereuse ebullition du sang autour du cœur; les Medecins l'appellent un clystere naturel, qui ouvre le passage à toute sorte d'obstructions; le vers du dixhuitiesme de l'Iliade rapporté par le mesme Aristote la fait plus douce que le miel, & S. Basile la qualifie le nerf de nostre ame, sans lequel elle languiroit sans mouvement. Car quelle seroit nostre vie qu'une paralysie, ou plutost une vraye lethargie, si vous lui ostiez tout ressentiment de cholere, laquelle a encore cela de noble, qu'elle agit ouvertement & sans fraude. Aussi faut il confesser que c'est chose impossible de vivre sans elle, & par consequent qu'elle ne peut

Cic. 4. Tusc. qu. 2. Reth. c. 5.

1. Reth. c. 11.

estre

estre vicieuse. Ceux là estans bien dignes de compassion ou de risee, lesquels empeschant seulement que sa pointe n'agisse au dehors, la font replier contr'eux mesmes, & ne voulant permettre à ce feu de prendre l'air & s'esventer, comme si c'estoit chose honteuse, demeurent ainsi que d'autres Cacus miserablement offusquez de fumée au dedans, qui les rend à la fin atrabilaires parfaits.

Il reste à voir si la paresse est aussi abjecte & infame qu'on la depeint ordinairement. Or déja c'est un non faire, & une privation d'action plutost que quelque chose de subsistant & de positif, comme nous disions de la temperance. D'ailleurs, si nous y prenons garde, nous nous appercevrons aisement que comme il n'y en a point de plus estourdis que les plus actifs, ceux aussi qu'on taxe de paresse sont ordinairement les plus prudens, *canis festinans cæcos facit catulos*, & on disoit fort à propos à quelqu'un qu'il ne se hastast pas tant pour avoir plutost fait. Ainsi la fourmi devance la sauterelle, & la Tortuë d'Esope, image de la paresse, arrive plutost au but proposé que le lievre avec toute sa diligence.
Ce

Ce qui vient de ce que la paresse procede judicieusement & avec egalité, au lieu que la precipitation a ses inegalitez & ses entraves, qui font, que comme dit l'Italien, *per troppo speronar la fuga e tarda*. Mais pource que la paresse a beaucoup de choses communes avec la Sceptique, tesmoin le proverbe de Salomon, *vult & non vult piger*, la suspension d'esprit du paresseux qu'il tient de nostre Epoche, luy faisant vouloir & ne pas vouloir en mesme temps; disons encore quelque chose en sa faveur. N'est-il pas vray que les Dieux des anciens, qu'on disoit avoir les bras de fer & les jambes de laine, nous donnoient des leçons de tardiveté & de paresse ? qu'y a t-il de plus paresseux que le Dieu d'Epicure ? Et les Juifs tous les jours ne disent-ils pas que leur Messie est trop paresseux à venir remettre le temple du Seigneur en sa premiere dignité & splendeur ? Tout le monde n'a donc pas cette creance que la paresse soit un vice, puisqu'on la loge mesme dans le plus haut du Ciel.

C. 13.
pr.

Voilà, Telamon, ce peu que j'avois à vous dire succinctement sur cette matiere des vertus & des vices, afin que

que vous jugiez par ces touches legeres que je leur ay données à la Pyrrhonienne (bien que gardant la reverence que nous devons aux loix divines & humaines, nous croyions & vivions selon ce qu'elles nous prescrivent, comme je vous ai declaré dès le commencement) si à parler selon la portée de l'esprit humain, Heraclite se trompoit fort quand il soustenoit que le bien & le mal estoient d'une mesme essence ; ou Epicure qui ne trouvoit rien qui fust plus juste qu'injuste, à le prendre naturellement, ou nostre Pyrrhon, avec Herillus & Ariston qui protestent dans Ciceron qu'ils ne reconnoissent aucune difference entre ce qu'on nomme honneste & deshonneste, vertueux & vicieux ; ou Diogene & plus que luy Theodore, qui permettoient à leur sage d'estre larron, adultere, & sacrilege si bon luy sembloit. A la verité Seneque fait dire à Socrate, que nostre plus haute connoissance gist à sçavoir discerner le bien du mal, *hanc summam esse sapientiam, bona malaque distinguere.* Mais quiconque fera reflexion sur le genie Philosophique de ce grand personnage, qui faisoit profession publique de ne

Arist 1. Phys. c. 10. & 8. Top. c. 5. Sen. Ep. 98.

5. de fin.

D. Laert. in Dio. & Aristippo & Hesyc. in Theod. Ep. 72.

ne rien sçavoir que sa propre ignorance (c'est pourquoy dit Aristote, il interrogeoit tousjours sans respondre) se persuadera aisément avecque moy qu'il la faisoit plutost consister à reconnoistre que le bien & le mal, la vertu & le vice, n'estoient pas choses qu'on peust naturellement distinguer, mais qui dependoient purement des coustumes diverses, & des jugemens des hommes encore plus differens. Car non seulement la vicissitude des temps apporte celle des mœurs selon le dire de Tacite, *quemadmodum temporum vices, ita morum vertuntur,* d'où vient que Platon vouloit que les femmes de sa Republique s'exerçassent publiquement toute nuës, pource disoit il, qu'on s'y accoustumeroit bien tost aussi bien qu'aux hommes, la nudité desquels estoit reputée barbare un peu auparavant ; mais de plus, une mesme chose est en mesme heure estimée vertu icy, qui est un vice en la nouvelle France. Voire mesme sans sortir d'un mesme lieu, vous verrez dans Athenes Diogene y faisant toutes ses fonctions naturelles en plein marché, se mocquant de ceux qui y faisoient à son jugement, bien pis que

De soph. Elen. c. ult.

Ann. 3.

5. de Rep.

que luy; & d'autre costé Platon qui ne le pouvant souffrir, l'appelle chien pour ce subjet. Ce que nous disons d'Athenes se peut observer en mille cas semblables tous les jours dans Rome, dans Madrid, dans Paris & par tout, où chacun se flatte en ses sentimens, & se laisse emporter à ses inclinations, sans pardonner à celles d'autruy, qu'il croit avoir droit de s'indiquer comme bon luy semble. Qui voudra donc faire icy les observations qui se peuvent à toute heure, selon que l'apprend nostre Sceptique, n'aura pas moins de tiltres de la vanité de cette troisiesme partie de la Philosophie, que ceux qui ont parlé devant moy vous en ont donné des deux autres. La Morale est fort specieuse d'abord, il n'y a rien de plus attrayant que cette felicité qu'elle vous presente dés l'entrée. Mais on reconnoist bientost que toute sa science va plus à l'ornement & à l'ostentation, qu'à la regle & à la bonne conduitte de nostre vie. Par exemple, elle ne nous rend pas en effet la mort plus douce, ny ses pointes moins sensibles, mais elle nous donne plus d'adresse que nous n'aurions à en dissimuler le ressentiment;

de

de sorte que celuy là paroistra le plus grand Philosophe moral, qui aura le plus d'artifice à faire valoir son mestier ou son jeu. Ce n'est pas que je m'attache aux actions des particuliers, comme vous disiez, mes argumens ne sont point *ad hominem,* ils vont contre toute la doctrine des mœurs, qui n'a que l'apparence exterieure, encore toute vacillante, & sans aucun fondement certain. L'Ethique d'Aristote & celle de Platon ont pour but de nous faire differer du reste des animaux le plus qu'il se peut, Epicure nommoit les bestes des miroirs de la nature, *specula natura,* où nous devions sans cesse jetter les yeux pour nous ajuster ; & si nous possedions ce beau livre de Zenon *de vita secundùm naturam,* dont le seul titre qui nous reste dans le discours de sa vie me fait pleurer la perte, peut estre y verrions nous que selon ce Stoïcien mesme, la vie la plus brutale, peut estre estimée en quelque façon la plus raisonnable. Bref, il se peut dire & verifier aisément, qu'il n'y a si extravagante action ny si prodigieuse, qui n'ait esté approuvée dans les moralitez de quelque Philosophe ; ou selon le dire d'un ancien,

Cic. 2. de fin.

D. Laert. in Zen. Citt.

qu'il

qu'il n'y a point de resverie de febricitant si capricieuse & si exorbitante, qui ne convienne fort bien icy aux pensées de quelqu'un d'entr'eux, *nihil unquam ægrum somniasse, quod non aliquis philosophorum dixerit*. Que s'il les faloit considerer de ce biais, on pourroit adjouter qu'il est bien plus de ces malades courans les ruës que d'alitez ; & que les plus infirmes se monstrent & cheminent le plus hardiment, & le plus volontiers ; ceux qui se font voir le moins, qui font le moins de parade de leurs sentimens, & qui sont comme gardans la chambre, estans souvent les plus sains. Sur quoy j'ay accoustumé de faire cette consideration, que ce n'est pas merveille que toute la Philosophie ne soit souvent remplie que de resveries, de fables, & de vanitez, puisque les premiers professeurs Linus, Musée, Homere, & Orphée, qui en sont comme les inventeurs, n'ont esté que des Poëtes, de la Mythologie desquels nous avons composé nostre plus fine Philosophie. Car on peut bien asseurer de tous les Philosophes ce que ce brave Cotta prononce particulierement des Stoïciens, qu'ils n'ont pas moins dit de folies,

folies, voire de prodiges que les Poëtes, *utrum Poetæ Stoicos depravaverint an Stoici poetis dederint authoritatem, non facile dixerint, portenta enim & flagitia ab utrisque dicuntur.* Que s'il y en a eu quelques-uns plus clairvoyans, & moins dans la fatilité que les autres, ç'ont esté vraisemblablement ceux qui ont reconnu ingenuëment leur ignorance, & la vanité de leur profession. Ainsi Pherecydes dans sa lettre à Thales confesse qu'il n'a jamais fait estat de rien sçavoir de veritable. Ainsi Gorgias advouoit qu'on ne sçavoit rien du tout, quelque bonne mine que faisent les Sçavans. *Sic Protagoras aïe de omni re in utramque partem disputari posse ex æquo, & de hac ipsa, an omnis res in utramque partem disputabilis sit.* Ainsi Arcesilaus ne voulut jamais rien mettre par escrit, s'excusant sur sa suspension d'esprit, qui ne luy permettoit pas de prendre party. Ainsi Cratilus disciple d'Heraclite protestoit que les choses ne pouvoient estre veritablement demonstrées que du bout du doigt, pource que les paroles estoient trompeuses, & toutes les propositions qu'elles composoient incertaines; aussi que le flux de la matiere

3. de Nat. Deo.

D. Laërt. in Pher. Arist. in Gorgia.

Sen. ep. 89.

Tome II.   H   estoit

estoit tel, qu'une mesme chose se trouvoit toute autre à la fin d'une periode d'oraison qu'elle n'estoit au commencement. Ainsi Cleobulus avoit tousjours ces beaux mots en la bouche, *imperitia in omnibus*. Ainsi Democrite dans nostre Sextus (qui dit que sa parole estoit reputée la propre voix de Jupiter) ne voulut jamais definir l'homme par quelque chose de determiné, mais seulement en ces termes, *homo est, quod omnes scimus*, c'est à dire, tout ce que bon vous semblera. Ce qui me fait encore souvenir d'une façon de parler toute semblable de l'Empereur Claudius, quoyque Suetone remarque qu'elle le jetta dans le mespris, selon que les meilleures choses sont subjettes à estre tres mal prises; car ayant à donner son advis sur quelque affaire qui se traittoit devant luy, *ita ex tabella pronuntiasse creditur, secundum eos se sentire, qui vera proposuissent*. O paroles Sceptiques dignes de la bouche d'un Marc Antonin, d'un Julien, ou de quelqu'autre Empereur, s'il y en a eu de plus philosophe, plustost que d'un Claudius! Il dit estre de l'advis de ceux qui ont opiné pour la verité, qu'il reconnoist par là ingenuement n'avoir peu discerner; Pyrrhon n'eust peu donner la sentence plus aporetiquement. Tant y a, Telamon, que quand vous y aurez fait les reflexions convenables, vous trouverez que les douttes de tous ces Philosophes Sceptiques vous donneront plus de satisfaction d'esprit, que tous les axiomes des Dogmatiques; & que toute la science magistrale des autres escholes ne vous rendra point si instruit, ny si content, que l'ignorance loüable dont nous faisons profession.

TELAMON. Je trouveray doresnavant moins estrange ce que j'ay lu en beaucoup de lieux, qu'il y a quelques Provinces en Moscovie, & ailleurs vers le Nort, où tous les animaux qui sont transportez perdent toute autre couleur pour prendre la blanche, que la condition du lieu leur donne. Car veritablement je ressens qu'il s'est fait en moy un changement encore plus notable pendant cette heureuse apresdinée que j'ay passée en vostre compagnie; veu que là où j'estois entré en ce lieu avec des sentimens si contraires au Pyrrhonisme, *ut scepticum à verme non differre putarem*, la vi- tar. auct.

selon

selon qu'en parle Lucien, je me trouve à present devenu insensiblement l'un des plus zelez sectateurs de l'Epoche, me mocquant de moy-mesme quand je pense à ce que j'estois tantost, comme si je retournois de quelque profond sommeil. Aussi pouvons nous recueillir de nos songes cette espece de doctrine (si je peus encore user de ce mot) que nous ne sommes pas moins touchez des choses imaginaires que des veritables, & de celles qui ne sont pas que de celles qui sont en effet. Ainsi, comme on voit aux choses naturelles que la corruption de l'une est la generation de l'autre, je n'ay pas eu sitost perdu par vostre moyen cette folle creance de sçavoir, que je me suis trouvé Sceptique parfait ; & comme un cloud chasse l'autre dont il prend le lieu, l'ignorance Ephectique s'est mise en un instant en la place de la science pedantesque & Dogmatique. Je me retireray donc avec ces contentemens & ces transports d'ame, que vous sçavez accompagner ceux qui se trouvent nouvellement en une si souhaitable & si parfaitte assiette d'esprit ; & vous deux avec Orasius, duquel la nuict nous separe, avec cette te creance & cette satisfaction, s'il vous plaist, que vous avez fait aujourd'huy un Neophyte plein de gratitude & de cordiale reconnoissance. A Dieu.

Plus velle scire quam sit satis,
ni temperantia genus est. Sen.Ep.89.

DIALOGUE SUR L'OPINIASTRETÉ.

Entre

EPHESTION ET CASSANDER.

Ne quid nimis.

EPHESTION. Vous voulez donc, Cassander, que je vous tienne compte de cette petite contestation, en laquelle je me trouvay comme insensiblement engagé avec ce grand homme de Lettres Crates, lorsque m'estant laissé entendre, que quelque mot de nostre langue, duquel il estoit à l'heure question, prenoit son origine du Grec, je fus par luy si bien relevé, pour ne pas dire si mal mené, selon qu'il est puissant en tout ce qu'il entreprend, mais principalement en cette matiere des langues, en laquelle ses longues estudes luy ont acquis un si grand advantage. Ainsi Marsyas fut mal traité par Apollon, Thamyris par les Muses, & ce hardy Cancre par le fort Hercule.

CASSANDER. C'est ce qui m'estonne

tonne le plus, que vous vous soiez commis en cette Lice contre un tel Athlete, dont la reputation vous causoit un si grand desavantage, pour ne rien dire de ce que la connoissance que vous avez de son humeur pouvoit obtenir sur la vostre. Depuis quand, je vous prie, vous dispensez vous d'entrer dans ces disputes contentieuses, vous qui faites profession d'en fuïr toutes les occasions ? & comment s'accordera une conference si opiniastrée avec cette belle suspension Sceptique, dont vous faites tant d'estat ?

EPHESTION. Je vous supplie que je vous expose premierement ce qui fut de nostre different avec la briefveté que demande une matiere de si peu de consequence à nostre esgard, & puis je tascheray de vous satisfaire au reste. Nous estions d'accord de l'affinité qui se trouve entre la langue Grecque & la nostre, mais Crates soustenoit que toute l'analogie & le rapport qui s'y trouvent, n'y estoient arrivez que par le moyen de la Latine, à raison de l'usage & du credit qu'elle a obtenu durant un si long-temps aux Gaules. Et moy je pensois avoir raison de dire, qu'encores qu'en la pluspart de noſtre langage ſon diſcours fuſt veritable, que nous avions pourtant beaucoup de paroles qui ſembloient venir immediatement du Grec, comme n'ayant rien qui approchaſt du Latin, & qu'il n'eſtoit pas inconvenient qu'elles nous fuſſent demeurées depuis le temps de nos anciens Druides, qu'on tenoit s'eſtre ſervis de la langue Grecque, à meſme fin qu'on ſe ſert encores aujourd'huy en la religion de la Latine. C'eſt de quoy Crates commença à ſe mocquer hautement, ſe ſervant de ſon profond ſçavoir, pour monſtrer premierement qu'on n'avoit jamais parlé Grec en France, priſe pour la Gaule, & de ſes regles Grammaticales, pour prouver en ſecond lieu, que les mots que je luy propoſois ne pouvoient tirer leur origine du Grec. Quant au premier poinct, vous connoiſſez l'humeur du perſonnage, & ſçavez combien advantageuſement & abſolument il veut tout ce qu'il veut, c'eſt pourquoy il ſouſtient auſſitoſt, que le paſſage du ſixieſme des commentaires de Ceſar ſur les Gaules, où il dit ſi nettement, qu'on s'y ſervoit des lettres Grecques, *in rebus publicis privatiſque rationibus,*

H 5   n'avoit

n'avoit jamais esté interpreté par les hommes sçavans que des seuls caracteres Grecs & non du langage. Je ne sçay pas de quels sçavans il entendoit parler, aussi les connoist-il beaucoup mieux que moy, mais je sçay bien que de fort habiles hommes ont trouvé cette solution assez insuffisante, comme estant évidemment contre le sens de l'autheur, & ne se pouvant appliquer aux passages du quatriesme livre de Strabon, où il appelle les Gaulois φιλέλληνας, jusques là que les formules mesme de leurs contracts estoient vulgairement conceuës en Grec. Car de dire qu'ils n'estoient amateurs du Grec qu'à cause du caractere & de la figure de ses lettres, ce seroit, ce me semble, se monstrer par trop puerile. Aussi que Lucien, qui avoit voyagé en nostre païs, nous apprend en nostre Hercule Gaulois, qu'on y parloit la langue Grecque, Ελλάδα φωνήν se faisant interpreter en Grec cette figure enimagtique par un vieil Druide, lequel dit-il, le parloit exactement bien. C'est pourquoy quand le Philosophe Phavorinus remarque dans Philostrate ces trois merveilles en sa personne, *quod Eunuchus adulterii causam ageret, quod cum*

In vit. Phavor.

cum Imperatore contenderet & viveret, quodque Gallus Græcè loqueretur, Γαλάτης ὢν ἑυτυχίζειν, la derniere ne doit pas estre entenduë du simple parler, ny du langage ordinaire, mais de toute son étenduë de son eloquence Attique, qui le fit suivre & admirer de tous, & des Grecs mesme de son temps, luy qui estoit natif d'Arles en Provence. Parce que nous ne nous estonnerions pas beaucoup de voir un estranger, tel qu'il peut estre, parler nostre langue, mais bien qu'il emportast parmy nous la palme du bien dire François sur tous ceux de son tems. La lettre qu'escrivit Cesar à Q. Cicero en Grec, de peur qu'elle ne fust entenduë des Nerviens, ne fait rien aussi contre ces autheurs, pource que les Nerviens, comme l'ont remarqué Tacite & le mesme Strabon, estoient de nation Germanique, fort differente de la Gauloise, & d'ailleurs si esloignez des Colonies Grecques, voisines de la mer Mediterranée, que ce n'est pas merveille si la langue Grecque n'avoit pas penetré jusques à eux, comme elle avoit fait en assez d'autres parties des Gaules, où vraisemblablement elle n'estoit pas de moindre usage &

L. 5. de com. de bello Gall.

con-

consideration qu'y estoit il y a peu de temps la Latine, lorsqu'elle servoit de truchement à la Justice, aussi bien qu'à la Religion. Or c'est chose non seulement facile à concevoir, mais mesme apparemment necessaire, qu'aux lieux où une langue est de si grande authorité, il en demeure beaucoup de mots qui se naturalisent & perpetuent, quoyque leur origine estrangere soit toujours assez remarquable. Que si je ne sçavois combien vous mesprisez ces inutiles remarques, que beaucoup veulent faire passer pour fort serieuses, & si je ne faisois conscience avec vous de m'y amuser, veu mesme que tant de personnes ont deja traicté cette matiere, il me seroit aisé de faire icy une fort longue enumeration de mots très François, lesquels sont notoirement d'extraction Grecque, sans qu'on les puisse rapporter que forcément à aucun autre idiome. Je vous feray seulement souvenir de ce que Budée a remarqué en la Justice, que ces mots primitifs d'Arrests, de Greffiers, d'escrouër, de plaider, d'exoiner, & infinis autres tels, sont purement Grecs, demeurez vraisemblablement en cette profession, pour avoir esté au

temps

temps que nous disions exercée en cette langue; comme tant de mots François se trouvent aujourd'huy essentiels dans la justice d'Angleterre, depuis que nos Normands les y eurent authorisez par leurs armes conquerantes. Sur quoy je me souviens du mot de dragées, lesquelles on donnoit cy devant aux Juges pour leurs espices après le jugement des procez, car ne sont ce pas les τραγήματα des Grecs? Et pour ne vous pas ennuyer, ny du mot de cremaillicre, qui fut lors de nostre conference des premiers examiné, ny de tant d'autres, dont on feroit des Calepins entiers, je vous prie d'en ouïr seulement encore deux ou trois, que peut-estre vous n'avez pas jusques icy entendus. Quand nos villageois usent de leur serment Media, n'est ce pas l'ancien μὰ Δία *per Iovem* des Gentils? le mot de bourbe ne vient-il point de βόρβορος? celuy de repentir n'est-il point mieux tiré de πέττος, *luctus*, que du Latin *pœnitere*? & cet autre escroqueur est-il point le αἰσχροκερδὴς des Grecs, que n'ont point eu les Latins, lesquels le traduisent *turpi lucro deditus*? Quand Aristote & après luy toutes les escholes ont donné pour exemple

exemple des dictions qui ne signifient rien, *Scinda plus & Blityri*, ne nous ont elles point fait nommer blitres les hommes de neant & qui ne valent rien (semblables aux *hijos de nada* que les Espagnols opposent à leurs hidalgos) aussitost que le mot λῃστής, *latro*, ou βλιτεῖος, qui est le *bliteus* de Plaute? Une chose goffe n'est-elle point ainsi ditte par metaphore de κωφότις surdité? faire ripailles, vient-il point de ῥυπάω, plutost que de ce chasteau Savoyard, Ripailles, comme nostre bonne chere du χαίρειν des anciens? & nostre estre à gogo, que nous disons en commun proverbe, pour estre du tout à son aise, vient-il point de ἀγωγὸν? car il me *Pyrrh.* souvient que nostre Sextus veut que *hyp.l.3.* ἀγαθὸν soit dit quasi ἀγωγὸν. La man- *c. 21.* dille de nos laquais est-elle point la μάνδυα des Grecs? comme nostre manteau est leur ἱμάτιον, & le hocqueton de Baïf leur ὁ χιτών. Mais j'en dis plus sans y penser, que je ne m'estois proposé, & pour vous moins ennuyer par des exemples nouveaux, j'ay laissé les plus exprès & appropriez. Aussi qu'ils sont en nombre infiny & qu'ils ont esté observez par d'autres il y a si long tems, comme que la diction, parler, vient

vient de παραλαλεῖν; tant il est vray que nous tenons des Grecs nostre parler. Or à tous ceux que je proposai le docte Crates (selon qu'il a soigneusement & par une longue estude aprofondy l'origine des langues) y trouvoit entierement à redire, alleguant des canons irrefragables de grammaire sur l'etymologie & formation des langues, au prejudice desquels il ne pouvoit rien approuver. Et c'est là le second point sur lequel je vous disois qu'il s'estoit fort au long estendu, suivant le genie duquel il est possedé, qui luy fait estimer peut estre que la force de l'esprit consiste à estre inflexible en ses resolutions, de mesme que l'Athlete Milon faisoit parade de celle du corps, à estre inesbranlable du lieu où il se vouloit tenir ferme & aresté. Or pource que je vous vois principalement en peine de sçavoir ce qui me pût mouvoir à passer si avant contre un tel homme, & sur une matiere de si peu de consideration, je vous rendray d'autant plus volontiers raison de ce mien proceder, que le discours que nous pourrons tenir sur ce subject, sera, comme je crois, beaucoup moins ennuyeux que le precedent, pendant
le

le reste de nostre promenade. En premier lieu, quand je vous donneray Crates pour l'un des plus sçavans hommes de ce temps aux langues Grecque & Latine & des plus polis en toute sorte de belle Literature, je ne chargeray nullement ma conscience, n'estimant qu'avoir rendu ce qui est en cela justement deub à son merite. Mais que pourtant je fusse obligé de luy deferer sur ce respect, contre ce qui me sembloit apparemment estre de raison, c'est à quoy je ne puis m'accommoder. Car tant s'en faut, Cassander, que je pense que les longues estudes & les plus profondes cogitations rendent un esprit dogmatique & asserteur comme le sien, plus clair-voyant & meilleur juge de ce qu'il s'est proposé de reconnoistre, qu'au contraire, j'estime que souvent son travail ne luy sert qu'à s'esloigner de la verité & à le rendre contre elle d'autant plus opiniastre. Ce qui procede de ce qu'Aristote discourt si bien au dernier chapitre du second livre de sa Metaphysique, c'est à sçavoir, que nostre façon de concevoir, d'apprendre & de discourir, despend bien souvent de la coustume, laquelle nous emporte

L'OPINIASTRETÉ. 185

emporte & tyrannife mefmes en ce poinct, *aufcultationes feu rationes difcendi fecundum confuetudines accidunt*, en telle forte, que celui qui s'adonne aux Mathematiques, veut tout foubmettre aux demonftrations de fon art, celuy qui aime la fable & la mythologie, ne difcourt & ne s'explique que par parabole. Ainfi le Philofophe Muficien Ariftoxenus dans Ciceron, *ab artificio fuo non recedit*, voulant que noftre ame ne foit autre chofe qu'une douce harmonie ; ainfi Pythagore affubjettiffoit toute fa Philofophie aux myfteres de fes nombres ; Ariftote luy mefme aux regles de fa Logique ; Platon à fes idées ; Democrite & voftre Epicure à leurs Atomes ou corps infectiles ; les Chimiftes à leurs principes & fourneaux ; les Cabaliftes & Rofecroix à leurs traditions & figures enigmatiques ; Gilbertus à la vertu aimantée ; Copernicus (après Philolaus & Hicetas autheurs de cette penfée) à la mobilité de la terre ; bref, chacun fe forme une ratiocination, & enfuite un fyfteme à part, & à fa mode. Or de l'heure qu'un efprit, pour bon fouvent qu'il foit, s'eft ainfi laiffé prevenir de quelque particuliere imagination

1. Tufc. qu.

D. Laert. in Phil. Cic. 4. Acad. qu.

gination & a pris à party de la fouftenir, sa force ne luy sert plus qu'à se confirmer & roidir en icelle, rejettant animeusement tout ce qui semble luy pouvoir contrarier. C'est ce que Verulamius s'est advisé de fort bien appeller *idola specus* en son nouvel organe, *habet enim*, dit-il, *unusquisque specum sive cavernam quandam individuam, quæ lumen naturæ frangit & corrumpit*; & nous pouvons bien dire en ce sens, que l'homme est un grand idolastre, n'y ayant peut estre que le seul Sceptique qui se puisse aucunement exempter de tomber en cette flatteuse idolatrie de ses fantaisies, à cause de l'indifferente constitution interieure de son esprit. Or si cela se trouve veritable dans les exemples que je viens d'alleguer, je veux dire dans toute l'estenduë de la Philosophie, combien reussira-t'il plus infailliblement dans une science grammaticale toute dogmatique & magistrale, en laquelle convenant de certaines Regles, vous faites dire aux lettres de l'Alphabet, comme aux cloches, tout ce que bon vous semble. Ainsi Beccanus trouve que toutes les langues viennent de la Belgique; ainsi un de nos amis

amis aprés avoir bien travaillé sur la langue Canadine, la fait venir de la Syriaque; ainsi *Chopinus* se trouvera dit *quasi Plato*; & vous rendrez enfin veritable le dire de Parmenides, que *omnia sunt in omnibus*. Or ce qui fait toutes ces conjectures laborieuses, & ces etymologies contraintes plus ridicules, c'est qu'il n'y a personne qui ne puisse aisément remarquer que ce ne sont pas les Grammairiens, ny si vous voulez, les plus grands Philosophes qui donnent les loix du parler, & les regles du bien dire; c'est le seul peuple qui en est le maistre, & qui en dispose & prononce à sa mode, *loquendum ut plures, sapiendum ut pauci*. Tant de mots heteroclites, tant d'anomalites, & d'irregularitez en la Grammaire le justifient assez clairement. Qui est le Priscien, le Palemon, ou le Donat, qui n'eust plustost dit *Jupiter Jupitris* que *Jupiter Jovis*? & *bonus bonior bonissimus*, que *bonus melior optimus*? qui se fust jamais avisé de conjuguer *sum es est*, & tant d'autres verbes de la sorte, si le peuple tyranniquement ne l'eust ainsi ordonné? Cependant ce n'est pas sans sujet qu'on a fait des livres de la guerre grammaticale,

ticale, car vous les verrez ces braves *cymini sectores, aucupesque syllabarum, mera mortaria glossaria*, comme les nommoit M. Cato, remuer le ciel & la terre sur un pied de lettre moindre que n'est celuy d'une mouche, escrimant à toute outrance, comme s'il estoit question de l'empire du monde. *O curas hominum!* quelle apparence y a-t-il de vouloir prescrire des raisons certaines de ce qui se fait & reussit si casuellement, & de vouloir former une exacte science de ce qui despend d'un peuple inepte & ignorant. Ce n'a donc pas esté une fort grande temerité à moy, d'avoir cette fois pris party contraire au docte Crates, en ce qui depend mesme de la grammaire, d'autant moins qu'il y a assez d'autres arts, comme a fort bien remarqué le maistre de l'eschole Peripatetique, où les artisans ne sont pas les meilleurs juges de leurs ouvrages. Car le pilote juge mieux de la bonté du gouvernail que le charpentier qui l'a fabriqué, le pere de famille du logement de sa maison, que l'architecte ou maçon qui l'a faite, le maistre du festin avec ses convives du goust & assaisonnement des viandes que le cuisinier qui les a apprestées;

3. *Polit.*
c. 11.

apprestées ; d'où vint aussi qu'Appelles preferoit le jugement du peuple sur ses ouvrages au sien particulier. N'est-ce point qu'il soit des yeux de l'esprit comme de ceux du corps, desquels souvent nous ne pouvons bien appercevoir les objets, pour estre trop proches, estant necessaire de les esloigner pour les mieux reconnoistre, & qu'aussi une trop grande contention d'esprit, & une trop assiduë meditation, comme celle de Crates sur le fondement & la construction, l'origine & la propagation des langues, nous éblouïsse le jugement & nous rende moins clairvoyans que ceux qui s'y portent avec plus de moderation. J'avois d'ailleurs reconnu quelque chose en luy de ce que la grande suffisance est coustumiere de faire en beaucoup de personnes, qu'elle ne rend pas toujours les plus equitables aux choses mesmes problematiques ; de sorte que ce m'estoit un juste subjet de penser que, comme il est toujours ἄμαχ۞ καὶ ἀνυπόϛατ۞, *inexpugnabilis* ac *In Rhet. Prœc.* *intolerabilis*, ainsi que parle Lucien, faisant profession de n'estre jamais sur le doubte, mais de se porter aussitost à l'affirmative ou negative de
quoy

quoy que ce soit, s'y attachant infeparablement ; il pouvoit estre aussi qu'il se roidist en cette contestation, plus par coustume de ne se departir pas volontiers d'une opinion entamée & soustenuë, que par grande connoissance qu'il eust en cela de mon ignorance. Car comme je suis certain qu'il ne peut rien venir que de fort docte & limé de la part du sçavant Crates, aussi me doutay-je fort que nous n'aurons jamais de luy le livre de ses retractations, comme en a fait S. Augustin, ny des reconnoissances d'avoir failly, semblables à celles d'Hippocrate & de ces deux grands maistres de l'eloquence Romaine Ciceron & Quintilien. *Præclarè cecidit profectò quod nos trucidare non decreveris,* disoit gentiment à un de ces inflexibles le grand maistre de la Morale Epictete, nous enseignant que la force d'un esprit bien fait doit ressembler à celle d'un corps se portant bien. Car comme nous voyons des furieux faire souvent des efforts de leurs membres, dont les personnes saines ne sont pas capables, le mesme est-il de beaucoup d'esprits, qui sans participer au merite, & à la grande capacité de celuy de

3. *Instit.* c. 6. & l. 7. c. 2.

Arrian. l. 2. c. 35.

L'OPINIASTRETÉ. 191
de Crates, pour se prévaloir d'estre immuables, ne se rendent pas mesmes à la raison, *furiosorum vires habent non sanorum*. La legereté est un vice, la perseverance une vertu; mais il y a grande difference, dit Aristote, entre celuy qui est ἐγκρατής, ferme & resolu en une opinion raisonnable (j'adjouste pendant qu'elle nous paroist telle) & ceux qu'il appelle ἰσχυρογνώμονας, opiniastres & invincibles en tout ce qu'ils entreprennent, *quibus magis cordi est non dubitare quam non errare*. Pour ce que, comme il observe fort bien, Neoptolemus est loué d'avoir changé de resolution dans le Philoctetes de Sophocle, tout changement en mieux estant prisable, *Epimethei quippe opus est, non Promethei*. C'est ce qui fit dire philosophiquement, & de bonne grace à un Espagnol, *yo no soy rio, para no bolver atras*, d'autant que c'est le propre des rivieres de ne rebrousser jamais. Voilà, cher Cassander, des leçons que je me fais ordinairement, & que je ne crois pas que nous puissions trop souvent repeter, puisque de l'observation d'icelles depend toute nostre felicité, & qu'en elle consiste le plus pur

3. Ethic. Nicom. c. 2. & 10.

de

de noſtre ſacrée philoſophie. La moderation de Socrate à ne rien determiner, ſa façon d'enſeigner en s'enquerant, & doutant des choſes les plus reſolües, ſa douceur inimitable, qui le tient tousjours enjoué ſans eſtre jamais alteré, ſont des images de veneration, que les yeux de mon ame ne ſe laſſent jamais de contempler & d'adorer tout enſemble. Et pour ce que mon humeur & mon genre de philoſopher vous ſont aſſez connus, ç'a plus eſté par forme d'entretien & de complaiſance, que je vous ay recité toute cette petite diſpute, comme vous l'avez deſiré, que pour beſoin que je creuſſe avoir de me juſtifier en voſtre endroit, & de vous faire connoiſtre que ce fut pluſtoſt de gayeté de cœur, comme l'on dit, que par deſſein de conteſter, que je m'oppoſay cette fois à Crates, & que ſelon le proverbe ὁ πέρδὶς τὸν λέοντα, un petit fan oſa s'oppoſer à un ſi puiſſant lion.

CASSANDER. Si j'euſſe eſté d'auſſi mauvaiſe humeur que ce melancholique Domitius, qui dit ſi vertement au Philoſophe Phavorinus, dont vous parliez tantoſt, *nulla prorſus bona ſalutis ſpes reliqua eſt, cum vos quoque*

A. Gellius l. 18. c. 7.

quoque philosophorum illustrissimi, nihil jam aliud quam verba authoritasque verborum cordi habeatis, avec ce qui suit dans cette bilieuse responce, je ne me fusse jamais donné la patience d'entendre toute cette belle narration, laquelle d'ailleurs vous avez sceu si doucement assaisonner, qu'en estant tout sentiment d'amertume, & de degoust, je n'y ay rien trouvé que de très plaisant & très savoureux. C'est chose veritablement fort importune, voire indigne, que ces altercations de paroles, pour ne dire de lettres ou de syllabes ; mais quand elles sont suivies des pensées, & des reflexions que vous y avez ajoustées, qui sont comme des fruits excellens que vous avez entez sur des sauvageons, elles changent aisément de nature, & vous y trouvez lors le profit & le contentement joints ensemble. Que les suspensions d'esprit de vostre secte sont de grand usage aux rencontres journalieres de personnes semblables au docte Crates en la jalousie de leurs opinions, *quibus, tanquam saxis, polypi more adherescunt*, comme disoit l'orateur Romain. Car veritablement nous en voyons, & avec beaucoup de compassion, de si fort philodoxes, comme les appelle Platon au cinquiesme de sa Republique, je veux dire de si fort attachez à leurs sentimens, que de les en deprendre; ce n'est pas un moindre miracle, que celuy de la conversion ou rebroussement du Jourdain, pour me servir de la pensée de vostre Philosophe Espagnol. C'est ce qui fait respondre Pythagore dans Samblicus à celuy qui luy demandoit *τὶ κράτιστον*, quelle estoit la chose du monde qu'il estimoit la plus puissante, *γνώμη*, que c'estoit l'opinion. Que voulez vous, Ephestion, ce sont des dependances de nostre humanité, *qui vitia odit, homines odit*. Ne laissons pas quant à nous de joüer doucement nostre personnage, selon ce bel exemple par vous proposé de Socrate, *primum enim & maxime proprium fuit Socratis, ut disputando non excandesceret, imo conviciatores sustinebat, & dirimere Pugnas solebat*, comme a remarqué nostre venerable Epictete, après le tesmoignage des discours & conferences que nous avons de luy dans les escrits de ses deux dignes disciples Xenophon & Platon. Certainement nous ne sçaurions jamais choisir un plus riche

De vita Pyth. c. 18.

Arrian. l. 2. c. 12.

che & plus parfait modelle à suivre que celuy-là.

EPHESTION. Il s'en faut tant que nous devions nous partialiser en nos sentimens, que si nous voulons prendre leçon des fautes passées, nous n'aurons point d'opinions plus suspectes que celles qui d'abord nous rient le plus, & qui d'ailleurs ont cet advantage d'estre les plus authorisées. Car j'ay toujours mesestimé au possible celuy qui dit dans Cicéron, qu'il aime mieux errer avec Platon, que penser sainement des choses en luy estant contraire. Or comme sur ce fondement nous ne devons jamais contester avec opiniastreté en faveur des maximes les plus receuës, veu le peril qu'il y a de s'y fier; aussi semble-t'il que nous ne sçaurions estre trop moderez à suspendre nostre jugement sur celles qui paroissent les plus extravagantes & qui heurtent le plus nos preventions d'esprit, puisqu'il n'y en eut jamais aucunes si extrémes pour ce regard, ny si esloignées de nos sens, qui n'ayent esté soustenuës par de trèsgrands personnages, & qui plus est, qui n'ayent esté, selon la Philosophie d'Aristote, establies & defenduës une

1. *Tusc.*

infinité

infinité de fois dans l'eternité de son Peripatetisme. *Non enim oportet opiniones mortalium easdem semel, aut iterum, aut juxta quempiam parvum numerum redire dicamus sed infinities.* Cette seule raison ne seroit-elle pas suffisante pour nous faire prendre en meilleure part les pensées des hommes les plus contraires aux nostres, si nous mettions en consideration qu'elles ont esté desjà advancées & agréées par d'autres une infinité de fois ? Mais quoy ! cet amour de nous mesmes & de tout ce qui vient de nous, ne nous permet gueres de raisonner de la sorte ; si tost que nous avons donné nostre suffrage en faveur d'une proposition, la philautie nous la fait defendre avec tant de passion, comme nous disions tantost, que nous combattons toutes celles qui luy sont opposées ; & vous en voyez lors de si bons amis de leurs opinions ainsi prises & de si constans en cette loyale amitié, qu'ils ne les abandonnent jamais. Qu'Epictete a bonne grace quand il nous donne ce precepte, de ne prester pas plus de credit à toutes ces grandes resolutions de Cleanthes, de Diogene & de Chrisippus, qu'aux narrations de ce qui s'est

L. 1.me. 20. c. 3.

Arrian. l. 2. c. 19. & l. 1. c. 29.

s'est passé devant Troye aux descriptions de l'Isle Calypse & de toutes les erreurs d'Ulysses. Et quand ailleurs il nous enseigne sur l'exemple de Socrate, lequel prit en bonne part les pleurs de celui qui se faschoit de le voir mourir, à nous accommoder doucement avec ceux qui jugent des choses autrement que nous, voire mesme à leur applaudir, comme on fait, dit-il, aux enfans qui celebrent les Saturnales. Il est quasi des esprits comme des metaux; dont le plus noble est le plus flexible de tous; ces personnes que vous voyez n'avoir aucune soupplesse dans leur conversation (nous pouvons dire cela sans offenser Crates, qui est de très bonne compagnie) & qui ne ployent pour qui que ce soit, ont des ames ferrées, d'autant plus viles, qu'elles sont d'une invincible dureté.

CASSANDER. Je me suis apperceu que le fondement de cette grande opiniastreté, en la plus part des esprits, depend d'une certaine vanité qui les tient de paroistre sçavans en toutes choses & de posseder une capacité universelle exempte de tout mesconte. Ils ressemblent quasi tous

tous à nostre bon Epicurien Velleius (si tant est que Ciceron ne le lui ait point imputé à tort) *Nihil tam verentur, quam ne dubitare aliqua de re videantur.* Et bien que s'ils ont quelque connoissance, ce soit souvent comme ce Margites d'Homere, qui sçavoir, à la verité, beaucoup de choses, mais toutes très-mal, ils ne peuvent pourtant souffrir d'estre mieux informez, pource que ce seroit advoüer une faute precedente. C'est pourquoy ils ne se departent jamais d'une proposition, avec quelque temerité qu'ils l'ayent advancé, ce que Lucien appelle ἀσφαλεστάτην τὴν γνώμην ἔχειν, & quelque mauvaise teinture de doctrine qu'ils ayent prise la premiere fois, ils ne la perdent jamais. L'age ne corrige point en ces personnes les erreurs de leur jeunesse, *quod quisque perperam discit, in senectute confiteri non vult,* & leurs presuppositions regentent leur jugement avec tant de tyrannie, qu'ils ne discernent plus le vray du faux, toutes leurs disputes n'allant qu'à s'acquerir la victoire, sans se soucier d'obtenir la verité. De là sont venuës ces obstinées contestations des sectes Philosophiques de l'antiquité, & ces animeuses

3. de Nat. Deor.

In Alex. Pseud.

Pet. Arb. Satyr.

meuses controverses de nos Scholastiques modernes, qui combattent pour Thomas, ou pour Lescot, pour Durand, ou pour Ocham, comme pour des Oracles infaillibles, dont ils reverent les responses sans les examiner. Aussi ne jugent-ils pas moins desadvantageusement de ceux qui se separent de leurs sectes, que faisoient ces anciens Pythagoriens de ceux qui avoient abandonné leur famille, ausquels ils dressoient des cainotaphes, & eslevoient des tombeaux, comme s'ils eussent esté desjà morts & que c'eust esté une mesme chose de perdre la vie que de quitter leurs sentimens. Cependant il s'en faut tant qu'un esprit bien fait, & vraiement philosophique, doive avoir honte de changer d'advis, & d'user de cette retractation appellée proverbialement des Grecs ὀστράκου Περιστροφὴ, *testulæ conversio*, que comme c'est le propre d'une personne advisée de tirer profit de ses fautes passées, c'est aussi le caractere d'un homme bien sage de les reconnoistre avec ingenuité. Les Dieux mesme, dit Phœnix dans Homere, quand il veut demouvoir Achille de sa premiere resolution, se portent souvent à de nouveaux conseils,

Iambl. de vis. Pyth. c. 17. & Orig. l. 3. cont. Cels.

ςπεῶτοὶ δὲ καὶ θεοὶ αὐτοί.
Dij vertuntur & ipsi.

Et le vray Dieu de Moyse, après avoir tesmoigné de vouloir perdre tout le genre humain, destruire Ninive, & souvent maltraicter son peuple esleu, ne s'est-il pas porté ensuitte à de plus favorables resolutions ?

EPHESTION. A mon advis, qu'outre cette sotte vanité que vous remarquez, il y a encore quelque chose de plus puissant, qui tient les hommes opiniastrement attachez à leurs premieres notions. Est-ce point que nos ames, aussi bien que nos corps, ayent des maladies incurables, & que cette jalousie d'opinions en soit une, contre laquelle la raison ne trouve point de remede ? Est-ce point que l'amour propre, dont nous avons desja parlé, l'emporte sur celuy de la verité, & qu'en faveur du premier, nous defendions ainsi nos sentimens contre tout ce qui leur est contraire ? Est-ce point encore qu'il n'y ait rien de si naturel à l'homme, que de contredire, & qu'on puisse asseurer en termes de Logique, que *proprium sit homini quanto modo, dissentire* ? Pour le moins en voyons-

voyons-nous beaucoup, qui n'ont pas moins d'inclination à se roidir contre tout ce que les autres approuvent, que de certains poissons à nager toujours contre le fil de l'eau. A la verité, comme chascun considere les choses d'un œil different, ce n'est pas merveilles s'il en prononce si diversement. La pluspart des objects de nostre esprit font le mesme effect que ces images plissées, qui nous representent des figures toutes differentes, selon l'endroit d'où nous les regardons. La raison nous faict voir d'une maniere, ce que la passion nous crayonne d'une autre; l'amour nous fait trouver beau, ce que la haine nous rend difforme; il y a peu de choses que nous ne revestions ainsi de nos propres qualitez au mesme temps que nous les envisageons. C'est ce qui avoit fait dire à Protagoras que l'homme estoit la mesure de toutes choses; mais je trouve que Platon l'a corrigé fort à propos, soustenant que c'estoit Dieu seul, qu'on devoit nommer la regle & la mesure de tout ce que contient la Nature. Et veritablement outre que l'esprit de l'homme est comme un esquierre de plomb, & une regle Lesbienne,

In Theæte. & Fic. ad 4. de leg.

bienne, qui ploye en tout sens & dont on ne se peut fier,

Horat. *Sat. 7.* *l. 2.*
--- *Vertumnis quotquot sunt natus iniquis ;*

de sensu c. 3.
nostre humanité est encore dans ce desavantage de la part des choses, qu'elle n'en reconnoist jamais que la superficie & les accidens qui varient incessamment ; voire mesme, comme remarque Aristote, nous ne voyons pas seulement cette superficie, mais seulement les couleurs passageres qui la couvrent. Or, comme on peut bien dire, que les differentes conceptions que nous formons de toutes choses, lesquelles nous soustenons ensuitte avec tant d'animosité, procedent de la diverse constitution de nos esprits, des differentes manieres dont nous les regardons, & de la disproportion qui se trouve entre l'essence de ces choses & la capacité de nos sens, suivie de celle de nostre intellect, aussi me semble-t'il que de là mesme nous devrions recueillir cette instruction, de ne nous opiniastrer jamais en nos sentimens, puisque par tant de respects ils ont si peu de solidité ; & que nous en devrions tirer cette belle indifference & cette

cette soupplesse d'esprit, laquelle nous rendant commodes & sociables partout, nous donne encore une assiette reposée, en laquelle consiste la souveraine felicité. Car de croire qu'il y ait de la honte à changer d'advis & à prendre nouveau party, selon que les vraysemblances se presentent à nous dans cette varieté de tant de circonstances, ce n'est pas tesmoigner qu'on les ait examinées comme il faut, & c'est, ce me semble, raisonner peu naturellement. Comme si le Soleil mesme, qui semble si constant & si uniforme en sa course, donnant les regles de certitude à tout cet Univers, n'avoit pas encore son mouvement oblique dans son Zodiaque, & ne donnoit pas des marques d'avoir biaisé & comme retrogradé par des mouvemens de libration & de trepidation ? Il faut laisser l'infaillibilité surnaturelle aux Papes & l'impeccabilité ridicule à ces Dervis Musulmans, faire son compte qu'il n'y a rien plus humain que de se tromper, & considerer qu'il est bien plus seur de se retracter d'une brisée mal prise, que de s'y esgarer davantage, *satius est recurrere, quam male cur-* *Jul. sap.* *rere.* De tous les surnoms des Empereurs

reurs Romains, il n'y en a point qui s'accommode moins avec la Philosophie que celuy de ce fils de charbonnier, l'opiniaſtreté duquel au meſtier de ſon pere le fit appeller Pertinax. Tant s'en faut qu'on doive rougir dans la reconnoiſſance de s'eſtre abuſé, que Socrate ne fut declaré par l'Oracle & jugé par les plus clairvoyans des hommes le plus ſage de tous, que pour ce qu'il reconnut ingenuëment & mieux que pas un, ſes fautes & ſon ignorance, la profeſſant juſques à la mort, où il prononça meſme cette belle ſentence, qu'il eſtimoit que Dieu ſeul ſçavoit ſi la vie luy eſtoit preferable.

CASSANDER. Je ne m'eſtonne pas de vous ouïr parler de la ſorte, pource que le Sceptique, qui fait profeſſion de ne ſuivre que les apparences des choſes, ne doit pas avoir l'eſprit moins tournant & maniable que le renommé Brodequin de Theramenes, pour s'accommoder à tant de formes diverſes que prennent tous les eſtres de la Nature, & pour ſatisfaire à tant de variables phenomenes. Or pource que je ſçay que vous meditez jour & nuict ſur ces douces penſées de
voſtre

voſtre Epoche, je vous prie qu'avant que nous ſeparer vous me communiquiez les dernieres obſervations que vous avez peu faire ſur la difference de tant d'opinions qui maiſtriſent l'eſprit humain, pource que je ne crois pas qu'il y ait rien qui ſoit plus capable de nous moderer en nos ſentimens & qui nous rende plus equitables en ceux des autres. Pour vous y convier davantage & comme pour vous mettre en train, je vous rapporteray ſommairement deux ou trois petits paradoxes, que je deffendis, comme en joüant, il y a peu de jours en une compagnie où je me trouvay. Le premier fut que Chriſtophle Colomb auquel à cauſe de la deſcouverte du monde nouveau, on veut que celui-cy ſoit ſi fort redevable, avoit au contraire, à le bien prendre, très-mal merité de tout le genre humain, ce que je penſois aſſez bien juſtifier par les hiſtoires de ces belles conqueſtes des Indes Occidentales, où l'on voit que pour ſatisfaire à l'ambition, à l'avarice & à toutes les convoitiſes des hommes de deçà, qui n'en ont eſté neanmoins que plus excitées, on a deſpeuplé & deſolé tout l'autre hemiſphere, avec des in-

humanitez

humanitez aussi prodigieuses qu'elles sont innombrables. Car pour le regard des advantages de la vie, qu'on eust peu penser devoir revenir aux uns & aux autres habitans des deux mondes, comme nous n'avons retiré aucun advantage des mœurs innocentes qui nous ont paru dans une façon de vivre exempte de nos depravations, preferant nos vieilles loix corrompuës à celles de la pure Nature ; aussi ne faut-il pas penser que tous nos arts penibles, & toutes nos disciplines contentieuses, quand mesme nous les eussions communiquées à ces Ameriquains, les eussent peu rendre plus heureux qu'ils estoient dans une vie exempte de peine, sans soucy, & toute telle que les Poëtes s'efforcent de nous la representer, *sub Jove nondum barbato*, lorsque les hommes sembloient disputer de la felicité avec les essences immortelles. Et quant au faict de la spiritualité, tant s'en faut qu'on ait advancé quelque chose pour le Royaume du Ciel, comme l'on parle, que les Indiens qui se pouvoient sauver, au dire des plus equitables Theologiens, dans l'innocence de la loy naturelle, selon laquelle ils vivoient

voient pour la pluspart, recevant la lumiere de l'Evangile Chrestien de si mauvaise main, l'esteignent aussi-tost qu'ils en ont la liberté, & tombent ainsi dans les maledictions de l'apostasie. Le second paradoxe regardoit ce temps de pestilence, qui fait trembler tant de monde aujourd'huy. Car dejà je disois, qu'entre les genres de mort, celuy de la peste devoit estre reputé l'un des plus souhaittables, veu que si, selon Cesar, la mort la plus prompte est la meilleure, la peste a cet advantage, qu'estant une fiévre au tour du cœur, & allant droit au principe de la vie, elle fait aussi-tost son effet. D'ailleurs qu'elle est des moins sensibles, estourdissant aussi-tost & ostant tout sentiment, de sorte qu'elle peut passer pour cette ἀθανασία tant demandée par Auguste, & pour l'un des plus indolens passages de la vie. Quant à ce qui est de l'abandonnement lequel on luy impute, j'adjouttois que cette solitude où elle vous laisse, qui fait peur à tant de personnes, n'est pas peut-estre une petite grace, si nous voulons peser comme il faut les importunitez des assistances qu'on reçoit aux autres maladies mortelles,

&

Suet. in oct. art. 99.

& combien tous ces cris, ces pleurs, & ces vaines mommeries qui se pratiquent ordinairement, sont de fascheux objets en ce dernier acte de la Comedie. Mais prenant la chose de plus haut, & considerant les maux que se font les hommes tous les jours par la trop grande multitude qu'ils composent, je soustenois qu'au defaut des remedes qu'ont autrefois voulu apporter à cet inconvenient les plus grands Legislateurs, & qui nous sont aujourd'huy deffendus, il n'y a rien de plus utile au genre humain que ces grandes mortalitez, qui semblent estre envoyées de temps en temps par la providence divine. Car quant au transport des colonies, elles changent plutost le mal d'un lieu à l'autre qu'elles n'y remedient ; & nous considerons icy l'interest de tout le genre humain, non pas d'une partie seulement. Platon au cinquiesme livre de sa premiere Republique, & au cinquiesme aussi des loix de sa seconde, supprime non seulement tous les estropiats, mais mesme tout ce qui passe le nombre de ceux qu'il fait habiter ses cinq mille & quarante maisons. Aristote outre la loy fondamentale de toute sa politique

L'OPINIASTRETÉ. 209

que, μηδὲν πεπηρωμένον τρέφειν, de ne rien nourrir d'imparfait, ordonne encores un nombre definy, au de là duquel il veut qu'on se serve de l'exposition des enfans, qui estoit aussi en usage parmy les Romains. Que si, dit-il, la chose semble rude, il faut procurer l'avortement avant que le sentiment & la vie animent ce que la femme a conceu, estimant faussement qu'en ce cas toutes considerations de pieté & de religion cessoient. Bien qu'à la verité il semble qu'il y ait moins d'inhumanité que d'en user comme faisoient les femmes du Japon, lesquelles mettoient à mort leurs enfans aussi-tost apres leur accouchement, estant exhortées à cela, comme à une action très meritoire, par les Bonzes, qui sont les Prestres & les sçavans de leur païs. Nous lisons aussi dans l'Histoire de la Sarmatie, qu'une province de la Livonie se trouva tellement surchargée de peuple, qu'on fut contraint de commander aux sages femmes d'oster la vie à tout ce qui naistroit de sexe feminin pendant un certain temps, & que cette ordonnance n'ayant esté suffisamment observée, on fit enfin coupper les mammelles à toutes

L. 7. 6. 16.

Mendes Pinto c. 211.

Guagn. Sarm.

toutes les nourrices du païs. Les habitans de l'Isle de Ceos faisoient mourir leurs hommes sitost qu'ils avoient atteint l'âge de soixante ans, afin, dit Strabon, qu'il y eut des vivres pour nourrir les autres. Les anciens mesmes, dans leur Theologie poëtique, semblent avoir apprehendé ce trop grand nombre de peuple, quand ils ont escrit qu'Esculape fut foudroyé par Jupiter, pour avoir fait revivre trop d'hommes, & communiqué son art icy bas,

10. Geogr.

Virg. 7. Æn.

Ipse repertorem medicinæ talis, & artis,
Fulmine Phœbigenam Stygias detrusit ad undas;

pour raison de quoy ses descendans n'ont pas grand sujet aujourd'huy de craindre ce Jupiter ny son tonnerre. Or puisque nos loix sont contraires à toutes celles que nous venons de dire, & que la decimation des guerres & des famines, selon le jugement de David, est beaucoup plus à craindre, par les calamitez qui les accompagnent, que n'est celle de la peste, qui fait encore son operation bien plus puissamment; ne reste-t-il pas à conclure, que tant s'en faut qu'on la doive apprehender,
elle

elle est non seulement utile, mais mesme necessaire; & que la seule foiblesse de nostre jugement nous fait apprehender une mort très facile à l'individu, & très-bien faisante à l'espece. De ce paradoxe nous sommes portez à un troisiesme, qui fut, que de toutes les façons de mourir, il n'y en avoit point de plus sensible ny de plus affligeante, que celle que nous nommons faussement la belle mort, & que nous recevons dans le Ciel, sinon peut-estre quand elle vient de pure caducité, car Ciceron, après Aristote, veut qu'elle soit sans douleur, & Platon dans son Timée, suivy de Cardan, soustient qu'elle est accompagnée de quelque volupté, pource que tout ce qui est purement selon nature ne peut estre que plaisant. Toutefois cette mesme caducité est accompagnée d'ailleurs de tant de fascheuses circonstances, qu'on peut douter qu'elle soit souhaittable, & que les Massagetes, les Troglodytes, & assez d'autres peuples n'ayent eu raison d'immoler leurs vieillards avant qu'ils fussent tombez en cette decrepitude. Que si l'on considere les douleurs d'un pauvre languissant, la tyrannie

L. de Senect.
l. de respir. c. ult. & l. de vita & m. c.
10. in Theonosto.
Od. Hor. l. 1.

des

des remedes dont souvent on l'assassine, les desplaisirs que luy donnent une femme & des enfans gemissans, les persecutions de ceux qui veulent profiter de ses dépouilles, les fascheux spectacles qui luy sont representez de toutes parts, les inhumanitez officieuses dont on opprime la foiblesse de tous ses sens, les bruits importuns au son desquels il est conduit en l'autre monde, bref toutes les dependances miserables, & tous les accessoires inevitables de cette belle mort pretenduë, à mon advis, qu'on sera contraint de confesser qu'il n'y en a point de plus horrible, & qu'on doive plus redouter que celle-là. La mort guerriere, soit du canon, soit de l'espée, celle d'un ecrasement ou d'un precipice, sont si subtiles qu'on peut bien juger qu'elles n'ont pas du temps assez pour se faire beaucoup sentir. La suffocation mesmes en l'eau, que la superstition des anciens faisoit si fort craindre, ou à cause de cent ans que les personnes noyées estoient errantes, ou parce que l'ame estant ignée n'avoit rien de si contraire que l'Element humide, tant s'en faut qu'elle soit des plus douloureuses, que ceux qui

Virg. 6. Æn.

qui ont esté retirez à demy morts des rivieres, rapportent qu'après avoir aussi-tost perdu le jugement, il ne leur restoit qu'un certain plaisir à gratter au fonds de l'eau, tel que mal volontiers ils sentoient la douleur qu'on leur faisoit les retirant. Mais je passay bien jusques là, de maintenir qu'hors la cause des executions publiques, qui n'est pas neanmoins tousjours mauvaise, ny honteuse, comme il se void en celle d'Esope, de Socrate, & de JESUS-CHRIST mesme, il n'y a point de mort plus douce, ny plus favorable en tout sens que celle qu'on y reçoit. Aussi a t'on veu des plus sages hommes de la terre, tels qu'estoient ces Brachmanes Indiens, finir volontairement de la sorte. Calanus sous Alexandre, & Zannarus sous Tibere, furent admirez se jettans gayement dans les buchers ardans, & les Bramins, qui sont leurs descendans, le prattiquent encore tous les jours, & leurs femmes mesmes, à la veuë de nos Europeans. Quel advantage n'est-ce point de partir de ce monde l'esprit sain, les sens entiers, la volonté reglée & raisonnable (cette volonté que les Jurisconsultes ont voulu estre sacrée

Dio. & Strabo 15. Geogr.

crée & inviolable) l'imagination exempte de terreurs paniques, finalement l'ame en la mesme assiette qu'on la possede pendant tout le cours de la vie ? Car quant à la douleur, outre qu'elle est souvent momentanée, comme en la decapitation, & par consequent de peu de consideration, on peut estre asseuré par assez d'exemples qu'elle n'a rien de sensible en ces morts publiques comme en celles que nous causent les maladies. Le Medecin la Riviere visita, par le commandement du feu Roy Henry quatriesme, dans les prisons de Paris, un scelerat, qui pour avoir tué son pupille avoit esté pendu sans mourir; il disoit qu'aussi-tost qu'il fut jetté de l'eschelle il avoit veu un grand feu, & ensuite de fort belles allées, avec si peu de souffrance, qu'il n'estimoit pas pour si peu de choses devoir importuner Sa Majesté, estant d'ailleurs las de la vie, dont on luy faisoit esperer la grace. Le Capitaine Montagnac, qui fut donné au Vicomte de Turenne par le President Daranty, la corde ayant rompu jusques à trois fois, se plaignit de ce qu'estant exempt de toute douleur, on luy avoit fait perdre,

Hist. d'Aub. tom. 2.

dre, en le secourant, une lumiere si agreable qu'elle ne se pouvoit exprimer. Le Chancelier d'Angleterre Bacon rapporte le mesme d'un Gentilhomme de son païs, lequel s'estant pendu en se joüant, fut assisté fort à propos, & dit que sans avoir enduré mal aucun, il avoit apperceu d'abord comme des incendies, ensuitte des tenebres, & finalement des couleurs bleuës & pasles, telles qu'elles se presentent ordinairement aux yeux de ceux qui tombent en défaillance. Et je ne sçay si ce ne fut point sur cette consideration que ce Bascha Achmet, dont parle Busbec en sa seconde lettre, stipula de celuy qui le devoit estrangler qu'il le laisseroit gouster cette mort, luy relaschant la corde, & ne le faisant expirer qu'à la seconde fois. C'est chose certaine que le Bourguignon qui tua le Prince d'Oranges, après avoir pleuré quand on lui couppoit sa perruque frisée, se mit à rire au milieu des tenaillemens, voyant tomber quelque chose sur la teste d'un des spectateurs de son supplice. Je me souviens aussi d'avoir veu sur la roüe, en passant dans la ville de Chartres, un fameux voleur nommé du Chesne,

Hist. vitæ & mort. c. atric. mort.

Verulz de a. c. sc. li. 4.

lequel

lequel disoit à son valet, qu'il avoit à ses cotez rompu comme luy, qu'il estoit un coquin de se plaindre laschement, ayant d'ailleurs si bien merité le traictement qu'on luy faisoit. Que si l'on considere là dessus le desespoir que causent souvent les tourments des longues maladies, il faut avoir l'esprit bien prevenu pour estimer plus malheureux ceux qui finissent en Greve, que ceux qui meurent entre deux draps. Mais quoy, le nom seul des choses nous impose souvent, & le masque qu'on leur donne nous empesche quasi tousjours de les reconnoistre, *non hominibus tantum, sed & robur persona demenda est, & reddenda facies sua*. Si nous le voulons faire icy, nous remarquerons aisément, que comme c'est chose fort honteuse, voire abominable de meriter ces supplices publics, ce n'est pas aussi grande infortune de les souffrir innocemment quand nos destinées l'ont ainsi ordonné. Nous examinasmes ensuitte quelques autres petits paradoxes de moindre consequence, dont il me reste aussi peu de memoire, que j'ay un extréme desir d'entendre de vous les remarques Sceptiques de vos dernieres lectures,

Sen. ep. 24.

tures, sur tant de differentes pensées qui partagent l'esprit des hommes.

EPHESTION. Tout ce que vous devez attendre de moy pour le present sur ce subjet, est un recit leger de ce qu'une memoire infortunée comme la mienne me pourra confusément representer. Et premierement, la connoissance des choses divines, & humaines, telle que nous la pouvons avoir, qu'on appelle Philosophie, & qui donne tant de presomption à beaucoup, est estimée par d'autres un vain amusement & une trompeuse illusion d'esprit; ceux mesmes qui l'ont fait venir du ciel, advoüant que Tantale n'estoit puni aux enfers, que pour avoir communiqué ce Nectar aux hommes, que les Dieux ne leur eussent pas deub envier s'ils eussent esté capables d'en profiter. Les differens moyens que chascun croit estre necessaires pour y parvenir, monstrent assez qu'elle est plus en l'imagination qu'en la realité. Platon procede des choses intelligibles & universelles, aux singulieres & sensibles; Aristote tout au contraire, n'admet rien dans l'intellect qui n'ait esté premierement dans les sens, par le moyen desquels il monte

monte comme par des degrez à ses notions intellectuelles, *à nobis notioribus, ad naturâ & simpliciter notiora.* L'organe de cette science, qui est la Logique, est si trompeur, qu'un mesme discours qui paroist concluant à l'un, est defectueux à l'autre, & si plein de supercherie, qu'il promet de tirer la verité du mensonge, quand de deux fausses propositions il se vante d'extorquer *vi formæ* (comme ils disent) une conclusion veritable. C'est un si mauvais instrument pour s'asseurer des choses, que par son moyen les uns, comme Protagoras, ont soustenu que toutes nos fantaisies estoient veritables ; les autres, comme Xeniades Corinthien, & Monimus le Cynique, qu'il n'y avoit rien que de faux. Les uns, comme les Academiques, ont dit que tout estoit problematique, les autres, comme Antisthenes, qu'il n'y avoit rien qui peust estre contredit. La Logique mesme naturelle n'a pas plus de certitude, chascun raisonnant à sa mode. Aux uns les authoritez sont raisons ; vers les autres il n'y a que la raison qui ait de l'authorité. Il y en a qui deferent aux anciens, se laissant mener comme

les

les enfans par la main de leurs peres ; les autres souftiennent que leurs devanciers ayant esté dans la jeunesse du monde, s'il y en a, c'est eux qui vivent aujourd'huy, lesquels sont veritablement les anciens, & qui doivent par consequent estre les plus considerables. Si nous voulons l'advoüer, il n'y a pas un de nous qui ne croye icy que son compagnon se trompe, & ce qui est bien plaisant, c'est qu'avec toute nostre belle ratiocination, nous passons tous pour fous les uns envers les autres ; quelqu'un ayant fort bien dit pour ce subjet, qu'il se fascheroit d'estre appellé insensé, se trouvant dans la fonction assez bonne de tous ses sens, mais qu'il ne se sentoit pas injurié du mot de fol, puisqu'au jugement d'autruy tout le monde l'estoit à son tour. Nous ne sommes pas mieux d'accord dans la Physique, non seulement à l'esgard de ses principes, & de ce qui est de plus haute consideration, mais des choses mesmes qui tombent sous nos sens. Epicure les croit très-veritables par tout ; Pyrrho leur donne le dementy sur tout. Anaxagore trouve la neige noire ; Heraclite juge le miel Attique plus amer

que

que celui de Corse. Mithridate se nourrit de poison, & quelques Sultans de Cambaie de mesme ; Demophon, Capitaine d'Alexandre, tremble au Soleil & s'eschauffe à l'ombre. Nous estimons autant la vie que nous trouvons la mort horrible, Euripide doute si ce n'est point mourir que de naistre, & si ce qu'on appelle mort n'est point une veritable vie. Les pauvres estiment le goust & la possession des choses dont les riches s'ennuyent, ceux-cy envient le repos des premiers, & font plus d'estat d'une asperge, d'une pomme, & d'un champignon, dont le païsan n'a cure, que des meilleures viandes de leurs somptueux festins. On a creu le sel si necessaire à la vie, que Platon l'appelle dans son Timée θεοφιλὲς σῶμα, *Deo amicum corpus*, & Pline en a fait un cinquiesme element, *adeoque necessarium elementum est*, dit-il, *ut transierit intellectus ad voluptates animi quoque, nam ita sales appellantur*, c'est pourquoy nous nommons encore insipide tout ce qui nous est desagreable, & l'Italien dit d'un homme de peu d'esprit, qu'il est *dolce di sale* ; si est-ce que Blefkenius est bon tesmoin comme en Islande on ne s'en

L. Bart. Od. Barb. &c. Ram.

Card. 3. de Consol.

L. 31. c. 7

s'en sert point du tout, le livre de la conqueste de Bethencourt dit le mesme de l'Isle de Fortavanture ou Erbanie l'une des Canaries, & toutes les relations de l'Amerique septentrionale tesmoignent qu'en la pluspart de ses provinces on en ignore l'usage, avec si peu de prejudice, soit pour le goust, soit pour la santé, que Champlein, Sagard, & assez d'autres asseurent qu'aprés avoir esté des années vivant à la Sauvagine sans s'en servir, ils ont eu du degoust par aprés, & mesme de l'indisposition se remettant à nos saulces salées. Nous trouvons icy l'odeur de l'encens si agreable, qu'à nostre advis, les Dieux mesmes en sont touchez; les Arabes qui le recueillent l'ont autant à contre-cœur, que le styrax bruslé avec du poil de bouc leur recrée l'odorat. Nous nous servons d'oreiller de plume pour dormir; les Japonois en ont de bois, ou autre chose aussi dure, improuvant tout ce qui est mol & delicat soubs la teste, comme prejudiciable à la santé. Examinons tous les ordres de la Nature, vous ne trouverez rien, soit au grand, soit au petit monde, sur quoy l'on ne forme des conceptions toutes differentes.

Plin. l. 12. c. 17.

Christ. Barri.

rentes. Ceux qui croyent penetrer jusques aux choses qu'ils appellent Metaphysiques, ne font pas moins paroistre l'imbecillité presomptueuse de l'esprit humain, par tant de controverses qu'ils excitent tous les jours sur ce qui se fait dans le ciel, *tanquam modo ex Deorum concilio, & ex Epicuri intermundiis descenderint.* Tant de volumes de resveries qu'on deffend pour revelations, tant de chymeres scholastiques qu'on voudroit faire passer pour articles de foy, tant de combats à outrance qui se livrent là-dessus tous les jours, sont autant de marques de nostre foiblesse, & de tesmoignages de nostre temerité. Les uns ont fait Dieu autheur de ce monde, d'autres en ont attribué l'ouvrage aux mauvais Demons, opinion qui semble moins estrange à ceux qui prennent garde à ce qui s'y prattique. Les uns reverent les nuës, les autres respectent les Enfers, le diable ayant eu ses autels, & les Catains ayans adoré Judas, comme celuy qui avoit beaucoup contribué à la redemption du genre humain. Nos religieux font vœu de ne point manger de viandes; ceux d'Egypte faisant le mesme du poisson. Les Juifs s'abstiennent

Cic. 1. de Nat. Deor.

Bart.

s'abstiennent de celui qui n'a point d'escailles, & de beaucoup de chairs, qu'ils appellent immondes ; les Cochinchinois croiroient grandement pecher s'ils se nourrissoient de laictage. Les Turcs pendant la devotion de leur Ramasan jeusnent jusques à la nuict, durant laquelle ils font bonne chere, les Mogolois font grande conscience de manger après que le Soleil est couché. Mais voyons si la Morale, où nous tombons insensiblement, nous donnera quelque doctrine mieux establie, & si les opinions des hommes, en ce qui concerne la vertu & le vice, les mœurs & les coustumes, sont plus certaines & moins debatuës que les precedentes. Tant s'en faut, il n'y a point de partie en toute la Philosophie qui ait causé de plus fortes contestations. C'est icy que les preventions d'esprit exercent le plus puissamment leur empire, & chascun qui combat pour son usage (*matrem sequuntur porci*) appelle les autres barbares s'ils different en façons de faire, comme au fait des langues les Grecs estoient barbares aux Egyptiens, & nous le sommes tous les uns aux autres. Ces grands fondateurs des plus saines pensées que

Hero.

au *l.* 2.

K 4 possede

possede le genre humain, *illi clarissimi sacrarum opinionum conditores*, comme les appelle Seneque, perdent icy leur temps & leur peine, courans mesme fortune de se perdre, s'ils pensent se roidir contre les choses receuës, & s'opposer à ce furieux torrent de la coustume. On combat en beaucoup de lieux pour les armoiries, où la noblesse donne les premiers rangs ; les Suisses & les Cicules de Transylvanie s'en mocquent, Iphicrates & Antisthenes respondirent à diverses fois en faveur de leurs meres, que celle mesme des Dieux estoit Phrygienne, & nous voyons que pour parvenir aux premieres magistratures de Strasbourg, il y faut prouver sa roture de huict races. Le lieu le plus honorable, & la maistresse place sur nos galeres est en la pouppe ; en Cochinchine la proüe est la mieux parée, où se met le Capitaine pour combattre des premiers, avec les personnes de plus haute consideration. La milice des Turcs met le point d'honneur à posseder le costé gauche ; le droict est le plus estimé par ceux d'entr'eux qu'ils appellent hommes de la loy. Nos femmes ont leur façon particuliere d'estre à cheval ;

De bre- vit. vit. c. 14.

Sen. 1. de Tran. c. 18. D. Laert. in Antist.

Chr. Borri.

L'OPINIASTRETÉ. 225
val ; les Persiennes vont jambe deçà
jambe delà, indifferemment comme
les hommes. L'esternuëment est icy
salué avec felicitation & ceremonie ;
passez un filet d'eau seulement, vous
trouverez les Anglois qui s'en mocquent, & les Hurons d'Amerique se
servent lors d'injures & d'impreca-
tions contre leurs ennemis. On lave
tousjours en France à l'entrée de table, & moins à l'issuë ; les mesmes
Anglois ne lavent qu'aprés leurs repas, où nous ne pouvons souffrir leurs
assiettes de bois ; & les Hurons dont
nous venons de parler, n'essuyent
leurs mains qu'à leurs cheveux, ou au
poil de leurs barbes. Quand nous fes-
tinons nos amis nous prenons place à
table avec eux, les conviant à faire
bonne chere par nostre propre exemple, en la nouvelle France celuy qui
traitte ne mange point pendant son
festin, s'amusant à chanter, à peta-
ner, ou à recréer la compagnie de
quelque discours. Nous ne sçaurions
arrester en un lieu, comme les Turcs
quand ils n'ont que faire ; ils ne peuvent non plus que les Cochinchinois,
comprendre nos promenades inutiles,
disant qu'il faut moins manger si nous

*P. Pa-
cif.*

*Voyage
de Sa-
gard c.
9. & 15.
& Châ-
plain.*

K 5   en

en usons par regime. Le mary & la femme sont par toute l'Europe en communauté de lict ; dans l'Indostan chacun a le sien, & ne sçavent que c'est de dormir ensemble. Nous avons nos brindes pendant nos festins ; là on ne boit jamais que lors qu'on ne mange plus. Nous baisons icy la main pour saluer nos amis, là ils se prennent la barbe à mesme dessein, dont nous nous tiendrions offensez. Nous prisons la blancheur du corps ; eux l'ont pour marque de ladrerie. Nous avons des hospitaux pour l'infirmité des hommes ; eux n'en ont que pour celle des bestes. Les grands sont icy assis devant les personnes de moindre condition, qui se tiennent debout ; le Roi de Ternate ne donne audiance qu'estant sur ses pieds, & les autres assis, sinon que par gratification il n'en laisse quelqu'un se lever comme luy. Nous nous reduisons à l'usage des lunettes le plus tard que nous pouvons, les nommant des quittances d'amour ; les Espagnols affectent leurs *Antojos* dés l'adolescence *per gravedad*, comme ils disent, & pour tesmoigner la maturité de leur jugement. La barbe nous sert d'ornement ; en Canada elle est reputée

Indiä vera deser.

Voyage de Sagard. c. 14.

putée non seulement laide quant au corps, mais mesme de prejudice à l'esprit. Nous nous trouvons fort à l'aise sur nos chaires ; les Turcs aiment mieux avoir les jambes croisées comme nos tailleurs ; les Arabes ne s'as- *Belon.l.* soyent que sur la pointe des pieds, les *2.c.76.* talons leur servant de siege, & passent ainsi commodement, outre les heures du repas par fois les journées entieres. Qui ne riroit icy de voir faire despense de dix ou douze mille ducats à la celebration des nopces d'un Taureau & d'une Vache, comme Teixira dit qu'on feit à Diu luy estant present ? Qui ne se mocqueroit de voir jetter des poignées de ris sur le peuple à genoux com- me fait le grand Prestre des Royau- mes de Braama, & de Pegu pour l'ab- soudre ? Qui n'eust pris plaisir de voir *Mendes* Diogene le Cynique se gausser de ce- *Pinto. c.* luy qui pensoit de mesme laver ses pe- *169.* chez avec le corps ; luy disant que les *Diog.* fautes de la Morale non plus que cel- *Laërt.* les de la Grammaire, ne s'effaçoient *in ejus* pas avec de l'eau si facilement ? Quel- *vita.* ques peuples voisins du Caucase ne punissent, dit Strabon, les plus grands *L. 11.* crimes que d'un simple bannissement ; *Geog.* les Derbices au contraire, comme il remarque, sur les moindres fautes condamnent irremissiblement à la mort. Xenophon remarque qu'entre tant de nations que les Grecs virent au retour de cette grande expedition en faveur de Cyrus, ils n'en remarquerent point de plus barbare, à leur regard, que celle des Mosynoeces, voisins du Pont Euxin, lesquels s'accouploient avec les femmes, & faisoient generalement en public, tout ce que les autres peuples reservent à la solitude, comme au contraire, estans seuls ils se portoient aux actions dont nous n'usons jamais qu'en compagnie, car c'estoit lorsqu'ils parloient à eux mesmes, qu'ils rioient à gorge desployée, & se mettoient à danser, comme s'ils eussent esté aux nopces. Si nous voulions porter ce discours jusques où il pourroit s'estendre, il iroit sans doute à l'infini,

Ovid. 1. de arte am.

Pectoribus mores tot sunt, quot in orbe figuræ,
Qui sapit innumeris moribus aptus erit.

Mais quoique ce conseil, pour estre d'un Poëte, ne laisse pas d'estre fort considerable, si est-ce que chascun
combat

combat pour sa coustume, comme pour son foyer & ses autels, personne ne veut ceder, tout le monde croyant estre dans la rectitude morale. Les plus grands maistres mesmes de l'Ethique n'ont point de maximes qui vous puissent servir de fondement certain, ils n'en ont aucune qui n'ait ses deux ances differentes, & dont la prise ne soit contestée entr'eux. Les uns veulent, comme Ovide cy dessus, qu'on s'accommode à tout, & qu'au moins on donne au peuple l'exterieur, *aliquid coronæ dandum*, n'estant pas le fait d'un homme bien sage de s'opposer aux sentimens d'une multitude, *plebi libera sunto suffragia*; les autres font gloire de n'avoir rien de commun avec cette beste à tant de testes, *quid turpius quam sapientis vitam ex insipientium sermone pendere*; & si ce n'est pas sans subject qu'on nomme le grand chemin celuy des bestes, pourquoy useroit-on en s'y tenant d'une si prejudiciable complaisance? *Nihil magis persuasi mihi, quam ne ad opiniones vestras actum vitæ meæ flecterem*, dit Socrate parlant à une populace, & l'oracle qui fut autheur à Diogene d'estre faux monnoyeur, nous apprenoit

Cic. 3. de leg.

Idem. 2. de leg.

Sen. de vita Bea. c. 26.

Julian orat. 7.

à

à tous, que tout ce qui eſt populaire, quelque cours qu'il ait, ne laiſſe pas d'eſtre de fort mauvais aloy. Ariſtippe ſçait vivre à la Cour de Sicile comme dans Athenes, avec ſon humeur facile, & le Philoſophe Muſonius chante, & jouë de la cythare avec Neron, travaillant comme les autres au creuſement de l'Iſthme Corinthien; Diogene ſe mocque d'Alexandre, & Telaſinus aime mieux eſtre exilé comme Philoſophe, que de vivre conſulairement ſoubs Domitien. Les uns, pource que les exemples ſont plus puiſſans que les preceptes, prennent Socrate, Caton, ou quelqu'autre patron ainſi excellent à imiter, croyans ne pouvoir copier trop exactement ces excellens originaux; les autres nient qu'il les faille ſuivre en beaucoup de choſes, Diogene ayant advoüé qu'il prenoit ſouvent les extremitez, comme font les maiſtres de concert, qui excedent un peu le ton, auquel ils veulent ramener ceux qui ont diſcordé, *nec quemquam hoc errore duci oportet, ut ſi quid Socrates, aut Ariſtippus, contra morem conſuetudinem que civilem fecerint, locutive ſint, idem ſibi arbitretur*

Philoſt. l. 5. c. 6.

Idem. l. 7. c. 6.

D. Laert. in ejus vita.

arbitretur licere, magnis illi & divinis bonis hanc licentiam assequebantur, dit Ciceron au premier de ses offices. Or ce n'est pas grande merveille qu'ils s'accordent si peu entr'eux, quand Salomon mesme donne icy des preceptes tout contraires, comme par exemple, *Ne respondeas stulto juxta stultitiam suam, ne efficiaris ei similis*, & immediatement après, *Responde stulto juxta stultitiam suam, ne sibi sapiens esse videatur.* Ne tient-on pas pour le plus seur fondement de toute la Morale cet axiome de ne faire jamais à autruy ce qu'on ne voudroit pas souffrir: si est-ce que ceux qui l'ont voulu penetrer, ont trouvé qu'à le bien examiner, tant s'en faut qu'il puisse passer pour tel, qu'il est ennemy de la vie civile, & particulierement contraire à toute justice, n'y ayant personne qui ne voulut qu'on luy pardonnast toutes ses fautes, & qui ne fust tres-fasché qu'on le condamnast à la mort, bien qu'il eust commis les crimes pour lesquels il est obligé de donner sa sentence contre ceux qui en sont coupables. Et que nous peut donner de solide cette belle science des mœurs ? Quand Pythagore, le plus sainct peut-estre

Pro. c. 26.

estre de tous les Philosophes qui furent jamais, est contraint d'advouër dans Iamblicus au traité de sa vie, que comme en la Physique il n'y a rien que de meslé, les Elements mesmes ne se trouvans nulle part en leur pureté, puisque la terre se voit pleine de feux, & que l'air & l'eau se tirent mesme de leurs contraires ; qu'aussi en la Morale tout y est tellement confus, que ce qu'elle appelle juste, est tousjours accompagné d'injustice, ce qu'elle dit honneste, brouillé de turpitude, ce qu'elle repute bien, trempé dans le mal, & ce qu'elle estime vertueux inseparable du vice. Ce qui me fait encore souvenir de ce Pedagogue Persien, lequel dans Xenophon apprend avec mesme soin à ses disciples l'art de mentir comme celuy d'estre veritables, & à estre injustes, calomniateurs, & larrons, comme à devenir justes, vertueux & equitables, soustenant que ces choses estoient esgalement de mise, pourveu qu'on feit quelque distinction des lieux & des personnes lorsqu'on s'en desire prevaloir. C'est pourquoy Cambyses, dit-il, advertissoit son fils Cyrus, que pour estre grand Empereur, il faloit estre

C. 7.

L. 1. de inst. Cyr.

estre grand larron, grand meurtrier & grand imposteur en mesme temps. Qu'est-il donc de faire là dessus, Cassander, quel party suivrons-nous où tout est si bien coloré, & si fortement opiniastré ? Le fiel & le miel sont jaunes esgalement, *cagajones y membrilloftodos somos amarillos*, le Lytharge passe pour vray argent & le cuivre adulteré pour bon or, comme remarque Aristote mesme ; de sorte que nostre humanité ne penetrant pas plus avant que la vraisemblance, quelle temerité sera-ce à nous, si nous prenons le douteux pour le certain, & si nous deffendons aujourd'huy avec pertinacité ce dont nous serons contraints de nous retracter demain, ou de n'estre pas plus raisonnables que ceux de qui nous nous sommes plaints toute cette après dinée ? Il vaut bien mieux que nous nous servions de cette belle suspension de nostre chere Sceptique, & que nous tenions en souffrance les parties que nous ne pouvons pas aloüer, faute d'en estre suffisamment informez. Car puisque d'ailleurs nostre entendement n'est pas moins subject, de sa nature, à varier en ses operations, que la Lune à changer de visage

De Soph. El. c. 1. & 5.

sage, selon que les Latins, dit Cassiodore, luy ont donné le nom de *mens*, ἀπὸ τῆς μήνης, *à Luna*, pourquoy combattrions-nous à la mode des Geants contre nos propres destinées ? Laissons aux autres cette profession odieuse de sçavoir toutes choses avec certitude, *liceat nobis sapere sine pompa, sine invidia*, & puisque les Dieux n'ont pas voulu que nostre esprit estendit sa sphere d'activité plus loing que l'apparent & le vraisemblable, contentons nous doucement des bornes que leur providence nous a prescrittes, lesquelles aussi bien nous tascherions en vain d'outrepasser. Doutons de tout, puis que c'est le propre de nostre humanité; & afin de ne rien déterminer trop legerement, ne donnons pas mesme une asseurance entiere de nos doutes Sceptiques. Anaximander estimoit que la terre ne se conservoit dans cette assiette qu'elle possede au milieu du monde, que pource qu'elle ne sçavoit de quel costé pancher, ayant une pareille inclination vers tout ce qui l'environne, *cum aeque se haberet ad extrema*; de mesme qu'un cheveu, disoit il, s'il estoit esgalement tiré par les deux bouts, ne se romproit jamais, se faisant

L. de m. c. 1.

Arist. 2. de Cœle. c. 13.

sant en toutes ses parties un pareil effort & n'y ayant pas plus de raison de rupture en l'une qu'en l'autre ; & comme si un famelique (adjoustoit-il) se trouvoit en mesme distance de plusieurs vivres avec une esgale propension vers chascun d'eux, il faudroit de necessité qu'il demeurast eternellement sur sa faim, pource qu'il resteroit sans action & sans mouvement, pour n'en pouvoir trouver le principe. Mais il est encore plus veritable, que considerant sans partialité les vraisemblances de toutes choses, selon les regles de nostre secte, l'esprit se trouve lors dans une telle indifference, que ne sçachant de quel costé pancher, il est contraint de demeurer suspendu entre cette egalité de raisons qui se trouve par tout, *διὰ τὴν ἀνάγκην μένει τὴν τῆς ὁμοιότητος*, *manet ob similitudinis necessitatem*, comme parloit Anaximander de la terre. Les Dogmatiques, qui sont dans la prevention, ne voyant souvent les choses que du biais qui favorise leur sentiment anticipé, ce n'est pas merveille qu'ils inclinent promptement à l'un ou à l'autre party, avec tant de pesanteur qu'on ne les en puisse plus demouvoir,

qui

qui ad pauca respiciunt, de facili pronuntiant. Mais quant à ceux de nostre famille, qui font les reflexions convenables sur la probabilité de toutes propositions, au lieu de se laisser emporter foiblement à pas un party, ils s'arrestent genereusement sur leurs propres forces, entre les extremitez de tant d'opinions differentes, qui est la plus belle & la plus heureuse assiette que puisse posseder un esprit Philosophique. Car ils ne demeurent pas comme ce famelique, dont nous venons de parler, ainsi que des Tantales au milieu des viandes sans les pouvoir approcher. Le Sceptique porte sa consideration & donne atteinte à tout, mais c'est sans pervertir son goust & sans s'opiniastrer à rien, demeurant juge indifferent de tant de mets & de tant de saulces diverses, comme la plus notable personne du convive, au milieu d'une table qu'elle trouve esgalement bien servie par tout. C'est en ce beau milieu que l'ataraxie se rend maitresse de toutes nos opinions, & que la metriopathie donne le temperamment à toutes nos passions par le moyen de nostre divine Epoche, *medium tenuere beati.* Mais vous

vous sçavez ces choses mieux que moy, qui ne m'y suis estendu que pour vous complaire & aucunement à mon propre genie, lequel ne se lasse jamais de cette meditation, comme il semble que face le Soleil de nous esclairer ; il est temps de nous separer puis qu'il se separe de nous. ADIEU.

Sustine & abstine Sceptice.

DIALOGUE TRAICTANT DE LA POLITIQUE SCEPTIQUEMENT,

ENTRE TELAMON & ORONTES.

Λάτε βιώσας, καὶ ἀπολιώτας.

TELAMON. Puis que l'homme est naturellement le plus Politique de tous les animaux, n'y ayant selon la consideration d'A- riſtote, ny abeilles, ny fourmis, ny autres animaux quelconques, qui ſoient nais & ſe plaiſent à la communauté comme luy, il ſemble qu'on puiſſe bien inferer de là, que l'eſtude du gouvernement d'Eſtat, qu'on appelle ordinairement la Politique, ſoit une des plus dignes contemplations de ſon eſprit, & l'employ qu'il peut recevoir dans ce Gouvernement, la plus belle action où il ſe puiſſe porter, puis qu'elle luy eſt ſi naturelle, & que par l'advis des plus ſages, ce qui ſe fait

1. Pol. c. 2.

le plus naturellement, se fait aussi le plus raisonnablement,

Juv. sat. 14. *Nunquam aliud natura, aliud sapientia dicit.*

Or la raison de cette propension naturelle qu'a l'homme à la police & civilité, se peut tirer d'un discours *Eth.* que fait Aristote au commencement *Nic.l.1.* de ses Moralitez, où examinant quel*c. 1.* le peut estre la science ou discipline en laquelle se trouve le souverain bien, il monstre qu'infailliblement ce doit estre la Politique, comme celle à laquelle toutes les autres sont subordonnées & soubmises. Car puisque toutes choses recherchent d'un instinct nay avec elles le souverain bien, il ne se peut faire que l'homme n'ait cette inclination Physique à la Politique ; & cela d'autant plutost, que *C. 1. &* comme il enseigne au septiesme de sa *2.* Republique, la felicité d'un estat entier ne differe en rien de celle de chasque homme particulier, ayant l'une & l'autre pour fondement les actions vertueuses. De sorte que comme nous vivons heureusement par le moyen des habitudes qu'engendrent en nous ces actions reïterées, aussi fait le corps d'un d'un Estat, qui a pour ame une raisonnable & vertueuse Police, ἡ γὰρ πολιτεία βίος τις ἐστὶ πόλεως, *reipublica enim administratio vita quædam est civitatis.* C'est pourquoy Platon & tant d'autres, ont si fort souhaitté que les Philosophes regnassent, ou que les Rois fussent Philosophes; parce qu'en ces deux cas, le corps Politique, dont nous parlons, se trouve heureusement animé d'un esprit vertueux, qui le porte à sa derniere felicité; Aristote remarquant encores fort à propos sur ce subject, que la ville de Thebes n'avoit jamais esté heureuse, qu'alors que les Philosophes y avoient exercé les Souveraines Magistratures. Ce n'est donc pas sans subjet que Ciceron a soustenu après Panætius, que ce n'estoit point la necessité que peuvent avoir les hommes de se rendre des offices & des assistances reciproques, qui les avoit conjoincts & reduicts à vivre en communauté, mais bien la seule solicitation de nostre nature, qui nous feroit rechercher ce genre de vivre, combien que nous possedassions sans luy toutes les autres commoditez de la vie humaine, *etiamsi omnia nobis, quæ ad victum cultumque*

Polit. l. 4. c. 11.

5. de Rep.

Reth. l. 2. c. 23.

L. 1. de Offic.

Tome II.   L   *pertinent,*

pertinent, quasi virgula divina, ut aiunt, suppeditarentur. Ce qui me faict estonner, Orontes, que vous ayez non seulement un si grand mespris, mais mesme une telle aversion de cette partie de la Philosophie qui considere le gouvernement des polices, ne pensant point qu'hors les Epicuriens & quelques autres Philosophes de peu de nom & de moindre raison icy, ce me semble, il y en ait eu aucuns qui ayent esté de vostre humeur, tesmoins les beaux traictés Politiques qui nous restent des plus renommez d'entr'eux. Que si les siences le plus solidement establies reçoivent encores tous les jours utilement quelque culture, combien plus advantageusement nous pouvons nous appliquer à celle-cy, en laquelle, aussi bien qu'en l'Astrologie, & quelques autres semblables, les modernes par leurs dernieres observations ont toujours quelque sorte d'advantage, & les Timothées trouvent toujours qu'adjouster aux traditions de Phrynis. Mais je pense bien que c'est vostre belle Sceptique, qui vous fait ainsi rejetter ce que tous les bons esprits ont si universellement approuvé, comme celle qui pense faire beaucoup

[marginalia: D. Laert. in Epic.]
[marginalia: Arist. 2. Meta. c. 1.]

coup d'esloigner ses Professeurs du sens commun, parce qu'elle l'estime trop populaire.

ORONTES. Vous m'avez livré la botte bien franche cette fois, & sans aucunement y marchander, cher Telamon, en quoy vostre franchise m'oblige à vous repartir avec pareille naïveté & candeur. Je ne vous deguiseray donc point ce qui peut estre de mes sentimens interieurs, qui sont encores plus Pyrrhoniens, peut-estre, que vous ne les vous estes imaginez, principalement quand on me veut convaincre, & comme accabler des opinions generalement receuës, & de ces puissantes authoritez dont vous vous estes voulu servir contre moy. Si est-ce que je pourrois vous produire contr'elles, si besoin estoit, assez des plus grands hommes de l'antiquité, qui se sont mocquez comme moy de toute vostre belle politique, & de tous ceux qui pour vivre politiquement en vivent souvent moins humainement. Ulysse, le premier de tous les Statis- *Pl. 10.* tes, devant revenir en ce monde, de- *de Rep.* mande d'y vivre en homme privé, & ne se meslant du tout de rien, si nous en croyons cet Eris Armenien resuscité

cité. Socrate dit dans son Apologie, avoir tousjours esté destourné par son genie de se mesler des affaires publiques. Aristippe use de ce stratageme dans Xenophon pour ne s'y voir engager, de n'estre jamais membre d'aucun corps d'Estat, mais de paroistre estranger par tout, ἄξενος πανταχῦ εἰμι, dit-il, *ubique hospes sum*. Heraclite s'amusoit à joüer avec des jeunes garçons devant le temple de Diane d'Ephese, disant avec indignation aux principaux de cette ville, qu'il preferoit cette action à tout leur gouvernement, κρεῖττον τοῦτο ποιεῖν ἢ μεθ᾽ ὑμῶν πολιτεύεσθαι, *præstat istuc facere, quam vobiscum rempublicam administrare*; estimant plus ensuitte le contentement d'une vie solitaire, parmy les bois & les montagnes, que la gloire d'estre leur Legislateur. Et Platon ne voulut jamais aller trouver les Arcadiens, ny les Thebains; sçachant qu'il estoit impossible de les reduire à cette esgalité, sur laquelle il se contentoit de former ses Republiques idéelles en l'air, semblables au siecle d'or des Poëtes, à l'estat d'innocence des Patriarches, ou à la Hierusalem delivrée des Saints Prophetes. Car quoyque ses sectateurs ayent

ayent voulu dire, que les anciennes Athenes d'Egypte & de Grece avant le deluge & quelques autres polices ayent veritablement esté toutes telles, si est-ce que lui mesme, au cinquiesme livre de sa parfaicte Republique, s'excuse de l'avoir renduë si Metaphysique, qu'elle ne reçoive point d'exemple icy bas : soustenant que son ouvrage n'en est pas moins à priser pour cela, non plus que le travail d'un peintre renommé, pour avoir representé par un effort d'excellente imagination un homme si beau & si accomply, qu'il ne s'en voye aucun si absolument parfaict parmy nous, & au livre dixiesme, il advoüe que cette Republique ne se trouve nulle part en terre & que le modelle n'en peut estre veu qu'au Ciel. C'estoit donc plutost un passe temps à Platon, qui vouloit essayer ce qui se pouvoit Philosophiquement dire sur ce subject, qu'une serieuse occupation Politique, où il n'a jamais voulu recevoir de veritable employ. L'Utopie de Thomas Morus, la cité du Soleil de Campanella, & l'Isle de Bensalem du Chancelier Bacon, n'ont esté chimerisées en nos jours que par un semblable ca-

Fic. ad S. de Rep.

pricaprice. Et à la verité, qui considerera de l'œil qu'il faut les gouvernemens du temps auquel il vit & en sçaura penetrer les mouvemens veritables; qui remarquera combien le sort & la fortune y ont de part; combien est ennuyeuse l'attente du succez & de la revolution periodique des affaires; combien tous ces interests d'Estat & ces chansons politiques sont choses vaines à un esprit qui connoist les choses solides; quels & combien foibles sont les ressorts qui font agir ces grandes machines des Estats; celuy là, sans doute, sera plus touché de pitié que d'envie sur ceux qu'il verra dans un si miserable employ, si l'esclat & la pompe qui l'accompagnent ne luy esbloüissent le jugement. Mais, dites vous, c'est estre Epicurien de se tirer ainsi à quartier & laisser faire les autres seulement. Je ne sçay pas si vous estes aussi mal animé contre ce Philosophe comme beaucoup d'autres, mais pour moy je ne suis pas resolu de me scandaliser beaucoup de cette injure, ny de desadvoüer la pluspart des plus beaux sentimens de la Morale, soubs pretexte qu'ils ont esté suivis ou donnez par Epicure. Aussi qu'à

l'esgard

l'esgard du subject dont nous traictons, je suis bien de l'opinion de Seneque, qui estime que les Stoïciens & les Epicuriens n'ont eu qu'une mesme fin & une mesme pensée, qu'ils ont neantmoins expliquée par des moyens & des termes differens ; *Vtraque ad otium diversa via mittit.* Parce que quand Epicure a dit, *non accedet ad rempublicam sapiens, nisi si quid intervenerit,* c'est le mesme qu'a prononcé Zenon, *accedet ad rempublicam, nisi si quid impedierit.* Car en effet l'un & l'autre enseigne le repos & la retraite; mais cestui-cy sous un specieux pretexte, pour tenir son jeu caché & se tirer de l'envie; *alter otium ex proposito petit, alter ex causa* ; veu que finalement Cleanthes, Chrysippus, ny Zenon ne se sont pas donnez plus de peine de l'administration de l'Estat, qu'Epicure. Peut estre adjousterez-vous, qu'au moins ont-ils servy le public par leurs meditations & leurs escrits sur la vie civile, les loix de Platon, la Police de Chrysippus, les Politiques d'Aristote & autres ouvrages semblables ne tendans à autre fin; en quoy ils n'ont pas tesmoigné moins de zele au bien general que ces re-

L. de vita beata.

nommez Legiflateurs & grands Politiques, Lycurgue, Charondas ou Solon; *invenerunt quemadmodum plus quies illorum hominibus prodeffet, quam aliorum Difcurfus, & fudor.* A quoy je vous refpondray, que je ne trouve point eftrange que tant de grands hommes fe foient divertis quelquefois à fe former des idées de gouvernemens tels que nous difions tantoft, dont le prototype ne fe trouve que dans le Ciel, & fe foient entretenus fur ces confiderations generales, deftachées de toute fingularité, & s'il faut ainfi dire, abftraictes de toute matiere; mais je vous fouftiens qu'il y en a eu fort peu, qui fe foient voulus abaiffer jufques aux confiderations particulieres des polices de leur tems & beaucoup moins jufques au maniement des affaires publiques. Auffi font ce chofes fi diftinctes, que ces libres contemplations indefinies & les emplois particuliers dans les fonctions des charges civiles, que, comme a remarqué Ariftote au dernier chapitre de fa Morale, la Politique eft en cela differente de tous les autres arts & fciences, où ceux qui les profeffent & enfeignent font volontiers les plus capables

L. ult. ad Nicom. c. ult.

pables de mettre la main à l'œuvre & de bien agir. Car on peut voir, par exemple, en la Medecine & en la Peinture, que ceux qui sont les plus sçavans en ces professions, sont encores ceux qui excellent en l'action, & en l'usage de leurs preceptes. Mais au faict du gouvernement, nous voyons, dit-il, qu'il n'appartient qu'aux sophistes à faire merveilles de bien discourir sur la bonne conduitte des choses publiques, lesquels d'ailleurs reussissent du tout ineptes en l'administration d'icelles, si elles leur sont confiées. Et qu'il soit vray d'autre part que ceux qui se prennent le mieux au maniement des affaires d'Etat, soient les moins capables d'en parler suffisamment, & en possedent le moins la science, il le prouve parce que vous n'en verrez point d'entr'eux qui laissent leurs enfans ou amis heritiers de leur capacité, ou qui la facent voir par leurs escrits à la posterité ; de quoy vraisemblablement ils seroient très-curieux, si leur suffisance s'estendoit jusques-là, & qu'elle ne fust toute restrainte dans l'usage & dans la routine de leur mestier Politique, sans en posseder les principes solides, ny les conclusions universelles, qui servent de fondement aux sciences. Nous avons veu n'a gueres Monsieur de Villeroy passer pour un des plus entendus Ministres d'Estat de son temps, lequel nous sçavions avoir fait tout son cours de Philosophie dans l'estude d'un procureur de la chambre des Comptes. Et si ce n'estoit point chose trop odieuse, de quelque costé que nous tournassions les yeux, nous remarquerions dans la pluspart des Cours, des grands Visirs, des Favoris, des chefs de Conseil, & des premiers Ministres, qui porteroient tesmoignage favorable pour cette proposition, fondée sur la diversité des temperamens que demandent l'action & la contemplation, & qui est cause que Themistocle ne pouvant faire aucun progrés dans les sciences, trouve que tout luy succede dans le manege des affaires d'Estat. Au contraire de Socrate, lequel estant assez habile pour faire descendre la Philosophie du Ciel en terre, fut tousjours destourné par son genie, comme nous disions tantost, c'est-à-dire, par son propre jugement, de se mesler du gouvernement d'Athenes, comme de chose en laquelle il ne pouvoit pas reussir.

reüssir. Je sçay bien qu'on veut qu'il se trouve des esprits de si heureuse composition, qu'ils soient capables de tout, & que les Grecs nous ont donné Pericles & quelques autres, pour grands Philosophes & grands hommes d'Estat tout ensemble; ainsi que nostre France nous produit n'a gueres un Cardinal d'Ossat, dont l'eminent sçavoir s'accordoit parfaictement bien avec une dexterité nompareille qu'il avoit dans les affaires au service de son Prince. Mais comme je ne voudrois pas nier qu'il ne s'en rencontrast d'une naissance si privilegiée, qu'elle les face exceller par tout, aussi me persuaderay je facilement, de l'humeur dont je suis, & sans violenter personne en la sienne, que ces belles ames ne se sont jamais portées à des occupations si basses & si frivoles, comme sont tous les interests de je ne sçay quelle Seigneurie (s'ils sont regardez hors les preventions que nous donnent l'ambition & l'avarice) qu'ils n'y ayent esté forcez par des considerations domestiques, & par des respects particuliers, qui les y ont insensiblement engagez. Si ce n'est que jugeans toutes les pensées & les occupations

des

des hommes esgalement vaines, ils ayent creu se pouvoir appliquer à celles-cy aussitost qu'à toutes autres, quoy qu'ils en reconnussent assez la futilité. C'est ce que je recueille d'une lettre dorée de ce grand Pere Paul, (*viri meo judicio magni, etiamsi maximis comparetur,*) lequel rendant compte à un de ses amis du cours de sa vie, qui estoit lors interrompu de ces soins publics, luy couche entr'autres ces belles paroles ; *Ella non potrebbe credere, quanto hò perduto doppo che attendo a queste canzoni politiche, così nella sanità, come nella compositione dell'animo, è nella vivezza del cervello. Ma in fine, anco il nostro essere è una leggierezza, è conviene passarsi in riso il doverlo perdere.* Voilà, Telamon, quel estoit le sentiment de ce digne personnage, avec lequel je repute à grande gloire de convenir pour ce regard ; de sorte qu'outre que je trouve mon compte dans le mespris que je faits de toutes ces bagatelles Politiques, je reçois encores une satisfaction particuliere d'avoir mes pensées conformes à celles de tant de braves hommes, que je tiens pour autant de precepteurs du genre humain.

De Demet. cyn. sen. 7. de ben. c. 1.

TELA-

TELAMON. Veritablement, Orontes, il me semble que vous prenez les choses un peu trop Philosophiquement, &, comme dit l'Italien, *troppo alla Platonica.* Car comment pouvez-vous sans cavillation accuser de vanité une science, laquelle par son utilité, qui s'estend sur tant de peuples qu'elle apprend à gouverner & fait vivre heureusement, peut estre nommée la premiere, la plus noble & la plus profitable de toutes. De dire qu'elle n'a pas ses principes certains, ny ses axiomes generaux qui luy peuvent acquerir le tiltre de veritable science ; en premier lieu, je vous responds après Aristote, qu'il n'est pas raisonnable de demander en toutes choses une certitude Mathematique, autrement nous rejetterions non seulement la Politique, mais mesme la Physique & la plaspart des plus belles sciences, qui n'ont pas ce privilege de contempler leurs objects exempts de toute matiere ; *Certitudinem verò mathematicam non oportet in cunctis quærere, sed in iis quæ non habent materiam ; quare non est naturalis modus ; tota enim natura forte habet materiam.* Secondement je vous soustiens qu'il n'y en a point

2. Metaph. 6. ult.

point qui se fonde davantage sur la raison & le bon discours, ny qui ait de plus notables & de plus importantes maximes, que celle-cy; tesmoins tant de traictez portans pour tiltres, Raisons d'Estat, ou Maximes d'Estat, lesquels estans recueillis de bonne main & bien digerez, pourroient tenir lieu en la Politique de ce que sont les Elements d'Euclide en la Geometrie, ou les huict livres Acroamatiques d'Aristote en la Physique. Il n'est donc pas raisonnable que la pureté des Mathematiques & les charmes de vos contemplations abstraictes, vous face mespriser de cette sorte la doctrine civile; ny que le Lotos d'une Philosophie solitaire dont vous faittes profession, vous face negliger le gouvernement de vostre païs & oublier l'amour naturel de vostre patrie, que ceux de Crete nommoient encores plus cherement μητρίδα, *matriam*, au rapport de Platon. Car qu'est-ce autre chose de tenir pour vains ou indifferens les interests de l'Estat, & ce qui nous apprend à les bien connoistre, que s'estre despoüillé de cette affection, laquelle au dire des plus sages, *omnes omnium charitates una in se complexa est*.

L. 1. de Rep.

POLITIQUE. 255

est. Prenez garde qu'il n'y a pas seulement de l'inhumanité en cela, mais encores de l'immanité, puisque les bestes les plus feroces aiment les bois où elles sont nées & se sentent touchées de cet amour tendre envers leur païs. Les poissons mesmes sous les eaux, comme a remarqué Aristote, n'en sont pas exempts ; *locis iisdem, quibus orti sunt, aut similibus, degunt*. Aussi peut-on dire, que les elements dont nous sommes composez nous enseignent cette leçon, lesquels nous voyons avoir tant de cette affection, qu'ils ne peuvent prendre de repos qu'en leur seule patrie. C'est pourquoy chascun a estimé ce vers d'Homere, qui dit que le meilleur de tous les augures est de combattre pour son païs. Et jusques aux plus estimez Philosophes, on a remarqué ce contentement universel d'amour passionné pour le païs natal ; Diogenes Laertius nous apprenant qu'un Menedemus fust sept jours sans manger, & mourut enfin d'ennuy de n'avoir peu persuader Antigonus de remettre en liberté Eretrie sa chere patrie.

9. de hist. ani. c. 37.

In vita Mened.

ORONTES. Je vous veux rompre le dé là dessus, pour vous empescher

cher de porter plus avant ce difcours ; où les exemples de ces zelez patriotes iroient à l'infiny. Quant à moy, qui fuis la foule, & m'efcarte volontiers de la multitude, j'eftimerois bien autant, s'il eftoit queftion d'infifter fur ce poinct, les fentimens du Cynique, quand il fe difoit Cofmopolite ; d'Anaxagoras, quand monftrant le ciel du doigt, il proteftoit d'eftre grand amateur de cette patrie ; de Theodorus, qui trouvoit que fe mettre au danger de mourir pour fon païs, c'étoit, à un homme de bon efprit, hazarder pour des fols fa fageffe fort mal à propos ; & de Crates le Thebain, lequel fe mocqua d'Alexandre, qui luy offroit de rebaftir fa patrie en fa faveur, luy difant ἔχειν πατρίδα ἀδοξίαν καὶ πενίαν, habere fe patriam, contemptum gloriæ & paupertatem. Et croyez qu'à l'examiner de prés, le *mori pro patria* ne peut eftre bien entendu que pour des Republiques imaginaires comme célle de Platon. Mais pour ce que vous n'eftes entré fur ce propos, & ne nous avez reproché cette pretenduë inhumanité, que fur ce que vous avez fuppofé que le mefpris de la Politique eftoit neceffairement fuivi du malheur

Diog. Laert. & Hefy. in eorū vitis.

malheur des peuples, & d'une calamité publique ; je vous veux bien dire qu'encores que d'abord cette consequence semble apparemment fort plausible, si est-ce qu'y faisant les reflexions convenables, & penetrant cette matiere jusques dans ses fondemens, je me trouve en plus grande dissention avec vous qu'auparavant ; n'estimant pas qu'autre chose ait jamais esté si prejudiciable au genre humain que ces belles Polices, qui ont causé les guerres, les tyrannies, les pestes, les famines, & generalement quasi tous les maux que nous souffrons ; quoyque peut-estre elles ayent esté introduittes à une fin toute differente. Une chose ne peut-on pas nier, que ce ne soient elles qui en mille façons ont jetté les fers aux pieds à cette belle liberté naturelle, dont la perte ne peut recevoir de compensation. Que si ainsi est, comme un discours fait exprés le vous pourroit demonstrer, vous n'auriez plus raison de nous accuser de ferocité, & de ce genre de parricide envers le païs de nostre naissance, pour ne nous soucier pas beaucoup de ce que vous nommez science Politique. Or en ce que vous la dites la premiere &

la

la plus noble de toutes les sciences, ayant ses raisons fondamentales, & ses principes certains, je vous advoüeray facilement qu'il n'y en a point une autre qui soit dans la pompe & la parade comme elle, se vantant de donner la loy à toutes les autres. Elle ne parle que par raisons & maximes d'Estat, elle possede toutes les grandes charges, & se fait adorer de tout ce qui lui est inferieur. Mais tout ce faux esclat, & cette fastueuse monstre ne peut tromper qu'un peuple ignorant, & devient ridicule aux yeux de ceux qui considerent les choses jusques dans leur essence. Il me souvient à ce propos de ce qu'a observé Aristote au second de sa Politique, que cet Hippodamus Milesien, qui fut le premier qui la reduisit en art, & en écrivit, estoit un homme d'ailleurs si sottement ambitieux, & si plein de vaines superfluitez, qu'il portoit en Grece des robes superbement fourrées, non seulement pendant ce qu'il peut y avoir là de rigueur d'hyver, mais mesme aux plus beaux jours du solstice d'esté. Et veritablement il y en a peu de cette profession qui desmentent leur premier fondateur en cette parade ex-
tericure,

6. 8.

terieure, laquelle ils sçavent accompagner non seulement d'une gravité sententieuse, quand ils daignent prononcer leurs axiomes Politiques, mais encores d'une mysterieuse taciturnité,

(Rarus sermo illis, & magna libido tacendi)

lorsqu'ils font mine de supprimer par leur silence les fatalitez de l'Estat. Mais puisque je vous puis parler icy non seulement de seul à seul, mais, qui plus est, d'amy à amy, je vous diray librement que m'estant soigneusement approché (& avec un grand respect d'abord) de quelques-uns de ceux que je voyois estre en reputation de plus de suffisance, & d'avoir le plus de connoissance des destinées de l'Europe, après les avoir assez estudiez pour les reconnoistre, je m'apperceus aisément qu'hors je ne sçay quelle routine de cabinets, & je ne sçay quelle chicane d'Estat, ils ne possedoient rien au fonds où une très mediocre capacité ne pût atteindre, & dont un esprit autre que du commun, exempt d'ambition & d'avarice, ne deust faire un fort grand mespris. Sur quoy je vous

vous communiqueray encores un mien proceder, à l'esgard non seulement de ces Messieurs dont nous parlons, mais qui m'est quasi general dans tout ce peu que je participe de la communication civile, & lequel vous trouverez assez esloigné de ce qui se prattique par le reste du monde. C'est que jusques à l'age environ de ma majorité, je faisois passer, comme les autres, les hommes à la monstre, les mesurant de pied en cap à la premiere veuë ; & selon leur belle desmarche, & leur grave maintien, mais sur tout selon la condition de leurs habits, je commençois par prevention à faire estat de leur personne. En quoy je me fondois sur le dire de l'Ecclesiaste, *amictus corporis, & risus dentium, & ingressus hominis, enunciant de illo*, conforme au proverbe ἔματα ἀνήρ, *vestis vir*. Et à la verité c'est merveille de l'advantage que donne la belle couverture, & combien au contraire un vil manteau porte un fascheux prejugé de celuy qui l'a endossé,

C. 19.

Ju. sat.
7.
--- *rara in tenui facundia panno ;*

ce monde, qui est si souvent comparé à une mer orageuse, ayant cela, ce me me semble, de particulier, que pour y nager advantageusement, au lieu de se depoüiller, il faut s'y couvrir des meilleurs habits que l'on peut. Mais m'estant neantmoins apperceu que de cent fois l'une je ne rencontrois pas en ce jugement anticipé, & que la soye, la pourpre, le clinquant, ny le cordon bleu, ne couvroient souvent rien que de fort vil & populaire ; de sorte que ayant bien-tost reconnu, *simias in purpura*, j'estois contraint de tourner en mespris tout ce respect precedent ; je me resolus enfin, puisque l'habit ne faisoit pas le Moine, & qu'il faloit de necessité estre trompé sur les premieres apparences, d'essayer un procedé tout contraire, qui fut, changeant de note, & mettant ces premiers fort bas en mon imagination, de bien & favorablement prejuger de ceux que je voyois non seulement modestement vestus, mais mesme assez mal en point. Et je trouvay icy mon compte beaucoup meilleur, & que j'estois sans comparaison moins sujet à la repentance ;

Sposso sott' habito vile,
S'asconde un cuor gentile.

Si

Si bien que depuis, la premiere pensée qui me vient d'un homme inconnu, lequel est fort sur l'exterieur & la pompe, c'est qu'il ressemble à ces anciens temples d'Egypte, & qu'il n'a rien que de vil au dedans; prenant au rebours les plus mal en ordre pour des Silenes d'Alcibiade, qui cachent mille bonnes drogues au dedans; & cela jusques à ce qu'une plus grande connoissance m'ait asseuré des uns & des autres. Mais pour revenir à nostre premier propos, je veux avec vous que la Politique ait ses axiomes & ses fondemens generaux, si est-ce qu'outre que la diversité des temps, des occurrences, & des affaires, qui ont tousjours quelque chose d'individuel & de singulier, renverse tout l'usage de ces maximes generales, vous pouvez tenir encores pour asseuré, qu'elle n'a aucune de ces raisons d'Estat si certaine, qui n'ait sa contre raison, ny maxime si bien prise & si estenduë, qui n'ait son antimaxime; dont je puis parler d'autant plus hardiment, que j'ay pris plaisir à m'esbatre quelquefois sceptiquement sur ce sujet.

TELAMON. A ce que je puis voir, vous n'avez pas negligé de tout
poinct,

poinct, comme je suppofois, la Politique ; auffi n'appartient-il qu'au vulgaire de mefprifer les chofes qu'il ignore, les hommes d'efprit ne mefeftimant jamais rien, qu'après l'avoir judicieufement examiné. Et puifqu'ainfi eft que vous vous eftes non feulement approché des principaux hommes d'Eftat, mais mefme que vous les avez voulu foigneufement eftudier, ayant de plus pris plaifir de mettre à la balance Sceptique les plus importans articles de cette fcience du gouvernement, je vous fupplie de me faire part de vos meditations fur cela, afin que ce qui vous a efté fimplement de paffetemps, me foit encores d'utilité.

ORONTES. Desja, ce n'eft pas un petit different entre tous ceux qui ont traicté cette matiere, laquelle des trois façons de fouveraineté doit eftre eftimée la meilleure, puis qu'il y a plus de deux mille ans qu'après la mort de l'eforcillé Smerdis, les fept *Herod.* Seigneurs de Perfe furent en contefta- *l. 3.* tion, & delibererent folemnellement fur cela, Otanes tenant le party de la Democratie, Megabyfus celuy de l'Ariftocratie, & Darius, fuivy des quatre autres, l'emportant pour l'heure en en faveur de la Monarchie. Pour ne rien dire de la Theocratie de Moyse, ainsi que l'appelle Josephe, ny de celle des Stoïciens, qui demandoient un meslange & temperament de toutes ces trois manieres, pour en composer leur parfaict gouvernement. La nature semble authoriser l'Estat populaire parmy les fourmis; elle fait vivre les Gruës Aristocratiquement; & nous donne un exemple de la principauté dans la petite souveraineté des abeilles. Ceux qui preferent le commandement populaire, disent, qu'outre que l'affection incomparable des subjects envers les Republiques, a toujours fait voir que la domination en est bien plus estimable, elles ont encore cela d'advantageux, qu'elles sont moins subjectes à s'alterer, toute multitude estant plus propre à se conserver que ce qui est unique, ou en petit nombre, comme une petite quantité d'eau est bien plus aisée à se corrompre, qu'une plus grande. Qu'à la verité la Monarchie semble avoir quelque prerogative dans les conquestes & en temps de guerre, pouvant executer plus secrettement & plus promptement que tout autre Estat, d'où procedoit

Adv. Apion. D. Laert. in Zen. cit.

cedoit le grand advantage du Roy Phylippes sur les Democraties de la Grece, & que les Romains se veirent souvent contraints d'avoir recours au commendement despotique d'un dictateur, mais que d'autre costé les Republiques sçavent tout autrement conserver & maintenir leurs acquisitions, & se prevaloir utilement du temps de paix. Or comme le beaucoup manger ne profite de rien si on ne le digere, aussi est-ce chose vaine, voire prejudiciable & ruineuse, que de conquerir avec grande peine & depense, si on manque à la conservation de la conqueste. Et puisque la fin est beaucoup plus noble & profitable en toutes façons, que les moyens qui lui sont subordonnez; il faudra plus estimer la paix que la guerre, cette derniere ne se faisant que pour obtenir celle là. D'où il s'ensuit que l'Estat populaire, que nous avons dit estre plus accommodé à la paix, sera de tout poinct preferable au Royal, quoyque plus martial, & meilleur conquerant que luy. Aussi le sage Periander, tout Roy qu'il estoit, prononce hautement dans Diogene; Δημοκρατία κρείττων τυραννί- *In ejus* σῖς, *populi administratio regia prestan- vita.* *tior*

tior est. Et Machiavel selon ce sentiment ne s'est point feint d'escrire le chapitre qui porte, que, *la moltitudine è più savia e più costante ch'un Principe*; où pour monstrer que les maladies des Estats Monarchiques sont bien plus grandes & plus perilleuses que les populaires, il en donne cette raison, *ch'a curare la malattia del popolo bastano le parole, & a quella del Principe bisogna il ferro*; & de là tire cette consequence necessaire, *che dove bisogna maggior cura, siano maggiori errori*. Bref, il ont mis à tel point l'isonomie, qu'ils veulent estre propre à ce seul gouvernement, qu'ils n'ont pas pensé pouvoir trouver ailleurs la felicité de cette vie; ἐν γὰρ τῷ πολλῷ ἔνι, τὰ πάντα, *in multitudine enim sola, omnia insunt*, dit Herodote sur ce subject. Ceux qui combattent pour la Royauté se moquent de cette multitude insensée, disant qu'il y a bien de l'aveuglement spirituel à presumer qu'un tout puisse estre de nature differente à ses parties, & que le peuple n'estant qu'une réunion d'hommes écervelez ; c'est chose ridicule d'en attendre un raisonnable gouvernement ; mais que la Monarchie se voyant establie de la propre main

main de Dieu par tout l'univers, qu'il maistrise Royalement, il y a quelque sorte d'impieté à luy contester son excellence. Ce qui me fait souvenir de celuy qui s'efforçoit de bien prouver la principauté spirituelle au Concile de Trente, *con l'essempio delle api, e delle grue*, dit le Pere Paul. Aristote allegue en faveur de la Monarchie, non seulement qu'elle est la plus ancienne de tous les gouvernements, mais encores que puis qu'il n'y a point de corruption pire que celle des choses les plus parfaites, & que la tyrannie est le plus grand de tous les desreglemens d'Estat, il s'ensuit que la royauté doit estre le plus parfaict commandement de tous. Quoy qu'à dire le vray, quand Aristote l'a preferée de cette sorte, il y ait mis des conditions qui la rendent plus hyperphysique, que la Republique de Platon. Car il veut que son Roy ne regarde jamais son interest particulier; qu'il soit vertueux & de tout poinct dans cette pleine suffisance qu'il appelle Autarchie, autrement, dit-il, ce n'est plus un Roy, c'est un tyran parfaict, ὁ γὰρ μὴ βασιλεὺς ὁ μὴ αὐτάρκης, καὶ πᾶσι τοῖς ἀγαθοῖς ὑπερέχων, *& enim rex non est*

1. *Polit.*
c 2. &
4. *Polit.*
c. 2.

cui sua non satis sunt, quique non omnium bonorum copia antecellit. Et en un autre endroit il ne reconnoist de Roy legitime que celuy qui surpasse en toute sorte de merite & de vertu le reste de ses subjects; ce qui est tellement surnaturel, qu'il est contraint de prononcer clairement qu'il n'y a que Dieu & la Loy qui possedent certe eminence, *qui igitur mentem praeesse atque imperare jubet, is Deum & leges imperare videtur, jubere, qui vero hominem, addit & feram.* Par lesquelles paroles, si elles sont suffisamment penetrées, nous remarquerons aisément que sa royauté imaginaire n'a rien de convenable avec nostre humanité, & que cet αὐτάρκης d'Aristote n'est autre chose que le sage des Stoïciens, le καλὸς κ'ἀγαθὸς des Grecs, le *Piromis* des Egyptiens, bref un Rosecroix parfaict, mais invisible. Les Aristocratiques ne veulent, disent-ils, que le seul nom qu'ils portent, pour justifier qu'ils sont les moderateurs de la plus excellente de toutes les puissances. Qu'aussi, là où la Democratie est subjecte à des agitations furieuses & à des convulsions quasi quotidiennes; la Monarchie, à tomber tantost

en

en minorité, tantost en quenoüille, & bien souvent en demance ; la seule Aristocratie se voit observer une mesme & constante teneur de bon gouvernement. De là vient que les loix Monarchiques sont nommées, *Principium placita, atque edicta*, comme fondées sur leur seule volonté & bon plaisir ; les populaires, *plebiscita*, parce qu'elles naissent de cette telle quelle connoissance dont est capable une populace ignorante ; mais les Aristocratiques sont proprement dittes *Senatus consulta*, d'autant qu'elles ne sont jamais veuës qu'après une meure & judicieuse deliberation. Bref, puis qu'il ne semble pas naturellement juste qu'un seul commande à beaucoup, qui l'esgalent au moins, s'il ne le surpassent, ne s'en trouvant point, dit le mesme Aristote avec une liberté Grecque, qui ait assez d'eminence sur tous pour seul les regenter ; ny que la multitude soit maistresse, laquelle on sçait n'estre autre chose qu'une partie de ce nombre de fols infiny ; il s'ensuit que la seule eslite des plus honnestes gens & plus hommes de bien, doit avoir cet empire legitime ; qu'on appelle pour cela Aristocratique. Si est-ce qu'il

5. Polit. c. 10.

qu'il s'en trouve assez de l'humeur de celuy qui dit dans Aristophane avoir tellement à contre-cœur cette domination, laquelle nous fait sentir le joug de plusieurs maistres tout à la fois, qu'il en hait mesme le fils de Scellius, pource seulement qu'il se nommoit Aristocrates.

In Avibus.

Voyons à cette heure quelques axiomes generaux & desquels semblent convenir toutes ces trois formes de gouvernement.

On croit qu'il n'est que d'estendre ses conquestes, & que la grandeur des terres d'un Estat soit encores celle de sa felicité. Nasica en pensoit tout autrement, s'opposant à la destruction de Carthage que vouloit Caton, *ne metu ablato emula urbis, luxuriari felicitas urbis inciperet.* L'Empereur Adrian abandonna volontairement l'Assyrie, la Mesopotamie & l'Armenie, trois provinces que son predecesseur Trajan avoit soubmises à l'Empire Romain, ne voulant pas que ses limites fussent plus esloignées que l'Euphrate. L'Ecriture sainte dit, que *gentes dereliquit Dominus, ut erudiret in eis Israelem & omnes qui non noverant bella Chananæorum & postea discerent*

Flor. l. 2. c. 15.
Extr. hi.
Rom. 8.
in Adr.

Judi. c. 3.

filij eorum certare cum hostibus & habere consuetudinem præliandi. Et Joseph A-costa rapporte du Roy Moteçuma qu'il dit au Marquis *Del Valle*, que nonobstant toutes ses forces victorieuses, des raisons l'avoient empesché de subjuguer la Province de Tlascala, l'une pour y exercer la jeunesse Mexicaine, l'autre pour y trouver des victimes à sacrifier aux Dieux. Aussi qu'un trop grand Estat, de mesme qu'un trop vaste & trop lourd bastiment, est souvent precipité dans sa ruine par son propre poids;

L. 5. c. 20.

> *In se magna ruunt; latis hunc numina rebus,*
> *Crescendi posuere modum.*

Lucanus.

Il semble encores qu'il n'y ait des triomphes que pour les victorieux, ny de disgrace semblable à celle d'estre vaincu; *væ victis*. Si est-ce que la prise de Capoüe fut la perte d'Annibal, *Capoua Annibali Cannæ*; & les conquestes de Lucullus celle de la Republique Romaine, *ita est profectò, magnitudo populi Romani perdidit ritus, vincendo victi sumus, paremus externis,* dit Pline, parlant entr'autres desordres survenus, de celuy des Medecins;

Flor. l. 2. c. 6.
L. 24. c. 1.

comme exaggerant ailleurs l'excellence de la domination Romaine, qui n'avoit pour but que le bonheur de ses peuples conquis, il dit que les Dieux luy submettoient des Provinces qu'ils vouloient gratifier, *adeo Romanos velut alteram lucem dedisse rebus humanis videntur*. C'est pourquoy il nomme malheureux en un autre endroit ces peuples *Chauci*, qui sont peuteftre les Frisons, de ce qu'ils resistoient à cette generale servitude, *ita est profecto, multis fortuna parcit in pœnam*; pource que les peuples ainsi vaincus entroient heureusement soubs cette grande protection, *itaque illud patrocinium orbis terra verius quam imperium poterat nominari*, comme en parle Ciceron au second de ses Offices.

L. 27. c. 1.

L. 16. c. 1.

Nous pensons qu'un Estat ne peut estre trop tenu dans ses advantages, ny trop esloigné de ce qui luy est contraire & le menace de ruine. D'autres observent que comme le corps humain, suivant l'aphorisme d'Hipocrate, doit avoir pour suspecte une trop grande disposition, le Politic aussi doit apprehender le trop d'embonpoint & de fortune; Aristote soustenant au cinquiesme de sa Republique que

c. 8.

que souvent les Empires ont trouvé leur salvation dans la presence du peril, qui a plus fait lors pour eux qu'en d'autres l'esloignement. Voire mesme, comme plusieurs poisons donnent la vie, que chascun en particulier eust fait perdre de mesme plusieurs attaques toutes mortelles en soy, ont souvent donné le salut à un Estat, qui se souftient quelquefois par ses propres secousses, & comme il arrive dans l'architecture, par des inclinations qui semblent le porter à sa destruction, *Societas nostra lapidum fornicationi simillima est, quæ casura nisi invicem obstarent, hoc ipso sustinetur.* Sen. ep. 96.

On tient que la proportion des peines aux crimes, & des recompenses aux services, est le plus puissant appuy de toute sorte de gouvernement. Boccalin observe au contraire, que le Sceptre Ottoman n'est venu à sa grandeur que par ces deux moyens, des peines & des reconnoissances ou bienfaits, tous deux extrêmes & sans aucune mesure. Parn. 106.

Beaucoup soubmettent par respect & conscience en toutes choses l'Estat à la Religion. Les Maccabées sont louëz d'avoir fait combattre les Juifs le jour mesme du Sabbath contre Pompée & Antiochus.

L'egalité Platonique est estimée une chose fantastique, & les loix agraries ont esté descriées comme ne tendant qu'à une entiere subversion de gouvernement; ce qui a fait dire à Ciceron, parlant de cette reduction de biens à l'uniformité, *qua peste qua potest esse major? hanc enim ob causam maxime, ut sua tenerentur, respublicæ civitatesque constitutæ sunt.* Si est-ce que Diodore dit que les Egyptiens s'en trouvoient fort bien. Strabon asseure le mesme des Esclavons, *proprium hoc habent Dalmatæ, quod singulis octenniis agros denuo dividunt.* Et les Juifs avoient leur année Jubilative, en laquelle toutes choses reprenoient leur premiere forme, toute sorte de biens retournans à estre possedez selon leur premiere distribution.

{De offic.}
{7. Geogr.}
{Levi. c. 25.}

La plupart du monde repute à grande felicité d'avoir le commandement en main, *e meglio esser capo di lucertola, che coda di Dracone,* dit l'Italien. Il y en a pourtant qui luy preferent le doux repos de l'obeïssance; & la tranquilité d'une vie particuliere, qui se repose soubs la vigilance d'autruy, suivant le precepte Pythagorique, *a fabis abstineto.* Se seroit quant a moy, si faire se se pouvoit, pour la voye neutre, en laquelle se mit le Persien Otanes, s'exemptant & sa famille de la subjection & de l'Empire esgalement, qui est la condition heureuse, en laquelle se trouvoient ces Philosophes Indiens dont parle Diodore, *ab omni ministerio publico immunes, neque dominant ipsi, neque aliorum dominio subjecti sunt.*

Hero. l. 3.

C'est une maxime des plus communes, qu'il faut prevenir les desordres, qui sont bien plus aisez à surmonter dans leur naissance. D'autres veulent qu'on laisse de plus en plus un peuple s'engager dans la rebellion, afin d'avoir un juste tiltre de dompter tout à fait sa fierté, & le privant tout d'un coup de tous ses privileges, le captiver tout à fait.

Laurent de Medicis se met entre les mains du Roy de Navarre l'un de ses ennemis, & s'en trouve bien, rompant leur ligue par ce moyen, Pierre de Medicis son fils le veut imiter, allant au devant de nostre Roy Charles huictiesme, & il s'en repent. Hugues de Moncado abandonne tout le Royaume de Naples à Monsieur de Lautrec pour mieux garder sa ville capitale, ce qui lui reussit fort heureusement; Ferrand de Gonzague le grand Capitaine fait tout au rebours à Monsieur de Guise, s'opposant à luy par tout, luy divisant ses forces, & les consumant en une infinité de sieges, & cependant il en eut le mesme succez, & nous fusmes esgalement vaincus par deux voyes toutes contraires. Les Histoires fournissent en temps de paix & en temps de guerre de telles antitheses sans nombre.

Nous estimons les villes par leur grandeur, par leurs murailles & fortifications, par le bon air dont elles jouïssent, par la fœcondité de leur terroir, & par l'advantage de quelque beau port de mer. Aristote pourtant, au septiesme de ses Politiques chapitre quatriesme, veut qu'elles ayent, comme les plantes & les animaux, leurs limites & periodes de grandeur, & au neufviesme de ses Ethiques à Nicomachus chapitre dixiesme, il ne souffre pas que le nombre des habitans d'une ville excede celuy de cent mille. Platon determine de mesme la grandeur de la sienne au quatriesme de sa Republique, & au cinquiesme de ses loix, il s'attache tellement à ce nombre certain & mysterieux de cinq mille le & quarante maisons, qu'il ne peut endurer qu'il y en ait ne plus ne moins. De sorte que cette grande ville Taxilla de Philostrate, & Quinsai qui contenoit un million & six cens mille familles, ces Thebes Egyptiennes, cette Ninive, ce Pequin Chinois, & cette Babilone, qu'Aristote aprés Herodote a descritte si grande, qu'estant prise hostilement par un bout, on ne sceut à l'autre sa capture que trois jours après, toutes ces villes, dis-je, sont jugées exorbitantes par ces Philosophes. Quant aux fortifications, le mesme Platon fait sa ville toute ouverte, & sans murailles, à la Spartiate. Pour l'air, il ne se soucie pas de l'avoir tant bon, ayant mesme dressé son Academie au lieu le plus mal sain d'Athenes, n'estimant pas que ce qui estoit advantageux en cela pour le corps, le fust encores pour l'esprit. Il choisit son terrouër aspre & difficile, craignant que sa fœcondité ne luy fust prejudiciable. Et pour ce qui est du commerce, il l'esloigne de quatre vingt stades de la mer, afin qu'estant mediterranée, ses mœurs soient moins exposées à la corruption des estrangers.

N. Polo & B. Odorico.

3. Polit. c. 3. l. 1.

6. de leg.

1. de leg.

L'hospitalité

L'hospitalité est fort recommandée parmy nous, & beaucoup tiennent que la facilité de donner le droict de bourgeoisie soit l'une des pierres fondamentales des grands empires, sur laquelle les Romains bastirent le leur, & qui soustient encores celuy des Turcs aujourd'huy. Les Spartiates, qui meriterent le surnom de ἄξενοι du mauvais traittement qu'ils faisoient aux estrangers, ne l'entendoient pas ainsi; & les Veniciens sont aussi austeres qu'eux à n'admettre point d'autres que leurs Clarissimes au gouvernement de la Seigneurie. Les Espagnols mesmes, pour qui le Soleil ne se couche point, selon le terme de leurs rodomontades ordinaires, observent dans une si grande estenduë d'estats une Politique toute differente, ne faisant compte que de leurs naturels patriotes; si ce n'est quelquefois par necessité dans la conduite de leurs armées, se servans de quelques Generaux estrangers, qu'ils ont tousjours fort mal recompensez quelques services qu'ils en ayent receus.

Je ne vois quasi personne qui ne croye beaucoup faire pour la gloire d'un Estat, & luy donner un grand advantage,

advantage, s'il tire ses fondemens des ruines de Troye, comme si la longue vie, qui est souvent une recompense de pieté aux hommes, estoit encores un tesmoignage de probité & de faveur du Ciel aux corps Politiques ; & comme si Dieu, qui ne souffre pas vivre longuement les locustes, les hannetons, les viperes, & autres tels animaux mal-faisans, ne devoit pas permettre la longue subsistance d'un Empire injuste, & qui luy fust desagreable, cependant, si on veut considerer la chose en soy, & en parler sans flaterie, il se trouvera que plus les Estats se font anciens, plus ils s'esloignent de leurs principes raisonnables, degenerant de plus en plus, & tombant dans ces depravations qu'Aristote nomme φθοράς καὶ παρεκβάσεις, corruptions & transgressions, qui font que la Timocratie se fait Democratie, ou celle-cy Ochlocratie, l'Aristocratie Oligarchie, & la Monarchie Tyrannie, *8. Ethic. Nic. c. 12.*

Nil pudet assuetos sceptris, mitissima Lucanus.
 sors est
Regnorum, sub rege novo.

Que si nostre France fait voir par sa longue

longue durée de douze cens ans, laquelle n'a pas rendu sa domination moins équitable, que cette derniere maxime reçoit ses exceptions; il y a assez d'autres Estats par le monde qui justifient que la premiere est beaucoup moins recevable. Vous advoüant que je me suis ry souvent de ceux que je voyois alleguer l'antiquité de leur couronne pour un tiltre trés glorieux, ne s'appercevans pas qu'ils publioient quant & quant leur turpitude.

Il y en a qui tiennent pour une des plus grandes fautes d'Estat, d'en commettre les forces à un General estranger; *unum de pravis Tarentinorum institutis est, quod peregrinis in bello usi sunt ducibus*, dit Strabon. Les Venitiens pourtant seroient bien faschez d'avoir donné tant d'eminence & d'authorité à pas un des leurs, que de luy avoir confié la Generalité de leurs armées. Pour ce qui est du corps de la milice, on croit que chascun ne se doit fier qu'en son soldat naturel, l'estranger, que vous ne tenez que par sa solde, ne devant estre pris que comme auxiliaire, sur lequel on ne peut pas faire grand fondement. Les Carthageois pourtant, au rapport de Diodore,

6. Geogr.

dore, n'employent en toutes leurs guerres quasi aucuns de leurs hommes & subjets, leurs armées estant composées de soldats ramassés à prix d'argent, & cependant, comme il observe, *opibus è re metallica collectis omnes debellabant*, aussi bien que les Rois de Macedoine dans Tite-Live, avec leur or de Chrysite, aujourd'huy Siderocapsa, & de mesme que les Espagnols avec leur or du Perou, dressent des batailles de toutes sortes de nations, où la leur est la moins considerable en nombre.

Et puisque nous en sommes sur les Espagnols, qui ne les prend aujourd'huy pour les plus grands Statistes, & les plus raffinés Politiques qui vivent? Et cependant, non seulement je soubscris au dire du Boccalin, lequel parlant de la Monarchie Espagnole, remarque, *ch'è accuratissima* Tarag. *nelle faciende picciole, ma nelle grandi* 20. & *niuna altra più facilmente si è lasciata* 21. *ingannare*; mais de plus, suivant mon naturel qui ne s'estrange pas des Paradoxes, je pense pouvoir raisonnablement soustenir, qu'il ne nous paroist nation soubs le Ciel moins née à commander les autres que celle-là, &
qui

qui ne fuſt plus prudemment conduitte dans les grands advantages du temps & de la fortune qu'elle a eu pour arriver à la Monarchie univerſelle. Car ſi on veut conſiderer d'une part combien de grands Eſtats luy ſont venus ſans coup ferir, & ſans y employer autre lance que celle du Dieu des Jardins; combien de notables Provinces, & de Royaumes entiers ſe ſont comme venus jetter entre ſes bras, pour rendre cette maiſon d'Auſtriche, ſuivant l'alluſion, riche du bien d'autruy; comme quoy en meſme temps l'une & l'autre Inde luy ont verſé dans le ſein des threſors & des commoditez innombrables; que de l'or du ſeul nouveau monde elle en pouvoit acquerir tout le vieil; qu'un equipage maritime de dix ſept mille ducats pour l'Amerique luy a valu ſoixante millions d'or; & que depuis cette decouverte juſques à preſent, les regiſtres de Seville font voir plus de ſeize cens millions d'or, dont elle a profité de ce nouveau monde; de quelle ſorte ſa bonne fortune vouloit qu'au meſme temps qu'elle avoit de ſi grands & ineſperez moyens de ſubjuguer toute l'Europe & par elle le reſte du monde,

ceux

ceux qui luy pouvoient donner quelque empechement, se trouvoient dans l'impuissance de s'y opposer que fort foiblement, l'Angleterre dans un schisme de Religion, qui sembloit l'exposer au premier occupant (les Espagnols mesmement y ayant le pied fort avant) nostre France dans des minoritez & des Ligues qui les appelloient de toutes parts, l'Allemagne quasi toute à leur devotion par ceux qui portent mesme nom qu'eux & qui les reconnoissent pour leurs aisnez, l'Italie flechissant le genoüil devant eux, qui la dominoient quasi partout; si on veut, dis-je, faire les reflexions que meritent ces choses, les examinant un peu plus par le menu que nous ne ferons pour le present, il est impossible qu'on ne s'estonne qu'une nation estimée si prudente & si belliqueuse, ne se soit autrement prevaluë de tant de faveurs que le ciel, la terre, les hommes & la fortune luy faisoient en mesme temps. Mais qui regardera encores d'autre costé la mauvaise conduitte, & les fautes irremissibles de son gouvernement ; combien mal à propos elle a prodigué tout cet or du Perou & de Sofala & toutes ces despoüilles pouïlles de l'une & de l'autre Inde, en des guerres mal entreprises contre ses propre subjects; de quelle sorte elle n'a voulu faire aucune distinction de traittement entre ses Mores de Grenade & ses peuples des Païs-Bas, comme quoy elle a voulu tyranniser les corps & les esprits des hommes qu'elle pouvoit commander royalement, si elle eust eu un grain de la moderation Romaine, qui fait dire d'Auguste,

Virg. 4. Georg.
 ---*Victorque volentes,*
 Per populos dat jura, viamque affectat olympo,

en quelle maniere elle s'est attirée la haine de tout le reste du genre humain par une superbe ridicule & insupportable tout ensemble, par une avarice insatiable & par des cruautez du tout inhumaines; combien peu judicieusement elle a sceu se prevaloir de la conjoncture des affaires, de la revolution des temps, & de toutes les occurrences favorables; qu'au mesme temps qu'elle avoit plus de besoin d'hommes qui luy fussent naturels, en tant de guerres & de colonies necessaires, elle a banny, non moins inhumainement que prejudiciablement à son Estat, le quart de son peuple, sous le nom d'une pieuse expulsion de Morisques ; de quelle mauvaise façon elle a tenu ses Rois & ses premiers Vezirs dans l'enclos d'un Palais ou d'un Serrail, lors qu'ils devoient estre à la teste des armées comme des Cesars & des Alexandres, qui n'eurent jamais tant d'advantage qu'eux en leurs conquestes hors leur courage & leur vertu ; bref, qui pesera, exempt de toute prevention d'esprit, la Politique des Espagnols depuis cent ans en çà, dans toutes les circonstances des affaires, il sera contraint d'advoüer qu'en ce peu qui leur a réussi, il y a plus eu de bonne fortune que de bonne conduitte ; quoyque l'heureux succez ait souvent fait interpreter à l'advantage de leur prudence (comme c'est tousjours la coustume) ce qui n'estoit qu'une suitte ordinaire des revolutions des Estats. N'estimant pas, quant à moy, après m'estre entretenu souvent sur ce subject, que toute autre nation que l'Espagnole n'eut aisement mis chez elle, avec ces merveilleux advantages que chascun sçait, le plus grand de tous les Empires dont la memoire soit venuë jusques

ques à nous, faisant des deux mondes une seule Monarchie.

Or ce n'est pas seulement en ce fait des Espagnols, que nous jugeons des actions humaines par anticipation d'esprit, ou foiblement selon nostre capacité & portée ; nous ne faisons gueres de jugement sur chose que ce soit qu'avec cette honteuse depravation. Mais s'il y a lieu où la petitesse de l'esprit de l'homme paroisse, c'est à le bien prendre, en l'estime qu'il fait de tout ce qui regarde les dominations de la terre, de l'esclat & grandeur desquelles il est aisément éblouy, s'imaginant que tous leurs mouvemens se font avec poids & mesure : & que les moindres choses y sont concertées avec une extraordinaire ratiocination. Et cependant il est certain qu'il n'y a rien si foible que les principaux ressorts qui donnent le branfle à ces grandes machines, & rien de si imbecille que les liens qui tiennent les peuples par respect & par ignorance attachez à leurs destinées. *Magne ista, quia parvi sumus, credimus ; multis rebus, non ex natura sua, sed ex humilitate nostra; magnitudo est.* Nous croyons que rien ne se fait en matiere d'Estat, que par des

Sen. præf. ad 3. qu. natur.

des conseils plus aisez à respecter qu'à penetrer, & que toutes choses y sont portées à leurs fins de long-temps preveuës, & quasi infaillibles ; là où vous pouvez tenir pour très seur, que comme le vent d'un chapeau est capable de detourner le plus grand coup de foudre, souvent aussi un respect de nulle consideration, un interest très leger & particulier, un moment nullement premedité, haste ou recule, fait ou défait les plus importantes actions d'un Louvre ; quoyque tousjours pretextées de causes très-relevées, & de motifs très-specieux. Je vous veux expliquer cette pensée par un exemple de l'histoire ancienne, & quelqu'un encores de la nostre ; d'entre un nombre infiny qui se pourroit rapporter, puisque nous parlons dans la confidence & dans la solitude. Qui doute que Xerxes ne prist des subjects très plausibles d'attaquer la Grece, & qu'il ne sortist de la Perse des manifestes très colorez precurseurs de cette grande expedition. Cependant, l'histoire nous a revelé qu'un Medecin Grec, qui avoit gagné la Reine, par le seul desir de revoir son païs fit conclure & executer ce dessein. Le voyage

de

de Bearn en mil six cens vingts, qui a esté suivy des plus notables changemens qui se soient veus en France depuis cinq cens ans, estoit en apparence, & dans l'intention pieuse du Roy, lors très jeune, pour y restablir le culte de la Religion Catholique, & remettre ses Professeurs dans leurs biens Ecclesiastiques; mais dans l'esprit du sieur de Luines, qui estoit lors absolu dans les affaires, & les portoit où il vouloit, c'estoit pour engager Monsieur de la Force à s'opposer aux volontez du Roy en une affaire où il estoit interessé du plus beau bien qu'il eust, & par là le rendant criminel, esloigner de la Cour Montpoüillant son fils, qu'il jugeoit le plus capable lors de conduire un dessein prejudiciable à sa faveur. L'Ambassade de Monsieur d'Angoulesme en Allemagne, qui fut en ce mesme temps de plus de consequence qu'on ne pensoit, estoit dans l'extérieur pour favoriser le party des Catholiques, qui estoit celuy de l'Empereur, contre les Princes Protestans, qu'on tenoit lors, quoyque peut-estre faulsement, les plus forts; mais en effet nous donnons cette negotiation d'une main à la maison

son d'Austriche, pour recevoir de l'autre l'heritiere de Pequiny, l'une pour lors des Dames du Palais de Bruxelles, qu'on feit espouser au sieur de Cadenet. La descente des Anglois en l'Isle de Ré se coloroit par eux de l'interest d'Estat, & du zele de religion tout ensemble, mais dans le secret des cabinets, on n'ignoroit pas que les seules passions de Bouquingham ne fussent les vents qui poussoient contre nous cette armée navale. Que si, Telamon, vous aviez penetré jusques dans l'interieur du Cabinet des plus grands Princes, comme jusqu'aux sources de ces grands fleuves dont nous nous contentons d'admirer le cours, vous y verriez toutes ces hautes & importantes actions, qui envelopent dans leurs succez la vie & les biens de tant de peuples, avoir des principes de moindre importance, & des mouvemens de plus basse consideration encores que ceux que je vous ay representez; n'y ayant peut-estre aucun de nous, qui dans la conduitte de sa petite famille vouluſt avoir tant donné à ses passions, ny à la fortune, comme font tous les jours ces grands ru-

Tome II.   N   teurs

teurs des Estats dans le gouvernement des Seigneuries.

Nous croyons que tous ces Messieurs là possedent les plus beaux esprits de leur siecle, ou pour le moins que ceux qui sont les premiers entr'eux ayent la ratiocination tout autrement excellente que le commun des autres hommes. Il se voit souvent au rebours, que ceux à qui il reussit le mieux dans cette sorte d'affaires, sont les personnes qui raisonnent le moins hautement dans le reste de la conduite de leur vie ; soit que selon le dire d'Aristote, *ubi mens plurima ac ratio, ibi fortuna minimum sit, & e converso*; soit que des naturels fort grossiers & vicieux, rencontrent mieux dans les intrigues d'Estat, & que de ce bois imparfait se facent les Mercures Politiques, & les plus grands hommes d'affaires ; comme on dit que les meilleurs navires, & qui resistent le mieux aux tourmentes, se composent des arbres les plus tortus & noüeux. Car il arrive tous les jours que des hommes negotieront excellemment parmy les confusions d'une Seigneurie, lesquels hors de certaines intelligences

2. magno mor. c. 8.

ces qu'ils ont des personnes, & de quelque routine de negotiations qu'ils ont acquise par le temps, ne peuvent passer que pour personnes de très mediocre talent, & de petite ou nulle consideration. De mesme qu'au jeu des cartes, il y en a qui y sçavent des piperies, & des façons de les brouiller trompeusement, bien qu'ils n'entendent gueres bien les jeux, & qu'ils y soient manifestement impertinents. J'en ay veu d'adroits à tocquer une carte, & donner le boucon à Premiere, qui ignoroient comme il faloit passer à propos, & mesnager judicieusement le reste.

Il n'y a point eu de Legislateur qui n'ait creu avoir trouvé le plus fin de la Politique, quoyque chascun ait ses loix particulieres, & que l'un permette souvent ce qui est très estroitement deffendu par l'autre. Voire mesme Xenophon a fait un traité exprès de la Republique Lacedemonienne, où il fait voir que Lycurgue (qu'il ne peut assez admirer pour cela) donna des loix à Sparte toutes differentes de celles des autres Estats de la Grece, bien qu'il n'y en ait point eu de plus puissant ny de plus glorieux que le sien,

sien, & que les derniers des Lacedemoniens fussent vulgairement appellez les premiers des autres hommes. L'institution des enfans, les constitutions militaires, les sumptuaires, celles du mariage, y estoient toutes contraires à celles d'Athenes, & des autres villes de la Grece, qui admiroient (dit-il) ces belles loix, quoyque chascun s'arrestat aux siennes particulieres, & subsistast par leur moyen. Ce qui fait bien voir qu'icy aussi bien comme ailleurs, selon le dire de tantost, on arrive souvent par de differentes voyes à un mesme but, & que les causes qui semblent contraires y peuvent produire un mesme effet.

Mais puisque nous sommes en un Estat Monarchique, & que nostre bonheur veut que nous y vivions soubs le plus grand Roy qui ait jamais manié le Sceptre François, de la seule jeunesse duquel on peut desja tirer assez de traits heroïques pour en donner à la posterité la figure d'un des plus grands Monarques du monde, je veux bien à cette heure m'attacher particulierement à la Royauté, pour en examiner les maximes à ma mode. Ce que je feray d'autant plus volontiers,

qu'ayans

qu'ayans un si bon & si juste Prince, on peut parler librement sur ce subject, & sans crainte d'aucune sinistre interpretation; *rara temporum felicitas, ubi sentire quæ velis, & quæ sentias dicere liceat.* Tacitus 1. hist.

Les Rois n'entendent gueres d'autre leçon, que celle qui leur apprend leur toute puissance. On leur chante dés le berceau qu'ils ne relevent que de Dieu & de l'espée, *tibi soli peccavi*, qu'estans maistres de la vie & des biens de leurs subjects (*Domini est terra & plenitudo ejus*) ils ne sont quant à eux redevables que de leurs bonnes graces envers ceux qui s'en rendent dignes, bref, qu'estans au dessus des loix, tout leur est par consequent permis, & peuvent, suivant le proverbe ancien, *civitates ludere*, & faire de leur Estat, & de tout ce qu'il comprend comme bon leur semble ; s'estimant obligez seulement par l'interest de la Royauté à se rendre les plus absolus qu'ils peuvent, & à s'establir dans cette independante πολυκοιρανεία des Grecs. C'est ce qui fit dire à cette effrontée Julia belle mere de l'Empereur Caracalla, *si libet, licet, an nescis te imperatorem esse, & leges dare, non accipere?* En ce Arist. 3. polit. c. 15. Spartianus.

sens les Magistrats de Perse con-
sultez par Cambises sur le mariage
qu'il desiroit contracter avec sa sœur,
lui firent reponse, que veritablement
ils ne trouvoient point de loy qui per-
mist au frere d'epouser sa sœur, mais
qu'il y en avoit bien une qui donnoit
licence au Roy de faire tout ce que
bon lui sembloit. Et Xerxes depuis,
en une tempeste, où le patron du vaisseau luy dit qu'il n'y avoit esperance
de salut que par la descharge du vaisseau qui portoit trop de Persiens avec
luy, l'historien recite que ce Roy ne
l'eut pas plutost fait entendre à toute
cette noblesse qu'il avoit autour de
luy, que l'oyans tous adoré ils se pre-
cipiterent dans la mer, à une mort
estimée la plus miserable de toutes par
les anciens. Ce qui me fait souvenir
de ce qu'escrit Busbec des Persiens
d'aujourd'huy, qu'ils ont une telle
opinion de divinité en leur Roy, *ut
beatos credant, qui regiæ ejus postes os-
culo contigerint, & aqua quæ manus
ejus abluerit, ad varia morborum genera
abutantur.* On conte qu'en nos jours
un grand Duc de Moscovie disant au
premier rencontre de ses subjets, en
presence d'un Ambassadeur Anglois,

Herod. l. 3.

Idem. l. 8.

Legat. Turc. c. 3.

monstre à cet étranger ce que tu voudrois faire pour moy, ce pauvre homme se poignarda à l'instant. Ayton Armenien rapporte, que Cangis premier Cam ou Empereur des Tartares, pour esprouver la fidelité de ses peuples, commanda à sept des principaux de couper chascun la teste à l'aisné de ses enfans; ce qu'ils executerent sur le champ. Sur ces fondemens, les Empereurs Turcs, de Maroc, de Congo, les grands Ingas de Cusco, & plusieurs autres se sont dits seuls proprietaires de toutes les terres de leur domination. Les Rois de Perse mettoient encores l'element de l'eau dans leur fief, se faisans presenter tous les ans en reconnoissance de subjection de la terre & de l'eau par leurs peuples. Et ceux de Benamataxa se sont mesme attribué celuy du feu, leurs subjets leur venant demander tous les ans le feu nouveau, dont ils n'oseroient autrement se prevaloir sans crime de rebellion. De là vient qu'on nomme les Rois l'ombre & l'image du Tout-puissant, & Homere les nourriçons de Jupiter. Les Tartares les appellent fils, ame, & force de Dieu; les Chinois ont donné le surnom au leur

Acosta.
l.6.c.15.

Herod.
l.4.6.&
passim.

Odoard.
do Bar-
bosa.

Trigault &

leur de Theincu, c'est-à-dire, fils du ciel ou du Soleil; ceux de Calicut de Samorin, qui signifie Dieu en terre; les Mexiquois parloient du leur avec mesme veneration, selon l'histoire de Acosta; lequel nous fait voir encores ces grands Potentats du Perou, qui ne rendoient compte de leurs actions qu'au Soleil. Je vous laisse à penser ce qui peut rester de bon sens après une telle education, & parmy ces infames idolatries, où le dernier Roy vivant est tousjours d'abondant ce qu'estoit le dernier mort aux Spartiates, qui le proclamoient en ses funerailles le meilleur de tous ses devanciers. *Profecto qui inter hæc nutriuntur, non magis sapere possunt, quam bene olere qui in culinâ habitant.* Et on peut bien dire d'une principauté fondée sur de tels principes, ce que feit autrefois Socrate en cette allusion, τὴν ἀρχὴν τῇ πόλει ἀρχὴν εἶναι τῶν κακῶν, *principatum, civitati principium esse malorum.* Aussi y a-t-'il des maximes pour la Royauté bien differentes de celles là. Si les Rois sont au dessus des constitutions de Tribonien, ils ne laissent pas d'avoir celles de la raison encores au-dessus d'eux. Si leurs subjets leur doivent

Herrera L. Eor- thems. l. 3.

L. 7. c. 10.

Herod. l. 6.

Petron. Satyr.

Arist. 3. Rhet. c. 11.

doivent l'obeiſſance, ils leur ſont redevables de la protection, & à le bien prendre, dit Seneque, les Ceſars appartiennent à la Republique & non pas la Republique aux Ceſars. Et pourquoy n'y auroit-il pas cette obligation reciproque ? puiſque Dieu meſme a bien voulu entrer en compromis avec ſon peuple, *ponam que fœdus meum tecum*, & qu'ailleurs il luy veut rendre compte, & ſe juſtifier, *popule meus quid feci tibi, aut quid moleſtus fui tibi ?* Voyons ce qu'en ont penſé & prattiqué la pluſpart des peuples de la terre. Si le Roy de la Chine, dit Herrera, ſe rend tel que ſes ſubjets puiſſent produire des plaintes contre luy, il eſt jugé par le grand *Colao* ou Chancelier du païs, aſſiſté de ſon Senat. Les Rois d'Ormus, au rapport d'Odoardo Barboſa, n'oſeroient avoir entrepris contre l'ancien gouvernement, que ceux du Conſeil d'eſtat ne luy feiſſent ſoudain crever les yeux ; en mettant un autre en ſa place. Agatharchides eſcrit dans Photius, & Diodore de meſme, que celuy des Arabes n'euſt oſé ſortir de ſon Palais, où il devoit rendre juſtice à ceux qui l'en rechercheroient, ſans courir fortune d'eſtre lapidé;

Gen. c. 6.

L. 3.

lapidé ; & Strabon rapporte de mesme que ce Roy respond devant son peuple de ses actions ; & que souvent on luy fait son procez. Si quelque femme, dit le mesme Strabon ailleurs, peut tuer un Roy Indien estant yvre, elle devient, pour recompense de cette action, femme de celuy qui luy succede. Les Insulaires de Taprobane dans Pline, font mourir leur Roy, s'il se rend coulpable, en luy desniant toutes les choses necessaires à la vie, jusques à la communication du parler. Nous voyons dans Heliodore, que les Gymnosophistes estoient juges entre les Rois d'Ethiopie & leurs subjects, lorsqu'ils tomboient en quelque different ; & si on en croit Diodore, ils estoient souvent commandez par les Pontifes de se faire mourir, ce qu'ils executerent tous jusques à cet Ergamenes, qui feit si bien tourner le dé. Le mesme Diodore nous fait voir ceux d'Egypte, qui n'eussent osé se promener, se laver, se coucher avec leurs femmes, boire ny manger qu'aux heures ordonnées, & au temps qui leur estoit prescrit. La Ceremonie du couronnement des Empereurs de Tartarie porte, qu'ils sont mis sur une couverture

verture contre terre, où ces paroles
leurs sont prononcées. Que s'ils ne *Ram. 1.*
regnent avec toute justice, on les ren- *2.*
dra si pauvres & si miserables, que
cette mante sur laquelle ils sont assis
ne leur restera pas pour les couvrir.
Les Scythes se trouvans trop rudement *Herod.*
traitez par Ciaxares Roy des Medes, *l. 1.*
luy firent manger la chair d'un de ses
enfans. Les Spartiates livrerent leur *Idem. l.*
Roy Leutychides aux Eginetes, sur *6.*
les plaintes qu'ils faisoient de luy. Les
Romains, & assez d'autres peuples se
sont deffaits de leurs Rois, quand ils
les ont trouvez insupportables. Et le
dixiesme chapitre du cinquiesme livre
des Politiques d'Aristote est remply
d'exemples de Monarques, qui ont
esté opprimez pour leurs vices; à quoy
se rapportent les histoires de toutes
les nations. C'est ce qui a fait dire à
beaucoup, que les Rois bien sensez
ne se doivent non plus dispenser des
loix de leur Estat, que Jupiter fait de
celles de la Nature, ny user des prerogatives de leur toute puissance autrement que Dieu fait des miracles,
c'est-à-dire, très-rarement. La grandeur des Rois n'est pas en une licence
effrenée, mais en leur justice dis-
tributive

tributive des peines & des recompenses. Quelque puissance qu'on leur attribuë, le moindre pion est capable de mater le plus grand Monarque de la terre. Pourquoy, disoit ce Roy Grec, celuy de Perse seroit-il plus grand que moy, si ce n'est qu'il soit meilleur, & plus juste. Et certainement c'est en la Royauté plus qu'en toute autre chose, qu'on peut dire estre veritable le mot de Zenon, ἐν τῷ σῦ τὸ μεγα; sur lequel estoit fondée la repartie dont usa ce Theopompus Roy de Sparte envers sa femme qui blasmoit sa moderation, quand il luy dit, que laissant la Royauté moins absoluë à ceux qui luy succederoient, il la leur remettoit aussi de plus de durée. Voilà des maximes bien differentes des premieres, & que je ne vous ay rapportées (reconnoissant assez l'extravagance de la pluspart) que pour servir d'antitheses aux autres.

D. Laert. in Zen. cit.

Arist. 5. Polit. c. 11.

Comme le Soleil semble agir plus noblement sur certains subjets que sur d'autres, tesmoins ses effets si differents, il semble aussi que Dieu opere bien plus specialement sur le cœur des Rois (*cor regis in manu Domini*) que sur celuy du reste des hommes. De là vient

vient que plusieurs les ont considerez comme beaucoup plus obligez à une exacte Morale & à estre plus conscientieux que tous autres. Aussi que leur vie est l'exemple & quasi la regle de celle de leurs peuples, *vita principis censura est, eaque perpetua, ad hanc dirigimur, ad hanc convertimur, nec tam imperio nobis opus est, quam exempla.* Ce qui est fondé sur l'axiome philosophique, *primum in unoquoque genere cæterorum est mensura.* Ainsi on remarque une infinité de Princes, que les vices & desreglemens ont fait miserablement perir. Et Seneque dit un beau mot sur l'impieté de Caligula, qui attira sur luy ses conjurateurs. *Ultimum enim patientia visum est, eum ferre, qui Jovem non ferret.* Si est-ce que beaucoup ont voulu accorder la conscience des Souverains avec les interests de leur Estat, de sorte que tout ce qui seroit le plus utile à leur grandeur, leur fust encores le plus juste; *id in summa fortuna æquius, quod validius,* dit Tacite, *& sua retinere, privatæ domus, de alienis certare, regia laus est.* Anthoine de Leva le trencha court à l'Empereur Charlequint, *Vestra Maesta tiene animo? rinuntii dunque l'Imperio,*

Plin. in Paneg.

1. de ira c. ult.

15. Ann.

ria. Et Monsieur de la Nouë parla de mesme à son Roy, lequel luy reprochoit qu'il n'eust pas voulu faire ce qu'il luy conseilloit; je crois bien, Sire, repartit-il, car quant à moy j'ay une ame à sauver.

Pour la dissimulation, on l'a estimée une partie si essentielle pour bien regner, que nostre Loüis onziesme, qui mit nos Rois hors de page, avoit tousjours ce quolibet en bouche, *qui nescit dissimulare, nescit regnare.* Aussi la premiere chose que remarque l'Escriture de Saül depuis qu'il fut Roy, c'est qu'il dissimula, *ille vero dissimulabat se audire.* Et ceux qui ont voulu mythologiser sur les fantaisies des Poëtes, ont dit que les Rois aussi bien que les Dieux, dont ils font icy bas les fonctions, n'observent de paroles ny de sermens, que ceux qu'ils font par le fleuve Stix, c'est-à-dire, où ils sont contraints par la necessité de leurs affaires. Platon dit, qu'il est du bien des subjects que les Princes mentent & leur imposent souvent. Et un Pape recommandoit au Cardinal d'Ossat le dire de François Marie Duc d'Urbin, qu'il estoit honteux de mentir à un simple gentil-homme, mais que

1. Reg.
10.

5. de Rep.

Lett.
87.

que c'estoit chose glorieuse à un Prince souverain. Mamertinus loüe au contraire son Empereur Julien, de ce qu'il estoit homme rond, sans dissimulation, & grand observateur de sa parole, *non modo humilis & parvi animi, sed servile vitium mendacium ; & vere cum mendaces homines aut inopia, aut timor faciat, magnitudinem fortunæ suæ Imperator, qui mentitur, ignorat.* Et Camille Porteo remarque en son histoire de Naples, que rien ne ruina tant les interests de Ferdinand premier, que la grande dissimulation dont il se servoit, laquelle le faisant passer pour un vray Halopante, l'avoit rendu suspect & ses principaux ministres à tout le reste des hommes.

Beaucoup ont souhaitté le commandement des Rois Philosophes à la Platonique, comme nous avons dit, & il y en a eu aussi d'entre ceux de cette profession qui n'ont pas fait difficulté de prendre le gouvernail de l'Estat en main, jusques là que Pythagoras & Philolaus furent soupçonnez par les Crotoniates d'avoir affecté la tyrannie de leur païs. Themistius exhortoit l'Empereur Julien à prendre Hercule & Bacchus pour patrons de *Diog. Laert. Julia. ep. ad Them.*

sa vie, qu'il disoit n'avoir estendu leur reputation avec leurs conquestes par toute la terre que pour avoir regné & philosophé en mesme temps. Et veritablement le mesme Julien, Septimus Severus, Marc Antonin, & quelques autres, semblent avoir monstré que la Philosophie & l'Empire ne font pas une mauvaise consonance, & que les Dieux eurent raison de preferer cet Antonin Philosophe aux Cesars, aux Alexandres, & à tous les Empereurs Grecs & Latins qui lui disputoient la prééminence (bien qu'Alexandre eust esté admiré par l'Indien Mindanis, qui disoit l'avoir veu seul philosophant sous la cuirasse, *se solum Alexandrum in armis philosophantem vidisse.*) Et neantmoins il y en a qui ont remarqué, qu'il n'y a point eu de plus injustes tyrans que ceux d'entre les sept sages de Grece qui ont commandé. Les Pythagoriens ont reussi les mesmes aux lieux où ils ont eu pareille authorité. Et les Sçavantes Athenes n'ont point esté plus rudement tyrannisées que par les Philosophes. Par où il sembleroit que la mere de Neron auroit esté fondée en raison, de le detourner de la Philosophie, comme de chose

Julien in Cæs.

Strabo 15. Geogr.

Appian. in Mithr.

chose contraire à l'Empire, *à philoso-* In Ner. *phia cum mater avertit, monens impera-* art. 52. *turo contrariam esse*, dit Suetone; & que ce n'auroit pas esté vainement que Seneque fut taxé avec sa Philosophie, *non tam erudiisse indolem Neronis, quam armasse sævitiam*; aussi bien que Platon d'avoir ruiné le jeune Dionisius, & reduit au mestier de maistre d'escole, ayant esté autant inconsiderément rappelé par luy, que le pere l'avoit prudemment banny de son Estat. Peutestre estoit-ce sur ces mesmes considerations que nostre Roy Loüis onziéme ne voulut jamais qu'on parlast d'etude à son fils Charles huictiesme. Aussi assez de Philosophes, comme Heraclite & Empedocle, ont renoncé à la Souveraineté, n'y trouvant pas bien leurs mesures. Et Platon mesme au premier livre de sa Republique fait que ses sages contestent pour ne pas regner, autant & plus que les fols pour y parvenir.

Xenophon s'est pleu à former son Cyrus pour servir de moule à un Prince parfait, & infinis Autheurs ont escrit des preceptes pour bien commander. Si est-ce que le grand Apollonius asseure Vespasien dans Philostrate, que le mestier

meſtier de bien regner ne ſe peut monſtrer, ny eſtre apris par le ſeul diſcours, βασιλεία γὰρ μέγιστον μὲν τοῖς καὶ ἀντρώποις, ἀδίδακτον δέ. *Regnum enim maxima res eſt omnium quæ apud homines ſunt, & quæ nullo pacto doceri poteſt.*

Nous preferons avec grande raiſon la ſucceſſion legitime de nos Rois aux elections qui ſe pratiquent ailleurs, tant à cauſe de l'excellence du ſang Royal, que pour ne tomber aux confuſions des interregnes, & aux furieuſes partialitez qui ſont quaſi inevitables dans ces vacances periodiques du commandement Souverain;

Juv.   *Summus nempe locus nulla non arte*
ſat. 10.   *petitus.*

Ariſtote pourtant trouve que ceux de Carthage eſtoient plus adviſez que les Spartiates, de s'eſtre donné des Rois par election, au lieu de les recevoir par leur naiſſance, qu'il improuve en aſſez de lieux, comme quand il obſerve que tous les Rois des Scythes n'eſtoient que des effeminez. Διὰ τὸ γένος, par un vice attaché à leur race. Pline nous fait voir les Inſulaires de Taprobane, qui depoſoient leur Roy electif

2. Polit.
c. 11. &
alibi.

l. 6. cap.
hiſt. c.
22.

tif sitost qu'il avoit lignée, de peur qu'il songeast à rendre sa Couronne hereditaire, qui est une pensée si naturelle, qu'Aristote asseure qu'à moins d'une vertu heroïque l'esprit humain ne la peut pas congedier. Machiavel observe là dessus, *che tutti gli Imperadori che succederono al l'imperio per hereditá, eccetto Tito, furono cattivi, quelli che per adoptione, furono tutti buoni, come furono quei cinque da Nerva a Marco. E come l'Imperio caddé nelli heredi, ei ritorrò nella sua rovina.* Sur quoy Pline le jeune ne fit pas difficulté, en consequence de semblables maximes, de prononcer devant Trajan cette hardie sentence, *Imperaturus omnibus, elegi debet ex omnibus.*

3. *Polit. c. 15.*

Discors. l. 1. c. 10.

In Paneg.

La finesse de Darius, ou pour le moins de son palefrenier Oebares, à faire hennir son cheval le premier de tous, luy donna le Sceptre de Perse. Celle que voulut prattiquer un Seigneur Polonois en cas semblable, ayant fiché clandestinement des clous dans la course des chevaux, ne le priva pas seulement de la Royauté, à laquelle il aspiroit, mais le fit mesme tirer à quatre chevaux ;

Herod. l. 3.

Guaguin in Sarm.

Ille

Juven.   *Ille crucem sceleris pretium tulit, hic diadema.*

Infinies nations se sont laissées commander indifferemment par les femmes comme par ceux de nostre sexe.
L.6.c.7. Pline nomme les Pandes Indiens, & & 10. les Sauromates Gynaicocratoumenes qui se plaisoient à ce commandement
Judic. feminin. *Debora Prophetis uxor Lapi-*
4. *doth judicat populum, ascendebantque ad eam filii Israel ad omne judicium.* Nostre loy Salique s'y oppose formellement, & beaucoup ont creu que c'estoit faire contre nature, où on ne voit jamais, *maxima minimis subordinata*. Les Chinois estant si ennemis de cette souveraineté honteuse, que comme remarque le P. Trigault, ils n'ont pas seulement admis de Reine en leurs jeux d'Eschécs.

La Couronne est en la pluspart des lieux un droit d'ainesse. En Ethiopie, dit François Alvares, c'est le puisné qui herite du Sceptre, contre le privilege de la primogeniture.

Parmy nous il n'y a que les enfans legitimes qui y peuvent pretendre. Ailleurs, comme en Portugal, les naturels mesmes y sont admis.

POLITIQUE. 309

Nous croyons, avec grande raison, ne pouvoir trop avoir de Princes du Sang, qui jouïssent icy des respects & des advantages qui leur sont deubs. La pragmatique des Turcs & des Perses est toute differente, suivis en cela de tous les Musulmans. Chez les Chinois ceux du sang Royal, qui arrivent bien au nombre de soixante mille, ne peuvent exercer aucune charge publique, soit civile, soit militaire. Les Abissins les gardent tous sur la Montagne de Queren en la Province d'Amara dans la plus grande & plus belle prison (s'il y en peut avoir) qui soit au monde. Et il y en a qui veulent à ce propos, que Saturne ne mangeast ses fils que par maxime d'Estat.

P. Trigault.

Nous estimons les Rois par l'illustre splendeur de leur extraction. L'Empire des Mammelucs, lequel fondé par un esclave de Sumanie a bien duré trois cens ans, avoit cette loy fondamentale, qu'aucun qui n'eut esté esclave n'y pouvoit estre soldan. Aussi leur nom de Mammelucs ne signifie t'il qu'esclavage.

Les François veulent un Roy accessible, & qui entre en quelque privauté avec eux. Massimilien Transilvain,

vain, & Pigafetta tesmoignent, qu'il n'y a que des femmes & quelques jeunes enfans ausquels il soit permis de parler au Roy de Borneo, encores est-ce avec une Sarbatane. Pour ne rien dire de tant d'autres, qui ne croyent pas pouvoir conserver leur respect, que par la rareté de leur presence, & la difficulté de les aborder.

Les Gardes, les Archers, & les Janissaires sont reputez necessaires auprès de la personne des Princes pour la tenir en seureté, jusques là que le Roy de Monomotapa a deux cens chiens pour sa garde ordinaire. Un autre observe qu'il y a plus eu d'Empereurs Romains tuez par leurs gardes, qu'il n'y en a eu de sauvez, & que la vraye protection des Rois se doit chercher par eux dans l'affection de leurs peuples.

Les uns veulent prouver par l'exemple d'Adraste, que les Rois ne doivent jamais hazarder leurs personnes dans les combats. Les autres citent l'Agamemnon d'Homere, qui est tousjours des premiers dans la meslée.

Les uns attachent un Roy dans son cabinet, comme le cœur dans le centre

tre de l'animal, d'où il doit donner le mouvement à tout; & le circumscrivent en un lieu certain & arresté, comme Aristote son premier moteur. Les autres soustiennent, que qui n'est Prince que dans le cabinet, court grande fortune de trouver un compagnon dans la campagne. Et que si le Soleil ne bougeoit de l'une de ses douze maisons, tout iroit bien mal au reste du monde, dont il est le visible Monarque.

Nos Rois prennent par grandeur leurs repas en commun. Ceux de Guinée recherchent de leurs peuples la reputation d'estre divins, ne se laissant pour cet effet jamais voir boire ny manger.

Il semble qu'un Prince ne puisse mieux faire que de se rendre le plus qu'il peut agreable à ses sujets. Caligula l'entendoit autrement, lorsque *vultum natura horridum, ac tetrum, etiam ex industria, efferebat, componens ad speculum in omnem terrorem ac formidinem.* Et beaucoup n'ont point trouvé de plus belle devise que la sienne, ou celle de Tibere, *oderint, dum metuant, dum probent.*

On tient qu'il n'y en a point qui sçachent

Sue. in Calig. c. 50.

Ib. c. 30. & in Tib. c. 59.

sçachent mieux commander, que ceux qui ont quelque fois obey. Il fut dit au contraire de ce Caligula, *nec servum meliorem ullum, nec deteriorem Dominum fuisse.*

Id. in Calig. c. 10.

La plupart fait un grand secret d'Estat de rendre la Majesté du Prince la plus inviolable qu'il est possible, & pour cet effet de punir rigoureusement ceux qui sont si impudens que d'escrire contre des personnes qui les peuvent proscrire, *atque in eos dicere, qui possunt edicere.* Ainsi nous lisons dans Strabon que les Rois de Pergame firent crucifier le pauvre Daphitas Grammairien sur le mont Thorax, pour avoir composé des vers satyriques contr'eux ; ce qui donna lieu au proverbe, *cave Thoracem.* Et il y en a eu une infinité d'autres qui ont puny avec toute severité les filles, les vers anapestiques ou Lycambiques, les Philippiques, & semblables libelles, quand ils en ont peu reconnoistre les auteurs. Car ce n'est pas sans subjet qu'Hesiode en sa Theogonie a fait le satyrique Momus enfant de la nuit, & sans pere, puisque les autheurs des satyres sont volontiers gens inconnus, & leurs livrets desadvoués. Or bien que cette excessive

L. 4. Geog.

excessive liberté de parler irreveremment de ceux qui demandent toutes sortes de respects, procede volontiers d'une ame serve de ses passions, & qui merite qu'on reprime son impuissance, si est-ce qu'Agamemnon dans Homere, & beaucoup de grands Princes, comme Vespasien, Titus, & autres de cette trempe, ont fait gloire de mepriser ces insolences, lesquelles dedaignées s'evanouissent aisément, là où au contraire, comme parle Tacite, *paucis ingeniis glisit authoritas.* Ce qui fait dire de bonne grace à Seneque, *nihil esse gloriosius principe impune laeso.* Et à Antisthenes de mesme dans Diogene Laertius, βασιλικὸν καλῶς ποιεῖτα κακῶς ἀκούειν, *regium est male audire cum bene feceris.*

L. 1. de clem. c. 20.

D. Laert.

L'opinion de Xenophanes est fort approuvée, qui vouloit qu'on ne s'approchast jamais des puissances souveraines qu'avec toute complaisance & flaterie, ὡς ἥδιστα, ἃ ἐνιδότα, ὅτι μάλιστα, *ut suavissime.* Et veritablement on peut voir par toutes les Cours que les Plaisancins y ont un grand advantage sur les Veronois, la flaterie estant une glu, à laquelle il y a fort peu de

Princes qui ne laissent facilement de leurs plumes;

Juven. satyr. 4.
>---*nihil est quod credere de se, Non possit, cum laudatur Diis æqua potestas.*

Les Palais des grands sont des temples, où ceux qui sçavent de bonne grace donner de l'encens aux idoles, y ont un tout autre credit que le commun. Neantmoins il se trouvera assez d'exemples de ceux à qui cette mesme flatterie a esté du tout ruineuse. Alexandre ne pût supporter celle de cet *Lucia-* Architecte qui vouloit faire du mont *nus quo-* Athos sa figure. Et navigeant sur le *modo* fleuve Hydaspes, il y jetta tout en co- *scrib. sit* lere le livre d'Aristobulus, contenant *hist.* son duel avec le Roy Porus, avec menaces que l'autheur meritoit qu'on en fit autant de sa personne, pour avoir eu l'effronterie de luy faire tuer des Elephans d'un seul coup de fleche.

Les Espagnols pretendent qu'on doit mesurer la grandeur des Rois par l'estenduë de leur Monarchie. Les François cherchent leur advantage dans la noblesse & prerogative de leur Couronne, reconnuë de toute ancienneté.

neté. Il y en a qui veulent que de Roy à Roy il n'y ait que la main, & que comme un petit cercle n'est pas moins cercle qu'un plus grand, ny un petit homme de mesme, les Rois aussi soient tous égaux entr'eux, comme convenans en une mesme essence de Souveraineté. C'est ce qui faisoit dire à ce petit Souverain de la Province des Hurons qu'il estoit frere de nostre Roy, monstrant aux François l'egalité des deux doigts indices de ses mains, pour leur designer cette pretenduë ressemblance. De sorte que ce Roy de Macedoine, qui n'avoit point d'autre cuisinier que sa femme, qui luy apprestoit avec toute frugalité & lesine ses repas, ainsi que nous le represente Herodote, & ce plaisant Roy pescheur de Pulo-Hinhor aux Indes orientales, duquel la ville saccagée ne donna pas pour cinq ducats de butin, ainsi que le conte Mendes Pinto, ne participeroient pas moins de la dignité Royale, que tous ces grands Rois de Perse, qui n'eussent pas voulu boire, en quelque lieu qu'ils se trouvassent, d'autre eau que de celle du fleuve Eulaeus, d'autre vin que d'un plan particulier de Syrie ; ny manger de

C. 5.

C. 146.

Strabo 15. Geogr.

pain

pain qui ne fuſt fait de bled d'Aſſo d'Eolie. Et ce ſuperbe Roy doré de l'Amerique, que Pizarre & autres chercherent tant en vain, & qui paroiſſoit tous les matins comme un autre Apollon couvert de pied en cap de poudre d'or qui ne luy ſervoit jamais qu'une fois, n'euſt peu raiſonnablement pretendre aucun advantage ſur le moindre Roy d'Ivetot. Veritablement quand l'Eſcriture a comparé le Royaume des cieux à un grain de mouſtarde, il ſemble qu'elle ait voulu enſeigner le peu d'eſtat que l'on doit faire de la grandeur & eſtenduë en ceux de la terre.

La plus commune conception qui ſe forme de la Royauté, c'eſt qu'avec la toute puiſſance, & autres attributs tout divins, la ſouveraine felicité s'y rencontre encores. De là vient cette grande paſſion de dominer, qui foule aux pieds toutes conſiderations humaines & divines pour arriver à ſon but. Mais ceux meſmes qui reverent les Rois comme des aſtres qui influent le bon & le mauvais tant ſur tant de peuples, peuvent encores s'appercevoir qu'en recompenſe ils ſont en perpetuelle

Oviedo navig. di ma ragu.

petuelle agitation, & ne sçavent que c'est du doux repos;

> *Nescitis cupidi arcium,*   Sen. in
> *Regnum quo jaceat loco.*   Thieste.

Lucien les compare gentiment à ces magnifiques colosses, qui se font admirer par l'exterieur, n'y ayant rien de plus mal poly & de plus grossier que le dedans. Car qu'y a t'il aussi de plus majestueux & divin qu'un Roy tenant le Sceptre en main, & donnant sa loy à tant d'hommes qui lui sont soubmis; mais penetrez jusques à l'interieur, vous n'y verrez rien que de raboteux, mille jalousies d'Estat, mille soucis cuisans, qui le tiennent en perpetuelle inquietude ; sa condition estant en cela d'autant plus miserable, que n'ayant rien au dessus de soy, il ne luy reste aussi quasi rien à esperer, & voit tout au dessous à craindre ; de sorte que parmy tant de perils qui l'environnent de toutes parts, il n'y a jour qu'il ne puisse compter pour une nouvelle naissance, *In Gal-lo.*

> *Noctem quoties summovet eos,*   Sen. in
> *Regem toties credite nasci.*   Herc. œt.

Nous ne les estimons pas moins au dessus

dessus de la portée & suffisance ordinaire des autres esprits, le leur estant instruict sinon de la propre main de Dieu; comme disoit Homere, au moins avec un tout autre soin que les communs, ne devant estre entretenus dés le berceau que par les plus grands hommes du siecle, & sur des matieres convenables à l'éminence de leur naissance.

Σοφοὶ θί́ραττον τῶν σοφῶν συννουσία

Eurip. *Sapientes fiunt reges, sapientum conversatione.*

C'est pourquoy Platon a escrit, que leur ame sembloit estre plus voisine du Ciel que celles des autres hommes, la comparant à l'anneau touché immediatement de l'aimant, & qui en tient une infinité d'autres au dessous de luy, quoy qu'avec beaucoup moindre participation de cette miraculeuse vertu. De là vient, peut-estre le *C. 7.* precepte de l'Ecclesiaste, *penes regem noli velle videri sapiens*; selon lequel le Philosophe Phavorinus deferant à l'Empereur Adrian, dit de si bonne grace, qu'il n'avoit point de honte de paroistre

paroiſtre moins ſçavant que celuy qui commandoit à trente legions. Certainement il y a peu de Souverains qui n'ayent la meſme ambition du grand Knes de Moſcovie, d'eſtre tenus les plus habiles hommes de leur Eſtat, quoy que pour y parvenir ils ne deffendent pas comme luy toute ſorte d'academies, à la reſerve des eſcholes à lire & à eſcrire. Si eſt-ce que le bon homme Ennius ne ſe laſſoit point de dire, *Stolidum genus Æacidarum*; Ciceron s'eſtant bien voulu ſouvenir de ces vieux termes ſur ce ſubject, quand il diſoit qu'ils eſtoient pluſtoſt *bellipontes*, que *ſapientipontes*. Et qui ne voit que toute l'Iliade ne nous raconte autre choſe, ſinon ce que dit Horace,

2. de divin.

Stultorum regum, & populorum continet aſtus?

Heſiode les qualifie quaſi tousjours de ητιοι, impertinens, & δωροφάγοι, mangeurs de preſens, qui ſont maintenant convertis en tailles & impoſitions. Seneque parlant de Craſſus, le nomme d'une dent ſatyrique, *tam fatuum, ut etiam regnare poſſet.* Et veritablement il s'eſt veu quelquefois des temps,

In ludo mort. Cl.

temps, qui ont peu faire croire que tous les Princes des fots n'eſtoient pas logez à l'hoſtel de Bourgogne ; qui eſt la plus calamiteuſe ſaiſon que puiſſe voir un Eſtat Monarchique, auquel on peut bien dire de meſme qu'au jeu des Eſchets, que quand le Roy y eſt mat, la partie eſt tout à fait perduë. *Piſcis à capite fœtet.*

Il y en a qui n'eſtiment rien d'inſuportable comme l'indignation d'un Prince, qui peut en cholere tout ce qu'il veut, *ſicut fremitus leonis, ita & regis ira*, dit Salomon luy meſme. Apollonius s'en mocqua en ſa reſponſe au Conſul Tigillinus, qui luy demandoit pourquoy il ſe monſtroit ſi peu craignant l'Empereur Neron ; parce, dit-il hautement, que le meſme Dieu qui a rendu les Rois terribles, m'a fait encores ſans peur.

Prov. c. 19.

Philoſt. l. 4 c. 15.

On veut faire paſſer la Royauté temporelle pour choſe ſi ſeparée de la ſpirituelle, que ſon ſceptre n'ait rien de commun avec la croce du Sacerdoce. Ozias pour avoir voulu encenſer au Sanctuaire, eſt frappé d'une lepre, qui ne le quitta jamais. Saül perd la Royauté qui eſtoit deſtinée à ſes deſcendans, pour avoir entrepris ſur la charge

2. Parali. c. 22.

charge de Samuel, & s'estre meslé d'offrir luy mesme l'holocauste. Et beaucoup ont rapporté à cela l'action de Saint Pierre, qui couppa l'oreille à Malchus, qui signifie Roy en langue Syriaque. Les Anglois pretendent qu'il n'en a pas toujours esté ainsi, & soustiennent qu'il n'y a de veritables Rois, que ceux qui le sont *secundum ordinem Melchisedech*, duquel on pouvoit dire comme le Poëte de cet autre, *1. Reg. c. 15.*

Rex Anio, rex idem hominum, divumque Sacerdos. *Virg.*

Aristote nous enseigne qu'aux premiers temps, lesquels il appelle temps heroiques, les Rois estoient seuls maistres & arbitres des choses divines, comme estoient ceux de Sparte encores quand il escrivoit. Et Platon dit en sa Politique; que les Egyptiens n'enduroient point de Roy chez eux, qui ne fust quant & quant souverain Sacrificateur; aussi estoit-il surnommé trismegiste. Les Mages de Perse furent longtemps possedans le temporel de leur Estat avec le spirituel, comme faisoient leurs autres Rois, tesmoins Cambyses & Cyrus son fils dans *3. Polit. c. 14.*

O 5 la

la Cyropedie de Xenophon. Ceux des Romains, quand ils en ont eu, ne differoient en rien pour ce regard; *Rex, Sacrorum præses, legum custos esto*, disoit leur vieille loy. Et Ciceron remarque que Divitiacus, qui commandoit la plus considerable partie des Gaules de son temps, estoit encores Druide, & comme tel absolu dans les augures & la religion. Adjoustant de l'Italie, *omninò apud veteres, qui rerum potiebantur, iidem auguria tenebant; ut enim sapere, sic divinare, regale ducebant, ut testis est nostra civitas, in qua & reges augures, & postea privati eodem sacerdotio præditi rempublicam religionum auctoritate rexerunt.* Ce qui fait dire depuis si bien à ce *Flamen Dialis*, ou Prestre de Jupiter, dans Tacite parlant de l'Empereur, *nunc Deûm munere summum pontificum etiam summum hominum esse, non æmulatione, aut odio, aut privatis adfectionibus obnoxium.* Il est certain que par la loy de Mahomet les Pontifes sont seuls declarez maistres de la Seigneurie, quoique ce droict ait été renversé par la force.

 Les Rois de la terre ne sont pas tous comme celuy des abeilles qui ne porte point d'esguillon, ou comme celuy des eaux, Aristote ayant observé que le Dauphin (riche figure de celui qui doit posseder le Sceptre François) est le seul entre tous les animaux pulmoniques de la mer qui n'ait point de fiel. Il se trouve des Milans preposez au gouvernement des colombes, & des Phaetons du genre humain, comme fut nommé Caligula, soubs le regne duquel on n'eust osé, lui passant, regarder par une fenestre à cause de sa pelade, ny seulement prononcer le mot de chevre. Il estoit capital sous Tibere, *nummo, vel annulo effigiem Augusti impressam latrinæ, aut lupanari intulisse*, ou, comme nous avons dans Seneque, en une *necessité de pisser, admovisse eam obscœnis* ; Philostrate adjoustant que quelqu'un fust accusé d'impieté d'avoir frappé son serviteur, qui avoit sur lui une dragme d'argent où estoit empreinte l'image dudit Tibere, & Tacite qu'un L. Ennius Chevalier Romain fut criminel de leze Majesté, *quòd effigiem principis promiscuum ad usum argenti vertisset*, bien que Tibere fit grace à ce dernier. On punissoit rigoureusement le rire & le cracher en la presence de Deioces Roy

2. *de hist. anim.* c. 15.

Suet. in Ca. art. 50.

Id. in Tib. art. 58.

3. *de benef.* c. 26.

L. 1. *de vita Ap.* c. 11.

Herod. des *l.* 1.

des Medes, qui ne trouvoit pas bon non plus qu'on le regardast au visage. Et Motezuma Roy de Mexique faisoit mourir, dit Joseph Acosta, ceux du peuple qui estoient si hardis que de l'envisager ainsi. Les actions tyranniques de semblables Lestrigons ont fait estimer le jugement de Salomon, qui met entre les quatre animaux qui passent en sagesse les plus advisez des hommes, *locustam, quæ regem non habet, & egreditur universa per turmas suas*; & ont fait tenir à beaucoup cette perilleuse maxime, qu'il y avoit de certaines fins en la Royauté, au delà desquelles elle n'estoit plus reconnoissable ni supportable, les peuples pouvant estre lors dispensez du serment de fidelité. Les autres soustiennent fort sensément, qu'il faut souffrir ces calamitez avec la mesme patience que nous faisons les gresles & les tempestes qui tombent du Ciel, lequel chastie souvent de tels fleaux les pechez d'un peuple qui l'a irrité, *propter peccata terra multi principes ejus*. Il ne faut pas laisser de reverer, comme les images de la puissance de Dieu, ceux qui ne se font pas aimer comme les images de sa bonté. Nous n'obeïssons pas à la loi ni au Prince parce qu'ils sont bons & justes, mais simplement pour ce qu'elle est loi & qu'il est Prince. Il est plus expedient, suivant l'apologue, de reconnoistre une piece de bois pour Roy, quand le Ciel l'a ainsi ordonné, que d'en murmurer contre Jupiter, qui nous pourroit envoyer quelque Heron. Il y avoit des Ethiopiens, si on en croit l'histoire de Pline, qui n'avoient qu'un chien pour Monarque, ausquels ils ne laissoient pas d'obeïr, *Ptoemphana Africani canem pro rege habent, motu ejus imperia augurantes.* Ce qui fait dire si à propos à cet Helvidius dans Tacite, *bonos se imperatores voto expetere, qualescumque tolerare.* Et le seul expedient qu'il semble qu'on puisse raisonnablement pratiquer se trouve en ces deux mots, *fugere, aut pati*; laissant par respect bruler les verges à celui qui nous en a fustigez, lequel d'ailleurs nous en venge assez, supposé pour veritable le dire de Platon au dixiesme de sa Republique, *regem vita dulcedine superare tyrannum, & tyrannum vita amaritudine regem, gradibus viginti novem & septingentis*; qui doit estre un nombre fort mysterieux.

L. 6.
c. 30.

3. hist.

Vous

Vous voyez, Telamon, avec quelle franchise je me suis dispensé de traiter à nostre mode une matiere si chatoüilleuse. La bonté de nostre grand Monarque, & la felicité de son gouvernement m'ayant permis de dire ce que j'eusse deu supprimer sous un Prince d'une moins heroïque vertu. Il faut le regne d'un Auguste, d'un Trajan, ou d'un Loüis le Juste pour oser s'expliquer de la sorte.

Pourquoi ne dirions nous pas ensuitte quelque mot de ces premiers favoris des Princes, puisque sous l'authorité de leurs maistres on les a veus souvent manier les plus grandes Monarchies, dans lesquelles ils sont à peu près ce qu'est cet arbre renommé dans l'Isle de Fer, que seul il abbreuve, de sorte que tout ce que leur faveur ne daigne rafraischir & arrouser demeure sec & languissant? Et pourquoi n'en parlerions nous pas en toute liberté, puisque les actions de celui sur la vigilance & bonne conduitte duquel nostre Roy se repose sont telles, qu'il ne faut plus aller chercher à Constantinople ou à Novogardia de Moscovie ces magnifiques temples de saincte Sophie, le chef de ce grand Cardinal se

faisant

faisant reconnoistre par tout le monde pour le plus sacré & le plus parfait temple de toute prudence que nos yeux puissent ici bas admirer.

Il y en a donc qui ont estimé, que comme le berger d'un grand troupeau a quelqu'un sous lui qui l'assiste, le pilote d'un vaisseau a son comite, le capitaine d'une galere son lieutenant; il estoit aussi plus que raisonnable qu'un grand Monarque eust quelqu'un auprès de soi, sur lequel il se reposast de ce grand & continuel poids des affaires. *Raro eminentes viri non magnis adjutoribus ad gubernandam fortunam suam usi sunt, ut duo Scipiones duobus Læliis, quos per omnia æquaverunt sibi, ut D. Augustus, M. Agrippa, & maxime ab eo Statilio Tauro*, dit cette plume venale de Paterculus en faveur de son Sejan. Ainsi Alexandre avoit son Parmenion, Pyrrhus son Cyneas, les Empereurs de Rome leurs Libertins, ceux de Constantinople leurs Eunuches. Pline le jeune au contraire ne loüe de rien tant Trajan en ce chef d'œuvre de rethorique qu'il declama en sa presence, que de ce qu'il n'est possedé par aucun favorit, comme estoient ses predecesseurs, *plerique principes,*

L. 2.

cipes, cum essent civium domini, libertorum erant servi; horum consiliis, horum natu regebantur; per hos audiebant, per hos loquebantur, per hos præturæ etiam, & sacerdotia, & consulatus, uno & ab his petebantur. Adjoustant ensuitte cette hardie sentence sur ce subject, que la plus grande marque qu'on peut avoir d'un fort petit Prince, c'est de lui voir de grands & puissans favoris, *præcipuum esse indicium non magni principis, magnos libertos.* Aussi y en a t'il eu qui ont soustenu que Tacite n'avoit point tant blasmé Neron en la remarque de tous ses vices, qu'il lui avoit donné de loüange exquise, disant de lui, *sed neque Neroni infra servos ingenium*, c'est-à-dire que de maistre il ne s'estoit jamais rendu esclave des volontez d'un favorit. Et quelqu'un encores a voulu dire, qu'il y avoit quelque sorte d'irreligion & de sacrilege de la part de celui qui se rendoit possesseur du cœur d'un Roy, lequel, suivant le texte de l'Ecriture, ne doit estre tenu que de la propre main de Dieu, *cor regis in manu Dei*, comme nous disions tantost.

Boccal. cent. 1. ragu. 19.

Quelques-uns ont creu qu'on pouvoit s'acquerir ces grandes & importantes

tantes faveurs des Princes par quelques moyens magiques, entre lesquels Pline dit que nos anciens Druides faisoient grand estat de leur œuf de serpent, & ailleurs il recommande à cet effet le sang du basilic, autrement dit sang de Saturne, adjoustant que le cœur d'un Vautour preserve celui qui le porte de la cholere des Rois. Mais les plus advisez se sont mocquez de ces vanitez, n'estimant point de plus puissants caracteres pour gagner leurs bonnes graces, que ceux là mesmes qui nous reussissent en toutes sortes d'affaires, c'est à sçavoir la complaisance, la gentillesse, les services, & quelquefois la vertu ;

L. 29. nat. hist. c. 3. & 4.

Sit procul omne nefas, ut ameris, amabilis esto.

Ovid. de arte am.

Beaucoup ont voulu que les favoris, qui ont non seulement l'honneur de recevoir les premiers ces grands secrets du maistre non encores profanez, *primitias spiritus habentes*, comme parle S. Paul, mais qui de plus sont chargez de toute l'administration, & de toutes les solicitudes du gouvernement qui leur est commis, soient obligez, pour en exercer dignement

Ad Rom. c. 8. 23.

ment les fonctions, à tenir un exterieur majestueux & plein de respect, par une depense Royale, & par toute autre sorte de pompe & d'esclat. Le Cardinal Ximenés conduisoit sa fortune sous cette maxime, & je lisois n'a gueres que le favorit de la Chine, qui est aujourd'hui l'Eunuche Gueicum, se faisoit couvrir les chemins par où il devoit passer de terre jaulne, comme on a de coutume de faire à son Roy, & comme Suetone dit qu'on en usoit envers Neron, *incedenti passim victima cæsa, sparso per vias identidem croco.* Car pource qui est de la haine, & de l'envie qui en peuvent resulter, ils seroient indignes de leur bonne fortune s'ils ne s'estimoient au dessus;

In Neron. art. 25.

Ars prima regni est, posse te invidiam pati.

Sen. in Herc. fr.

Assez d'autres n'ont peu approuver toutes ces superbes monstres, & ces apparences exterieures si pleines d'envie, qui font dire à tout un peuple spectateur de ces magnifiques triomphes, que pour un Roy il lui convient faire la depense de deux, qu'on lui fait monstre de ses depoüilles, & qu'on le festoye à ses depens, lui repaissant la veuë

veuë de ce qui devroit aſſouvir ſon ventre affamé. Auſſi voit-on que rien ne perdit ce grand favorit du tout puiſſant, que de s'eſtre ambitieuſement voulu faire voir eſgal à ſon maiſtre; *aſcendam ſuper altitudinem nubium, & ero ſimilis altiſſimo.*

Les grandes affections ne ſont pas volontiers partageables, & il ſemble de plus que la Monarchie perde beaucoup de ſes advantages, ſi le Roy communique à plus d'une perſonne ſes hauts deſſeins, & confie à pluſieurs les ſecrets de ſon Eſtat. De là vient qu'en toutes les Cours on ne voit gueres qu'un favori à la fois, s'il poſſede veritablement & abſolument les bonnes graces de ſon maiſtre. Ariſtote veut faire paſſer pour principe fondamental de la Royauté un proceder tout contraire, deffendant tout à fait d'avoir des favoris; ou ſi un Prince ne s'en peut paſſer, ordonnant qu'en ce cas il en ait tousjours pluſieurs à la fois, afin qu'ils veillent ſur les actions les uns des autres, & s'empeſchent par ce moyen de rien entreprendre à ſon préjudice, *omnis porro monarchiæ cuſtodia, & cautio communis eſt, ut neminem unquam magnum faciat; ſed ſi hoc demus, plureis;*

5. *Pol.* c. 11.

plureis ; obfervabunt enim, & fpeculabuntur inter fe. D'ailleurs un predicateur Espagnol eut bien la hardiesse de dire au Roy Philippes troisiesme en la presence du Duc de Lerme, expliquant l'enlevement de nostre Seigneur sur le pinacle du temple, où le malin esprit lui monstrant les Empires du monde le voulut tenter avec ces paroles, *omnia tibi dabo* ; *Mira V. Mageſtad, que dar todo a uno es obra de Diablo.* Aussi receut-il la punition de ne plus monter en chaire.

Si on veut tirer des paralleles entre les Cours d'ici bas & celle du Ciel, on pourra dire que comme la divine hierarchie donne le premier rang aux Anges d'amour, appellez Seraphins, c'est à bon droit que les mieux aimez des Princes tiennent auprès d'eux le premier lieu d'honneur ; le second estant deu aux Anges d'illumination, qui sont les premiers Ministres & premiers Conseillers d'Estat ; & le troisiesme aux Throsnes & Principautez ; c'est-à-dire aux Gouverneurs & autres officiers de commandement. Or cette prerogative de faveur & d'honneur a fait penser à plusieurs, que celuy qui la possedoit ne pouvoit trop s'authoriser

riser & s'en prevaloir en toutes occasions, se rendant complice des pensées les plus cachées de son maistre, & s'insinuant jusques dans le plus particulier de son secret. D'autres se sont servi icy de cette sentence de Tacite, *abditos principis sensus, & si quid occul-* 6. An-*tius parat, exquirere, in licitum, an-* nal. *ceps, nec ideo adsequare*; & ont interpreté la fable d'Acteon d'un trop curieux favorit, lequel pour avoir veu son Roy trop à nud, & trop connu des choses qu'il vouloit estre cachées, encourt la disgrace, & se voit reduit à mener une vie de cerf, & passer le reste de ses jours en perpetuelle crainte. Les Souverains estant volontiers icy de l'humeur de Diane, en ce qu'ils aiment mieux pour favorits des Endimions endormis, que tous ces eveillez, qui penetrent trop, & ne peuvent souffrir que rien eschappe leur veuë,

Scire volunt secreta domus, atque inde Juv. *timeri.* sat. 3.

Ce qui a fait dire à Salomon, le plus Prov. digne & le plus capable autheur qu'on c. 25. puisse alleguer sur cette matiere, *sicut qui mel multum comedit, non est ei bonum;*

num ; sic qui scrutator est majestatis, opprimetur à gloria.

Seneque traicte fort rudement Alexandre, sur ce qu'il repartit à celui qui refusoit un sien present comme disproportionné à sa condition, & au dessus de son merite, *non quæro quid te accipere deceat, sed quid me dare.* Cette parole, dit-il, qui semble si genereuse & royale, est encore plus impertinente, *animosa vox videtur, & cum sit regia, est stultissima* ; parce qu'il doit y avoir une proportion raisonnable entre la gratification & celuy qui la reçoit, & la qualité d'un present fait par qui que ce soit, doit convenir au merite de celuy à qui il est fait. Selon ce sens, les Rois seroient infiniment responsables de ces grandes & extremes faveurs qu'ils semblent prendre plaisir de distribuer à ceux de qui on se douteroit le moins,

Juv.
sat. 3.
Quales ex humili magna ad fastigia rerum
Extollit, quoties voluit fortuna jocari,

comme si par là ils s'approchoient de la divinité, qui surprend de ses graces, & seule sçait faire de rien quelque

que chose. Le Sultan Osman ayant veu planter un chou de fort bonne grace par l'un de ses jardiniers, le fit sur l'heure Beglerbey ou Viceroy de Cipre ; à peu près aussi judicieusement que Democrite, lequel prit à son service Protagoras pour luy apprendre la Philosophie, ayant reconnu son bel esprit à la ligature d'un fagot de buchettes industrieusement arangées. Mais Tacite nous dicte une bien diverse leçon de celle de Seneque, quand il fait dire par M. Terentius ces paroles à Tibere, *non est nostrum æstimare quem supra cæteros, & quibus de causis extollas ; tibi summum rerum judicium Dii dedere, nobis obsequii gloria relicta est.* Je vous fay juge de celuy des deux qui en a parlé le plus sensement.

A. Gell.
l. 5. c. 3.

6. An-
nal.

Quelques-uns ont pensé qu'il estoit tres dangereux à un Prince d'appeller à cette privauté & confidence un estranger, qui est regardé plus mal volontiers que tout autre en un lieu de si grande eminence, & lequel de plus aura vraisemblablement ses intelligences au dehors, & ses affections pour d'autres païs, ce qui est de trés dangereuse consequence. D'autres ont allegué contre cela assez d'exemples,

&

& mesme celuy de Joseph, qui fut trés utile au Roy Pharaon, & à toute l'Egypte, & de Daniel, qui n'abusa pas des bonnes graces de Darius, ains le servit avec affection & fidelité.

La pluspart des Monarques sont persuadez qu'il y va de leur authorité d'appuyer puissamment leurs favorits, & que leur reputation est attachée à leur protection, puisque les ouvrages de Dieu se voyent conservez par sa Toute puissance. Mais sur tout qu'ils ne doivent jamais changer d'inclination, & tesmoignant une repentance honteuse du passé, de faire, comme quelques vils artisans, ce qu'ils ont fabriqué de leurs propres mains, & destruire ainsi leurs propres creatures; *vidit Deus omnia quæ fecerat, & erant valdè bona.* C'est une confession, disent-ils, de peu de jugement, & d'un mauvais choix precedent, accompagné de grande legereté d'esprit, quand un Prince en vient à de si importans & si remarquables changemens. Il y en a pourtant qui prenant le contre pied de ces maximes, soustiennent que ce sont actions vrayement Royales & divines, que d'exalter les petits, & humilier les plus grands;

grands; *Deposuit potentes de sede, & exaltavit humiles.* Sur quoy se trouve fondée la responce que fit le sage Chilon à Esope, qui luy demandoit ce que pouvoit faire là haut le bon Jupiter; *excelsa, inquit, humiliat, & humilia extollis.* Car quant à cette retractation de bonne volonté, tant s'en faut qu'elle soit blasmable, que Dieu l'a voulu justifier, & comme enseigner par ses propres actions, ayant terrassé Lucifer son premier Seraphin ou favorit, & chassé Adam du Paradis terrestre, qu'il tenoit de sa main pour arrhes certaines de ses bonnes graces. Aussi pourroit-on faire voir par une fort longue enumeration, que des plus grands Princes, & de la plus haute reputation, ont fait leurs jeux de ces nouveautez, quand ils ont creu que le temps & leurs affaires le requeroient, ou qu'ils se sont pleus, selon le dire de Solon, à faire des hommes comme des jettons, les faisant valoir ce que bon leur semble, tantost plus & tantost moins, selon le rang & la position qu'il leur plaist de leur donner. Haman sous Assuerus, & Sejan sous Tibere en sont les plus riches exemples dont on se puisse servir;

D. Laert. in Chil.

Juv. *Sat. 10.* *ex facie toto orbe secunda Fiunt urceoli, pelves, sartago, patella.*

Et en effet la pluspart de tous ces favorits, quelque esclatante fortune qu'ils semblent posseder, n'ont pas plus de solidité, & de subsistance que ces Iris, & ces Parelies que nous admirons dans le Ciel, puisqu'aussitost que leur Prince, comme un autre Soleil, ne les illumine plus de ses faveurs accoustumées, on les voit aussitost s'aneantir & disparoistre.

Que si l'on raisonne si diversement sur la fortune & conduitte des favorits, il n'y auroit pas moins de difference à remarquer sur le subject des mescontens, dont je diray ce seul mot, pour n'abuser plus longtemps de vostre paisible audience, qu'encores qu'on face profession par toutes les Cours d'en faire un fort grand mespris, asseuré que l'on est qu'il ne se peut faire autrement qu'un grand Estat n'en engendre tousjours beaucoup, comme un grand corps produit necessairement une notable quantité d'excremens; si est-ce que considerant bien de quel prejudice fut à la France ce le mescontentement de Charles de Bourbon, fondé sur la perte d'un procez de peu de consequence ; celuy de Magellan au Portugal, causé par le retranchement d'un demy escu par mois de ses appointemens auprès du Roy ; & de beaucoup d'autres qu'on pourroit rapporter sur ce subjet ; on seroit peut-estre plus retenu qu'on n'est en beaucoup de Cours, à ne pas irriter toute sorte de courages si indifferemment.

Osor. hist. Em. l. 11.

Voilà, Telamon, comme procedant sceptiquement dans vostre belle Politique, j'y ay trouvé toutes choses, & celles mesmes qui passoient pour les plus certaines & arrestées, pleines de doutes & d'irresolutions. Si mon discours vous a paru plus estendu que vous ne vous estiez promis, je m'y suis trompé aussi bien que vous, m'estant laissé emporter par un desir de vous justifier mes sentimens & ma vie, & de vous prouver que cette pretenduë science d'Estat, dans laquelle beaucoup font tant des suffisans, n'a aucun de ses principes si certains, que la moindre rencontre d'affaire, le moindre accident de fortune, & la moindre diversité de temps

P 2 n'esbranle

n'esbranle aisément, ny aucune These ou proposition si constante, sur laquelle avec une fort petite contention d'esprit on ne forme aisément une antithese, & une sentence du tout opposée ou contraire.

TELAMON. Vous avez donné un tel esclaircissement au mien, Orontes, sur une matiere en laquelle je confesse n'avoir veu goutte jusques à present, que je vous serai redevable toute ma vie de cette belle lumiere. O que j'approuve un mepris discouru comme le vostre & que je fais de cas des innocens plaisirs que vous sçavez vous donner en cette retraite champestre! Qu'il y a bien plus de solide entretien à contempler ici la societé du Ciel & de la terre, qu'à considerer dans les cabinets Statistes les interests qui lient ou separent les Couronnes! Que je prefere la solitude d'une campagne, le silence d'un bois, la veuë d'une montagne, l'obscurité d'un antre & le murmure d'une fontaine, à toutes les dorures d'un Louvre, à toutes ses impertinentes cabales & à tous ses plus raffinez conseils! Socrate avoit grande raison, de nommer le repos d'esprit & ce veritable loisir Philosophique,

phique, la plus belle & la plus riche de toutes les possessions humaines. Or ce doux repos & cette agreable tranquillité, ne se ressent nulle part comme en ce sejour rustique, comme l'advoüent ceux mesme que l'honneur & le gain tient attachez aux plus grands emplois & aux premieres charges d'un Estat; *quos ad professionem speciosam alligatos, & sub ingenti titulo laborantes, in sua simulatione pudor magis, quam voluntas, tenet.* Tesmoin l'epitaphe que se fit mettre ce grand homme d'Estat Similis, après avoir renoncé aux plus importans offices qu'il possedoit soubs l'Empire d'Adrian, *Similis hic jacet, cujus ætas quidem multorum annorum fuit, septem tamen duntaxat annis vixit,* qui furent les sept derniers de son âge, qu'il passa goustant les douceurs de la vie des champs. Hé quoi! les Empereurs mesmes Grecs & Romains, un Cyrus, un Diocletien, & assez d'autres, n'ont-ils pas preferé les plaisirs de la vie champestre au maniement de leur Sceptre, *gaudente terra vomere laureato, & triumphali aratore?* Ce digne Roy Philosophe Phraotes cultive les arbres de sa main dans Philostrate. L'Escriture dit d'Ozias

Sen. de Tranqui. c. 2.

Dio. Cass. in Adria.

Plin. l. 18. c. 3.

L. 2. c. 11.

P 3   Roy

Roy de Juda, que *erat homo agricultura deditus*, & qu'il peuploit de vignes le mont Carmel. Elifée fut pris à la charruë par Elie. Noé eſt nommé *vir agricola*, au neufvieſme de la Geneſe. La ſageſſe de Salomon nous eſt principalement ſignifiée par la grande connoiſſance qu'il avoit des plantes, depuis l'hyſope ou la mouſſe, juſques aux plus hauts Cedres du Liban, dont Joſephe eſcrit qu'il laiſſa bien trois mille livres paraboliques. Et quand Dieu voulut rendre bien-heureux noſtre premier pere, il le mit au milieu du jardin ou Paradis terreſtre. Auſſi toutes les recompenſes qu'il promet à ceux qui ſeront religieux obſervateurs de ſa loy, ſont toutes appropriées à l'agriculture, *Dabo vobis pluvias temporibus ſuis, & terra gignet germen ſuum, & pomis arbores replebuntur. Apprehendet meſſium tritura vindemiam & vindemia occupabit ſementem.* Comme les peines dont il menaſſe les tranſgreſſeurs d'icelle, ſe croyent eſtre de meſme condition; *Dabo vobis cælum deſuper ſicut ferrum & terram æneam*; & ailleurs, *omnes arbores tuas, & fruges terræ tuæ rubigo conſumet.* Sur quoy je vay conſiderant la divinité de ce

2. Paral. c. 26.
3. Reg. c. 19.

L. 8. Antiq. Jud. c. 2.

Levit. 26.

Deut. c. 28.

ce texte de Platon, *non enim arte, sed* *In Epin.*
natura & Dei quodam favore, terra cul-
turam aggreffi videmur, tout conforme
à ce que dit l'Ecclefiaftique, quand il *C. 7.*
appelle *rufticationem creatam ab altif-*
fimo. Ainfi le grand Dieu Pan, qui eftoit dans la Theologie Payenne le
Dieu de la Nature, ou la Nature mefme qui comprend toutes chofes, fe
confideroit particulierement pour le
Dieu des hommes champeftres, parce
que ce font ceux qui vivent davantage
felon Dieu, & cette Divine Nature,
laquelle ne fe reconnoift quafi plus
dans la corruption des Cours & des
villes, où on peut dire

--- *Pars minima eft ipfa puella fui.* *Ovid.*
                                                   l. 1. -e
Que fi felon l'opinion des Sages la *rem.am.*
vie la plus felon la nature eft la plus
vertueufe & par confequent encores
la plus heureufe, nous ne nous efton-
nerons pas de ce que ces anciens Romains avoient en fi grande eftime un
bon laboureur, *ut quem virum bonum* *Plin. l.*
colonum dixiffent, ampliffime laudaffe *18. c. 3.*
exiftimarent, comme Pline nous tef-
moigne; non plus que des raifons
qu'apporte l'orateur Romain pour
prouver que les plaifirs des champs

ont une très-grande convenance avec la Philosophie, *voluptates agricolarum* (dit-il) *ad sapientis vitam proxime videntur accedere.* Que de douceurs Rustiques & Philosophiques tout ensemble, d'herboriser avec Theophraste & Dioscoride, de planter avec Caton, Columella & le docte Varron, de labourer avec Hesiode, de nourrir des abeilles avec Pline & Virgile, bref de dresser une maison de campagne avec Xenophon & Ciceron. Bons Dieux, que de pures voluptez à philosopher sur ce qu'il y a des grains qui meliorent leur condition en de certaines terres & degenerent manifestement en d'autres, qu'il y a de mauvaises semences, comme des amendes ameres, & des grenades aigres & gastées, qui produisent des arbres à fort bon fruit; qu'il y a des champs qu'une trop soigneuse culture a gastez, *in Syracusano agro, quidam advena cultor elapidato solo perdidit fruges luto, donec regessit lapides*, cet épierrement ayant esté comme une exossation à la terre; que les plantes passent d'une espece en l'autre avec le temps, comme le noyer entr'autres, que les longues années changent en chesne, si nous en croyons,

1. *de Sen.*

Ari.l.de Plantis.

Plin. l. 17. c. 4.

croyons, après l'autheur du livre des plantes, le Medecin Mizaldus contre Scaliger, & comme les branches de chesne plantées en terre qui produisent de la vigne sauvage ; que la terre des Indes apportée en Europe engendre des plantes inconnuës ; qu'il y a des arbres, comme le sapin, que la seule sommité tranchée fait mourir, & qui neantmoins couppez sur le pied & detronquez ne laissent pas de vivre & rejetter, bref à considerer d'un esprit reposé, tel qu'il semble que ces lieux le forment insensiblement, le grand rapport & la merveilleuse affinité des plantes avec les astres, qui fait soustenir à l'historien naturel des Romains, *non minus conferre rura deprehendendo cælo, quam sideralem scientiam agro colendo.* Que si après cela nous voulons contempler l'admirable vegetation de tout ce que la terre produit, examinant les raisons de Platon, qui donne un simple appetit aux plantes, & celles des autres, qui leur ont attribué non seulement les sentimens de joye & de tristesse, mais mesme un esprit de connoissance & de ratiocination, comme faisoient Anaxagore, Democrite, Empedocle, & Pythagore,

Bacon. hist. nat. l. 4. c. 12.

Plin. l. 16. c. 30.

Proem. l. 19.

thagore, après lesquels les Manichéens les prirent pour des animaux raisonnables, de sorte que cueillir une fleur ou un fruit c'estoit selon eux commettre un dangereux homicide. Si nous voulons dis-je, entretenir nostre esprit sur ces plaisantes cogitations, & faire après ces grands personnages les reflexions convenables sur les experiences qui les ont portez à espouser ces opinions, & dont nous pouvons nous satisfaire après eux; qui peut douter qu'on n'en recueille les plus tendres contentemens, & les satisfactions les plus accomplies dont soit capable nostre humanité? Quelles esjouïssances spirituelles, & quelles extases divines ne produiront point ensuitte les profondes meditations d'un esprit, lequel exempt de passion au dedans, & de tout trouble & empeschement au dehors, ne donne point d'autres bornes à sa faculté discursive, que celles que reçoit toute la nature ; ny d'autres loix à sa façon de raisonner, que celles qui destachées de toute secte particuliere suivent les veritez ou vraisemblances par tout où elles se trouvent? C'est lorsque dans une parfaite quietude d'esprit, mesprisant

D. Aug. l. 12. de mor. man. c. 17.

prisant tout ce que les princes, le vulgaire, & ce qui est entre deux estimé le plus, *disputare cum Socrate licebit,* *Sen. de* *dubitare cum Carneade, cum Epicuro* *br. vita* *quiescere, hominis naturam cum Stoicis* *c. 14.* *vincere, cum Cynicis excedere, cum rerum natura in consortium omnis ævi pariter incedere.* Et pour moy j'ay tousjours preferé l'opinion du dernier Pli- *Ep. 6. &* ne en faveur des estudes champestres, *9. l. 1.* soustenant, *non Dianam magis montibus, quam Minervam inerrare,* à celle de Quintilien qui les condamne, com- *L. 10.* me pleines de distractions par tant *inst.* d'objets qui nous y partagent l'esprit. *orat.* Car quoyque les diversitez d'une cam- *c. 3.* pagne, l'agitation d'un bois, le ramage de mille oiseaux, le cours d'une riviere, ou mesme d'un petit ruisseau, puissent causer cette pretenduë alienation; elle est pourtant si bien recompensée, non seulement parce que *illa cæli libertas, locorumque amœnitas,* *sublimem animum, & beatiorem spiritum parant,* mais encores par des voluptez corporelles & spirituelles, qui nous tiennent en perpetuelle vigueur, qu'il faut ne les avoir jamais esprouvées pour ne se pas ranger de nostre party. Car que le plaisir ait ce pouvoir,

P 6 &

& comme ce charme, de nous rendre insensibles au travail, soit du corps, soit de l'esprit, je n'en veux pour preuve quant au corps, que les dances de vos païsans, que vous voyez les faire plus suer sous l'orme un jour de feste, qu'ils ne font toute la semaine sous le faix ou à la charruë ; & neantmoins cette plaisante sueur du Dimanche les rend frais à la besogne du lendemain, tant s'en faut qu'elle leur soit penible. Et pour ce qui est de l'esprit, outre la raison du consentement & compassion qu'il a avec le corps, la grande attention en un lieu renfermé, où il ne reçoit nul divertissement hors de son premier objet, l'affecte de sorte, que chascun pourra bien rendre tesmoignage, s'il veut, que deux heures d'estude de cabinet fatigueront plus ses fonctions, que dix fois autant dans la douce & divertissante liberté des champs. Voilà une conception, Orontes, que vostre mespris de la Politique a fait naistre, & que j'ay bien voulu suivre en faveur de ces belles Athenes rustiques où vous philosophez si heureusement, pour user de quelque gratitude après tant d'instruction & de bonne reception que j'ay receu de vous.

ORON-

ORONTES. Nonobstant que je me sente fort vostre redevable d'une si gentille felicitation, & que je prise beaucoup avec vous le doux repos, l'air vital, & l'innocente respiration de la campagne, si faut-il croire, Telamon, que tous ces advantages ne sont d'aucune consideration, si nous n'y apportons la satisfaction interieure que donne un esprit bienfait, laquelle est si attachée à ce principe, & si dependante de lui; que comme nous la trouvons par tout où nous la portons avec nous, sans que rien la puisse empescher, aussi ne la rencontrons nous nulle part, si nous ne la possedons auparavant de nous-mesmes. Soyez seur que vous aurez la solitude & la tranquillité par tout où vous sçaurez vous la donner, mais qu'à faute de cette science, il n'y a point de si charmants deserts qui vous en puissent faire reconnoistre l'ombre seulement. J'ay de l'inclination, comme vous voyez, pour ces lieux champestres, mais je vous puis asseurer que c'est avec une belle independance, qu'encores que la jouïssance m'en soit très-agreable, la privation m'en est encores plus insensible, trouvant aussi bien

bien qu'Auguste mes divertissemens, mes Syracuses, & mon repos dans mon cabinet de ville, lorsque j'y entre avec une ame tranquille. Aussi ay-je tousjours estimé que s'il estoit permis de s'affectionner à quelque chose, ce devroit estre tousjours sans s'y asservir, & sans se departir de cette divine autarchie, hors laquelle nous ne pouvons philosophiquement, c'est-à-dire, veritablement, estre heureux. Regardez cette grande ville, qui fait d'icy une perspective si riante à nos yeux, c'est peut-estre la plus tumultueuse qui soit au monde, qui nous reüssira neantmoins une autre ἀπραγό-πολις, autant de fois que nous sçaurons mettre nostre esprit en une assiette reposée, & dans cette inestimable quietude, qu'on cherche en vain ailleurs que dans soi mesme. D'autre costé j'ay tousjours beaucoup estimé la belle leçon que faisoit à son disciple Julien ce digne precepteur Mardonius, le voulant esloigner des spectacles & des theatres qui tenoient ensorcelez les esprits des jeunes hommes de son temps. Quelque chose, disoit-il, que vous y pretendiez voir representer, vous la pouvez contempler sans sortir de de voſtre eſtude, & dans voſtre ſeul Homere, avec beaucoup plus de luſtre & de perfection. Eſt-ce pour y voir bien dancer? les jeunes Pheaciens vous paroiſtront avec encores plus de diſpoſition. Eſt-ce pour y entendre la Muſique? Phemius & Demodocus avec les Sireines vous charmeront tout autrement l'oreille de leurs chanſons. Eſt-ce pour la courſe des chevaux? vous en verrez qui ſeront dreſſez des propres mains des demi Dieux;

> *Talis Amyclei domitus Pollucis habenis,*
> *Cyllarus, & quorum Graii meminere pœta,*
> *Martis equi bijuges, & magni currus Achillis.*

Virg. 3. Georg.

Eſt-ce pour y contempler des repreſentations de bocages, & autres telles ruſticitez? L'Iſle de Calipſon, les antres de Circé, & les jardins d'Alcinous vous donneront mille fois plus de recreation. Or cette gentille leçon que faiſoit ce prudent Eunuche à un tel diſciple, nous pouvons nous la faire tous fort utilement, quand nous reſſentirons quelque intemperance à rechercher les champs, & à ne pouvoir

voir souffrir la communauté des villes. Sommes nous touchez du plaisir du jardinage, de l'amour des plantes, & de la beauté des parterres ? Nos livres nous feront voir les Tuilleries d'Adonis, de Midas, des Hesperides, & ces jardins suspendus de Cyrus, ou de Semiramis, où nous admirerons la Dodecathée, le Moly, la Panacée, les Anemones qui ne s'ouvrent jamais qu'avec le vent, les Tulipes Turquesques sans odeur, & tout ce que Flore & Pomone peuvent donner de graces en ces lieux. Que si le lustre du plus coulpable des metaux nous le peut faire estimer jusques icy, nous verrons les jardins de ces superbes Rois du Perou, dont toutes les plantes d'or massif eblouïssent nostre veuë. L'Arabie nous fera parade ensuitte de son beaume & de son encens ; l'Inde de son admirable Cocos & de ses espiceries ; & si l'antiquité nous agrée, Hierusalem nous fera voir des oliviers encores du temps de Jesus-Christ ; & à demie lieuë de là le Therebinthe sous lequel sa Mere se reposa ; comme Ciceron remarquoit de son temps qu'on monstroit encores dans l'Isle de Delos le palmier qu'Ulysse recommande de

Metell. præf. ad Oros.

2do leg.

beauté

beauté dans Homere, lui comparant cette gracieuse Nausicaa au sixiesme de son Odyssée ; & que la citadelle d'Athenes nourrissoit tousjours à Minerve son Olivier immortel. Qu'y a-t-il d'admirable dans nos plus curieux compartimens, comme ce Boramets ou Plante agneau que la Tartarie nous presentera, ayant de l'animal jusques à l'antipathie avec le loup ; ainsi que l'arbre des Indes Orientales appelé de la Vergogne, semble en avoir avec l'homme, se resserrant quand il l'approche, & s'estendant au contraire quand il s'esloigne de luy. L'Amerique nous fera voir un arbre, que Christophle Colomb avec quatorze hommes ne peurent embrasser, & un autre estimé le plus beau du monde, que nostre nation trouva en mille cinq cens treize vers la riviere des Amazones de plus de cent pieds de haut, dont les soixante estoient sans branches, *Nicolo Comti Ram.* *Oviedo 9. hist. c. 11.*

*--- ubi aera vincere summum,
Arboris haud ulla jactu potuere sa-
gitta.* *Virg. 2. Georg.*

Les Canaries nous monstreront leurs Pins, appellez immortels pour ne se pourrir ny dedans, ny hors terre, re, ni mesme sous les eaux, un seul desquels donna du bois suffisamment pour couvrir toute une Eglise de cent pieds de long sur trente cinq de largeur. L'Isle S. Thomas soubs la ligne se joindra avec elles, pour vous faire admirer leurs arbres d'eau, que quelqu'un dit se trouver encores en une profonde vallée du Royaume Oriental de Narsingue, le docte Chancelier Anglois ayant eu tort de soupçonner le tout de fausseté. Pline nous representera un Consul Romain festinant vingt & deux convives dans le tronc d'un Platane de Lycie; & l'Empereur Caligula prenant son repas lui quinzieme dans un autre arbre près de Veletri, *quam cœnam vocavit ille nidum*. Strabon nous mettra à l'ombre d'un arbre Indien (qu'il estime nompareil en grandeur) laquelle ne sera pas moindre de cinq stades en plein midi. Au mesme lieu nous verrons cet arbre appellé le Triste, qui ne florit que la nuit, perdant ses fleurs au lever du Soleil. Cette Inde nous produira encores aujourd'hui des figuiers, dont les feuilles arrivent à trois aulnes de long (les Peres de l'Eglise ayans eu raison de dire que c'estoit des feuilles dont

Vincent Blanc.
v. Bergeron tr. des navig.
Verclam. l. 2. novi orig. l. 12. hist. nat. c. 1. 15. Geogr.

Pirard 2. vol.

dont Adam couvrit ses nuditez, puis qu'une feuille il eut peu s'en tailler un haut de chausses à la Suisse) & d'autres qui seuls composent une forest entiere, comme les modernes, après Theophraste, Pline, Q. Curce, & Strabon nous les descrivent. Sous les eaux mesmes de la mer nous y appercevrons des bois de haute fustaye, que sont ces arbres qu'Oviedo appelle Mangles, si hauts, si verds, & si épais, que nostre veuë n'en sera pas moins rejouïe qu'estonnée; non plus que de ceux que couvre la mer rouge le long de sa coste, lesquels Strabon dit estre semblables aux Oliviers & aux Lauriers, & qu'ils paroissent en cela d'autant plus remarquables quand le reflus les decouvre, que toute la contrée voisine ne produit arbre quelconque. O, Telamon, l'agreable paisage que voilà! ô qu'il fait beau se mettre dans le mesme estat de felicité & d'innocence que possedoit nostre premier pere, ne faisant de toute la Nature qu'un Paradis terrestre pour la promenade de nostre esprit! Que de volupté ravissante, de passer d'un Pole à l'autre sans craindre la zone torride; faire le tour du monde avec le vaisseau

2. *hist.* *c. ult.*

16. *Geogr.*

appellé

appellé la victoire sans courir fortune de mer ; mepriser avec plus d'asseurance que les Hollandois les montagnes de glace, & les abismes d'eaux pretendus, pour chercher jusques sous le Pole un passage vers les richesses du Levant, sans avoir le cœur touché d'avarice ; reconnoistre avec toutes les relations modernes, qu'il n'y a partie de la terre, sous quelque climat que ce soit, qui ne soit très habitable à ses animaux indigenes, les hommes compris ; profiter avec Ulysse des mœurs & façons de faire de tant de peuples, remarquant qu'il ne s'y trouve rien de solide en ce que nous nommons vice & vertu ; tenir registre après Pancirolle des nouvelles inventions que nous y observerons, & de ce que nostre âge peut avoir laissé perdre de la succession de tant de siecles, examiner avec les Geographes s'il reste plus de païs à découvrir que nous n'en connoissons encores ; s'il est vraisemblable qu'il y ait d'autres mondes selon

Cic. 1. Democrite, & quels peuvent estre ces
de Nat. intermondes, μετακόσμια d'Epicure ;
D. si la terre se meut selon le systeme de Philolaus & de Copernic, comme il est si vraisemblable, ou si tout se meut autour

autour de ce centre, *ut sciamus in quo* Sen. 7. *rerum statu simus, pigerrimam sortiti an* qu. nat. *velocissimam sedem, circa nos Deus om-* c. 2. *nis, an nos agat!* Mais si passant plus outre, & nous eslevant par un effort d'esprit genereux au dessus de l'imbecillité de nostre nature, nous portons nostre veuë vers le Ciel, pour y contempler les revolutions de ces spheres; si nous nous attachons aux opinions qu'ont eu les anciens des Dieux & de la Nature, comme ils ont raisonné sur la mortalité ou immortalité de nostre ame, combien ils se sont pennez en vain pour accorder la Providence avec les Destinées; c'est à l'heure que nous sentans transportez d'une felicité si extatique, qu'elle pourroit passer pour un prelude de celle des bien heureux, nous meprisérons tout autre contentement que celui lequel nous sçaurons ainsi nous donner à nous mesmes. *Nam quo tandem gau-* Cic. 5. *dio affici necesse est sapientis animum,* c. Tusc. *cum his habitantem pernoctantemque cu-* qu. *ris?* C'est lors que mesprisant esgalement toute autre pensée, & tenant ridicules tous les interests des Estats, & toutes les Politiques humaines, nous nous escrierons avec Seneque,
hoc

Præf. l. *hoc est punctum, quod inter tot gentes*
1. nat. *ferro & igni dividitur?* C'est donc pour
qu. ce point que le grand Seigneur met
ses armées de cinq & six cens mille
hommes en campagne, tantost contre
le Roy de Perse, tantost contre l'Empereur d'Allemagne? C'est donc pour
ce point que le grand Cham des Tartares renverse les longues murailles de la
Chine, & que le Mogol s'efforce de
rendre tous ses voisins tributaires?
C'est donc pour ce point que les Rois
de France & d'Espagne commettent
tous les peuples Chrestiens les uns
contre les autres, reduits qu'ils sont à
Sen. prendre l'un ou l'autre parti? *Si quis*
ibid. *formicis det intellectum hominis, nonne*
& illa unam aream in multas provincias
dividunt? A la verité, pour vacquer à
de si profondes meditations, qui sont
comme une separation de l'ame & du
corps, il faut estre beaucoup au dessus
de toutes les Couronnes de la terre.
Celui qui sçaura l'art de s'entretenir
& raisonner ainsi avec les intelligences, se mocquera bien de l'autre qui
nous rend capables des raisons d'Estat.
Il ne faut pas penser pouvoir estre à soi
jusques à un si haut point, & se prester
en mesme temps aux fonctions d'une
charge

charge importante, & au gouvernement d'une Seigneurie. C'est pourquoi Platon observe divinement au sixiesme livre de sa Republique, qu'il y a fort peu de personnes qui aillent jusques à ce degré de Philosophie; la plus part des biens du corps & de la fortune s'opposant lors à ceux de l'esprit. De sorte qu'on ne voit gueres, dit-il, que ceux qui se trouvent dans le loisir d'un exil, ou bien quelques esprits extraordinairement relevez, lesquels estant nez dans des villes dont ils meprisent les emplois & Magistratures, se donnent tous entiers aux contemplations Philosophiques. *Neque enim viro illi (ó Adimante) qui omnem mentis aciem ad ea quæ vere sunt direxit, otium superest, quo negotia hominum inferiora respiciat, sed cum illis pugnans, invidiam sibi & malevolentiam conflat.* Taschons, Telamon, d'estre de ce petit nombre des esleus, évitans autant que faire se peut cette envie & cette haine du reste des hommes dont parle Platon, en tenant nostre felicité cachée, & évitant sur toute chose cette ostentation odieuse de sçavoir plus que les autres. Contentons-nous de ce dont les autres font profession d'avoir
des

des sciences certaines, de tesmoigner, si nous y sommes contraints, d'en posseder quelques legeres suspicions selon la portée de nostre humanité. Elle demande pour l'heure, ce me semble, que nous imitions ces animaux que je vois revenir vers nous;

Virg.
Ecl. 2.
Aspice, aratra jugo referunt suspensa juvenci.

Allons donc chercher comme eux le repas, & le repos à couvert.

Phædrus
l. 4.
Ego quondam legi quam puer sententiam,
Palam mutire plebeio periculum est,
Dum sanitas constabit pulchre memini.

DIALOGUE SUR LE MARIAGE.

Entre
ELEUS, CASSANDER, ET PHILOCLES,

Antesque cases, miraque hazes.

ELEUS. Vos raisons si differentes me confirment en l'opinion que j'ay tousjours euë, qu'il estoit à peu près du Mariage comme des autres conditions de la vie, qui nous reüssissent faciles, ou importunes, selon que la fortune, ou nostre adresse & bonne conduitte nous permet d'en bien ou mal user. Car comme je n'improuve pas le mot de rencontre, dont on se sert ordinairement sur ce subject, quand nous disons que quelqu'un a rencontré un bon party, pour ce que le hazard y contribuë souvent beaucoup; aussi est-il fort certain que nous sommes icy, comme quasi tousjours ailleurs, les propres artisans de nostre bon-

bonheur ou malheur, entant que nous sçavons nous approprier les choses avec dexterité, ou nous accommoder à elles avec facilité, & souplesse, *quidquid recipitur admodum recipientis recipitur*. Mais parce que nous commençons une promenade, dont la beauté & la solitude semblent nous promettre toute la commodité & liberté de nous entretenir que nous pourrions souhaitter, trouvez bon que laissant à part les considerations domestiques, & qui me sont particulieres, nous prenions la contemplation generale du mariage pour subject de nostre conference ; me semblant qu'outre le bon office que vous me rendrez dans la perplexité où me mettent les soins de mes parens, plus zelez en cela beaucoup que je ne voudrois, la these en soy nous peut servir d'un très agreable divertissement. Et d'autant que contre ce que j'aurois attendu de chascun de vous, Cassander qui fait profession du celibat me conseille le mariage, & vous, Philocles, tout bon mary que vous estes, me faittes peur des costez d'une femme ; j'estimeray d'autant plus vos conseils, qu'ils n'ont rien de cette sorte te ambition qui fait vanter à la pluspart des hommes le genre de vie dont ils ont fait eslection.

CASSANDER. Je veux bien vous asseurer de plus en mon particulier, qu'un populaire desgout des choses presentes ne me fait point estimer ce qui est hors de moy; mais encores que, graces aux Dieux & à nostre sacrée Philosophie, je me trouve pleinement satisfait de l'assiette que m'ont donnée mes destinées en ce monde, & que je me sois rendu très-plaisante cette façon de vivre à part moy, laquelle vous voyez que je vay suivant; si est-ce que je n'ay pas creu qu'il fust inconvenient de vous porter à embrasser celle que les plus grands Legislateurs nous ont enseignée pour la plus douce de toutes, & la plus utile au genre humain; comme nous voyons beaucoup de peres qui ne permettent pas à leurs enfans de suivre la profession de laquelle neantmoins ils reconnoissent s'estre fort bien trouvez. Et pource que la suitte de mon discours vous justifiera suffisamment mon dessein, puisque vous desirez que nous prenions nostre plaisir sur cette matiere problematique du mariage, j'en commenceray la deffense par la conception que je tireray des graces de cette campagne dont vous parliez tantost, & des beautez de cette riante journée. Car croyez-vous, Eleus, que ce soit une vaine pensée de l'antiquité, celle qui constituë un amour reciproque entre le Ciel & la terre, & qui en fait un mariage divin ? Voudriez-vous nommer avec ce profane tyran de Sicile tous ses propos Philosophiques, *verba otiosorum senum ?* Considerez, je vous prie, comme il semble que la terre se soit aujourd'hui extraordinairement parée, & comme fardée pour plaire à cet amant qui la contemple. Voyez vous ces fleurs & ces plantes, ce sont ses cheveux ornez de mille guirlandes ; si vous lui ouvrez le sein, vous le trouverez paré de toute sorte de pierreries ; si vous considerez ses vapeurs & les exhalaisons, vous les jugerez ses soupirs; si ses vives sources, les larmes de ses yeux ; si ses solfatares, Volcans, & Mongibels, les feux de ses entrailles passionnées ; si ses tremblemens & agitations, les transports & fureurs de son amour. Et quelles passions peut avoir un Amant pour sa Dame que le Ciel ne face paroistre

de

de son costé ? il lui donne mille œuillades, ou fixes & arrestées, ou errantes & à la derobée. Tantost il la regarde d'un œil content & serein ; ores il lui pleure tendrement sur le sein. Ses influences sont les baisers dont il la rend fœconde ; & les rondes qu'il fait journellement autour d'elle les temoignages de son zele. Que s'il lui arrive quelquefois de se plaindre, comme l'amour a ses riottes, il estonne tout le monde de ses tintamarres & tonnerres. Or pource que vous riez d'un mariage contracté entre des parties si fort esloignées, je vous le veux faire observer plus en particulier par tous les ordres de la Nature, m'asseurant que vous serez contraint de m'advouër, *non tam esse jovis omnia plena quam amoris*; & que les anciens avoient raison de peindre cet amour ayant le Dieu Pan à ses pieds, puisqu'il n'y a rien en l'univers qui ne se soubmette à lui. Car non seulement nous voyons les animaux privez se tenir unis par ce lien conjugal, les Tigres encores & les Lions les plus farouches s'y captivent dans les forests, les oiseaux dans la liberté de l'air s'y astreignent, & les poissons ressentent sous les eaux le feu de cette hymenée, *quidam pisces non modo gregales, sed etiam conjugales*, dit Aristote au neufviesme de leur histoire. Les plantes mesmes sont touchées de ce sentiment, les oliviers, les palmes, les balaustes, & les figuiers ; *adeo palmis est veneris intellectus, ut coitus etiam excogitatus sit ab homine*, comme a remarqué le mesme Philosophe, & Pline après lui. Jusques aux pierres, & aux metaux, ils reconnoissent ce feu divin, la pesanteur & dureté du fer ne l'empeschant pas de se transporter ardemment vers sa calamite. C'est à mon avis, pourquoi la Theologie ancienne obligeoit les Dieux mesmes au mariage, comme encores aujourd'huy les Chinois font leur Dieu marié, appellans sa femme Nacapirau, & les estoiles du firmament les enfans qui sont sortis d'eux. Les Egyptiens, au rapport de Diodore, estoient fort soigneux de faire accoupler leur Apis & le reste de leurs Dieux visibles, jusques à leur entretenir un certain nombre de concubines. Et quand Trismegiste a voulu parler plus reveremment de la divinité, si a t'il reconnu cette conjonction du masle & de la femelle si necessaire,

que

que pour rendre Dieu absolument independant, il a esté contraint de le faire masle & femelle. Ce qui convia peut-estre Orphée à nous donner son Jupiter soubs la figure d'un Androgyne, à peu près semblable à cet animal Trochus, *quem Herodorus Heracleota* C. 6. *seipsum inire scripsit*, duquel Aristote se mocque au troisiesme *de Gener. anim.* Et les Brachmanes avoient en- Philost. cores vraisemblablement la mesme l.3.c.11. pensée, quand par la bouche d'Iarchas leur chef, ils expliquerent au renommé Apollonius comme ce grand animal du monde estoit masle & femelle, amoureux de soi-mesme, se connoissant soi mesme & concevant de sa propre semence.

Mais ce n'est pas, me direz-vous, simplement le mariage que vous apprehendez, ce sont les loix soubs lesquelles il nous est aujourd'huy presenté, les conditions qui s'y trouvent inseparablement attachées & les accidens qu'on n'y peut quasi esviter. Je vous prie qu'avant que nous espluchions ces choses par le menu, nous regardions ensemble les plus grands hommes de l'antiquité, lesquels dans la licence de tout faire en amour, hors la crainte des miseres du bordel present, exempts de toute note d'infamie, ne laissoient pas pourtant de s'attacher aux costez d'une femme legitime; & cela si inseparablement qu'ayans la liberté de les renvoyer en les repudiant, ils ne l'ont fait que très-rarement, un Carbilius Ruga ayant esté le premier qui fit divorce dans Rome, cinq cens ans depuis sa fondation, plus par Religion, que pour aucune mauvaise intelligence qui fust entre luy & sa femme, laquelle il cherissoit très tendrement. Socrate ne renvoia point sa Myrto, ny mesme cette Diablesse de Xantippe, dont il eut trois enfans si indignes de luy & si ressemblans à la mere, il s'en servit jusques à la mort, disent les escrivains de sa vie, comme d'une dressiere à la vertu de patience, trouvant toutes choses faciles & supportables au dehors, après avoir souffert les humeurs de sa femme au dedans, comme après avoir monté un cheval fougueux, selon sa comparaison ordinaire, on trouve douce toute autre sorte de monture. Ce mauvais Demon domestique, la pauvreté de sa famille, le mauvais naturel de ses enfans, ne rendirent point Socrate dissemblable

A. Gell.
l. 4. c. 3.

dissemblable à luy-mesme, il n'en fut pas moins Socrate pour cela, *hæc usque eo animum Socratis non moverunt, ut ne vultum quidem moverint ; non hilariorem quisquam, non tristiorem Socratem vidit.* Aristote vecut si bien avec sa Pithais, qui avoit esté concubine du Roy Hermias, & qu'il avoit depuis espousée, qu'après son trepas il luy fit les mesmes sacrifices qui estoient deferez à Ceres Eleusine, ordonnant par son testament, que leurs reliques & ossemens fussent joints ensemble. Le plus grand ennemy des femmes qui paroisse parmy les Grecs est Euripide, si est-ce qu'il ne se contenta pas d'une femme, en ayant eu deux à la fois, selon que le decret des Atheniens le luy permettoit, aussi bien que Socrate (si nous en croyons Cyrille Alexandrin, qui le rapporte de Porphyre) & comme encores aujourd'huy beaucoup de peuples, qui se donnent la licence d'en avoir tel nombre qu'il leur plaist. Et le plus sage des Hebreux n'entretenoit-il pas sept cens femmes, & trois cent concubines ? qui n'estoit pas tesmoigner qu'une seule deust estre estimée insupportable ; non plus que les secondes nopces, si ordinaires aux an-

Sen. ep. 105.

A. Gell. l. 15. c. 20.

L. 6. contra Julia.

3. Reg. c. 11.

ciens, & à present mesmes, ne laissent point à douter, que ceux qui s'y remettent ne preferent le mariage à la viduité. Aussi, comme les loix politiques sont establies pour nous esloigner du mal & porter au bien, nous les voyons toutes convenir en ce point, d'honorer de prerogatives les hommes mariez & proletaires. Les Romains, dit-on, ne faisoient pas moins d'estat du tiltre de bon mary, que de celuy de grand Senateur, *& ne maximi cives haberentur, hoc efficiebat, quod mariti minores erant.* D'où vient que Tacite n'oublie pas entre les loüanges de son beaupere Agricola, d'avoir vescu en fort bonne intelligence avec Domitia Decidiana sa femme, *vixerunt mira concordia, per mutuam charitatem, & invicem se anteponenda.* On a donc eu raison de faire estat de ce que Caton disoit de fort bonne grace ; qu'à la verité il se pouvoit trouver quelque incommodité vivant en cette estroite compagnie des femmes, mais que sans elles aussi on ne vivoit point du tout, *cum uxoribus incommode vivitur, & sine illis omnino non vivitur.* Et Homere n'estoit pas moins ingenieux & gentil, nommant ces peuples de Thrace qui estoient sans compagnie de femmes Ἀζίως, *quasi vita expertes*, comme si sans elles la vie que nous menons ne pouvoit estre bonnement trouvée vitale, ainsi que Strabon a fort à propos remarqué au septiesme de sa Geographie. Aussi ces puissantes considerations contraignirent Platon, tout professeur du celibat qu'il estoit, de punir d'amende pecuniaire & de quelque note d'infamie ceux de ses citoyens qui ne se marieroient point ; parce, dit-il, qu'il y a du crime à se vouloir ainsi priver de l'immortalité que nous pouvons acquerir par le moyen du mariage & des enfans. Quoy que comme a fort bien dit Aristote depuis luy sur ce subjet, si nous n'y cherchions autre chose, nous n'y aurions aussi aucun advantage sur le reste des animaux, qui y trouvent cette perpetuité de lignée aussi bien comme nous ; les plantes mesmes ayant une pareille faculté de produire leurs semblables. Mais l'homme passant plus avant, va chercher dans cette societé les douceurs & les aises de la vie œconomique, pour ne rien dire de la consideration qu'avoit Pythagore, quand il disoit qu'on estoit obligé *Iambl. de vit. Pith. c. de s.*

de mettre des enfans au monde, afin de faire comme un present à Dieu de ces creatures, capables de la reverence & du culte qui luy est deub. Il y a diverses fins qui le conduisent toutes à ce mesme but, & comme disoit gaillardement quelqu'un ; il y est porté, *vel propter opus, vel propter opes, vel propter opem*. De sorte que nous voyons tous les jours les plus grands declamateurs contre le mariage, donner enfin dans le panneau comme les autres, poussez par quelqu'une de ces considerations ; & chanter souvent la palinodie d'aussi bonne grace que ce Philosophe Starocles, dans le dialogue de Prodromus. Et veritablement qui d'un costé fera reflexion comme il faut sur les grandes incommoditez qui accompagnent la vie de ceux qui vivent garçons, comme l'on dit ; sur les soings indignes qu'ils sont contraints de prendre ; les calamitez perilleuses de leur solitude ; le deffaut d'assistance dans leurs infirmitez ; avec une infinité de telles instances, dont le nombre iroit à l'infiny. Et d'autre part mettra en consideration les grands advantages qui luy reviennent de la compagnie d'une femme ; comme quoy

Theod. Prodr. in Amar.

quoy une mere de famille le met à couvert de toutes ces disgraces que nous venons de dire ; combien elle augmente les contentemens de sa vie, y prenant part, & tempere de mesme les amertumes d'une mauvaise fortune ; qu'elle luy est un instrument animé, comme parle Aristote, qu'il peut employer utilement à toute heure ; l'une des choses de toutes celles qu'il possede qui prend le plus de plaisir à estre possedée ; un autre soi mesme, par le moyen duquel il peut estre sans miracle en divers lieux en mesme temps. Celuy-là, à mon advis, ne fera point de difficulté de conclurre, que si le mariage n'est absolument necessaire d'une necessité geometrique, ny mesme physique, il ne laisse pas de l'estre d'une necessité physique & morale, voire mesme de cette necessité Erotique, que Platon reconnoist au cinquiesme de sa Republique, plus puissante que toute autre à nous persuader & forcer. C'est cette necessité qui fait que beaucoup de peuples se marient quasi dès le berceau ; ceux de Tacchara, qui n'ont que trois palmes de haut, se marient dès l'âge de cinq ans, au rapport de Beato Odorico;

les

Ep. 3. les femmes de la Colchide, dit Busbec, sont meres à dix, aussi n'enfantent-elles leurs petits que de la grandeur d'une grenoüille, quoy que, comme il observe, ils deviennent tous de fort belle & haute corpulence; qui veut espouser une pucelle en Calicut, il faut qu'il la prenne au des-
L. 1. c. sous de huict ans selon toutes nos re-
48. lations; & Marc Polo dit qu'il y a des Tartares qui respectent le mariage de telle sorte, & le croyent si necessaire, que si leurs enfans decedent avant qu'ils ayent esté mariez, ils ne laissent pas de celebrer leurs nopces estant morts, avec cette solemnité, qu'ils bruslent sur leur bucher les contracts de leur mariage, & la dot mesme en peinture.

Or je ne doute point que Philocles ne vous represente tantost que tout ce que nous aurons peu dire en faveur du mariage, suppose une heureuse rencontre d'une femme vertueuse, &
Prov. que par la difficulté de la trouver (*mu-*
Sal. c. *lierem fortem quis inveniet?*) il ne vous
31. esloigne s'il peut du desir de la rechercher. Mais desja quant aux accusations generales qu'on a de coustume de former contre le sexe feminin, qui ne

ne sçait que ce sont quasi toutes calomnies forgées à plaisir, & qui n'ont autre fondement qu'une mauvaise inclination que beaucoup ont par imbecillité, fascheuse humeur, ou autrement contre les femmes ; lesquelles composant une mesme espece avec les hommes, puisque leur contrarieté ne se trouve qu'en la disposition de la matiere, & non pas en la forme qui seule fait naistre les differences specifiques, quelle apparence y a-t'il de leur desnier les vertus dont nostre sexe peut estre participant. Sur quoy Plutarque a bien voulu escrire un traicté exprés, pour montrer que c'est une mesme vertu qui perfectionne les hommes & les femmes ; la mesme magnificence se remarquant en la Reine Semiramis, qu'au Roy Sesostris; la mesme prudence en Tenaquile femme du vieil Tarquin, qu'en Servius ; la mesme magnanimité en Porcia, qu'en Brutus, & en Timoclea qu'en Pelopidas. Aussi les Poëtes n'ont pas moins attribué de sagesse à Pallas & à Minerve, qu'à leur Apollon ; & Socrate confesse dans le convive de Platon, que les plus divins mysteres de sa Philosophie amoureuse lui avoient esté

Arist. in Meta. c. 4.

té revelez par une femme appellée Diotime. Que s'il falloit passer plus outre en leur faveur, ne dirions nous pas que les loix qui emancipent les femmes à dix huict ans, & les hommes seulement à vingt cinq montrent assez qu'elles les reconnoissent pour estre ou plus fortes ou plus promptes d'esprit que nous ; les foiblesses & les craintes que nous leur imputons, procedans peut-estre d'une plus grande subtilité & vivacité d'esprit, qui leur fait apprehender davantage les perils qu'elles reconnoissent plutost & mieux que nous. Ne voyons nous pas parmi les autres animaux les femelles estre assez ordinairement de plus de consideration que les masles. Des Pantheres & des Ours la femelle vaut tousjours le mieux. *Discunt imitanturque ingeniosius fœminæ ; ut in genere canum laconico fœminas esse sagaciores quam mares apertum est*, selon les remarques d'Aristote & de Pline ; (c'est pour quoy, à mon advis, la victime femelle chez les Romains estoit la plus estimée.) Entre les oiseaux il n'y a gueres que ceux que nous nommons de proye, que nous disciplinions, dont la femelle reüssit tousjours le

Arist. 9. de hist. ani. c.1. Plin. l. 11. c. 49.

le mieux. Parmi les poissons mesmes *Arist.* les femelles sont souvent preferées, *nat. hist.* comme les anguilles & les estourgeons *l. 8. c.* (s'ils sont les *siluri* des anciens) le *ult.* font voir. Il faut bien que ces anciens *Plin. l.* Egyptiens, desquels les Grecs prirent *9. c. 15.* toute leur sagesse, creussent le mesme de nostre humanité, Diodore nous asseure que jusques à leur Reine ils la preferoient en toutes façons au Roy, *L. 1.* & que dans leurs contracts de mariage ordinaire, le commandement des femmes estoit precisément stipulé, les maris s'y obligeans de leur estre obeïs- *De mi-* sans en toutes choses. Les Espagnols *rab.* du temps d'Aristote donnoient quatre *ausc.* ou cinq hommes en eschange pour une femme, & dans ses Problemes il *Sect. 29.* fait le crime bien plus grand d'avoir tué une femme qu'un homme, non seulement à cause de l'imbecillité de son corps, comme il dit là, mais encores peut-estre pour l'excellence de leur sexe. C'est pourquoi vraisemblablement Auguste s'advisa de prendre *Suet. in* de certaines nations, au lieu des hom- *octav.* mes, des femmes pour ostages, *à quibusdam novum genus obsidum fœminas exegit, quod negligere marium pignora sentiebat.* Combien voyons nous journellement

nellement de femmes plus induſtrieu-ſes que leurs maris, & ſur leſquelles repoſe tout le faix de la maiſon; ſemblables à l'aragnée qui ſeule travaille pendant que le maſle eſt de loiſir, *fœmina aranea texit & venatur, mas comes fruendi non laborandi*, dit le meſme Ariſtote. Combien en pourrions nous nommer d'entr'elles capables d'aller au pair avec nos plus grands Heros?

9. hiſt. anim. c. 39.

Artemiſe nous eſt repreſentée par Herodote, non ſeulement comme la meilleure combattante de ſon armée, mais encores comme celle qui opine le plus judicieuſement dans ſon conſeil de guerre. Mais parce que je ſçay bien que vous n'attendez pas icy de moy un catalogue de tant de femmes illuſtres qui groſſiſſent les hiſtoires de toutes les nations, auſſi ferai-je bien aiſe, Eleus, à cauſe de voſtre humeur ſtudieuſe, de vous oſter icy le ſcrupule que vous pourriez avoir, qu'une femme deuſt apporter quelque empeſchement à vos loüables eſtudes. Et que diriez-vous ſi tout au rebours vous trouviez en elle non ſeulement de la complaiſance, mais encores de l'aide & du ſupport en ce genereux deſſein? Hipparchia parmi les Grecs

Lib. 1.

profeſſoit

professoit la mesme secte de Philosophie que son mari Crates; & disputant contre l'impie Theodorus, elle le rendit plus confus par ses sophismes, que n'eust peut-estre peu faire son mari. Le plus serieux des Romains ne se trouvoit point importuné de sa Pauline, qui voulut finir, si elle n'en eust esté empeschée, par une mort d'autant plus philosophique que celle de son mari, que la derniere heure de Seneque estoit commandée par Neron & la sienne deffenduë. Les lectures & les veilles d'Hortensius estoient éclairées par Martia, celles de Ciceron par Terentia, de Pline par Calpurnia, d'Apulée par Prudentilla, & de Symmachus par Rusticana, si nous en croyons Sidonius Apollinaris. Combien pensez-vous qu'il y ait eu de vers d'Ovide achevez par sa Corinna, de Catulle par Lesbia, de Getulicus par Cesennia, de Lucain par Argentaria, de Properce par Cynthia, & de Tibulle par sa Delia. Aussi, pourquoi seroient-elles contraires aux occupations de leurs maris, esquelles souvent elles ont excellé? Combien en pourrions-nous nommer qui ont extraordinairement merité de la Poësie? Les filles

L. 11. ep. 10.

filles de Lelius & celles d'Hortenſius, avec cette renommée Cornelia mere des Gracches, eſtoient-elles pas des plus eloquentes de leurs temps ? au rapport meſme du ſecond Orateur Romain, qui le juſtifie par leurs ouvrages. Ne dit-on pas que Jule Ceſar doit la pureté de ſon langage à l'inſtitution qu'il receut de ſa mere Aurelia? C'eſt pourquoi les eſcholes philoſophiques de la Grece ne les ont pas bannies de chez elles, comme nous faiſions voir tantoſt, & comme le témoignent une Laſthenia & une Axiothea, très-dignes diſciples de Platon & de Speuſippus. Hypatia fille du Philoſophe Theon, qui fut ſi miſerablement deſchirée par les Alexandrins, n'eſtoit-elle pas excellente Aſtronome ? Areta fille d'Ariſtippe, fondateur de la famille Cyrenaique, ne lui ſucceda-t'elle pas en la regence de ſon eſchole ? laiſſant après elle ſon fils en ſa place, auquel on donna le ſurnom de μητροδίδακτος, pour avoir receu toute ſon inſtitution de ſa mere. Je ne dirai rien icy de la fameuſe Leontium de noſtre Epicure, & de tant d'autres de cette famille. Seulement vous vous ſouviendrez d'Ariſtoxenus,

Quintil. l. 1. inſtit. c. 1.

D. Laert. in Plat.

Heſ. Illuſt.

xenus, lequel oſa bien écrire que Pythagore tenoit les plus beaux preceptes de ſa morale de ſa ſœur Themiſtoclea ; comme d'autre part ce Philoſophe avoit un grand nombre de femmes ſes eſcholieres, que les Italiens commettoient à l'envi ſous ſa diſcipline, à ce que dit Hermippus dans Diogenes Laertius. Car quant à Theano, cet autheur la fait eſtre ſa femme, Photius dans ſes extraits nous la donne pour ſa fille, & Jamblichus, qui la nomme entre les dixſept des plus illuſtres femmes Pythagoriques, la marie avec un Brontinus Metapontin, ayant merité le ſurnom de fille de la ſapience Pythagorique. Mais ſoit qu'il y ait de l'erreur entre les autheurs, ſoit que pluſieurs femmes ayent porté ce beau nom, ſelon Suidas, qui en note trois differentes, tous conviennent en cela que Theano fut l'une des principales diſciples de Pythagore. Voila des exemples ſuffiſans, ce me ſemble, pour aſſeurer un homme de bon choix & de bon jugement comme Eleus, qu'il ſe pourroit bien donner avec une femme, une humeur non ſeulement compatiſſante, mais meſme ſimboliſante,

bolisante avec ses vertueuses inclinations. Et croyez de plus que vostre bon naturel, vostre conduitte raisonnable, & la facilité de vos mœurs, seront toujours de puissans charmes pour reduire son esprit au point que vous desirez; comme au contraire les mauvaises conditions, le peu de cervelle, & la vie desordonnée de la plus part des hommes, rend celle des femmes subjecte à tous les blasmes qu'on leur donne. Car il y en a fort peu qui considerent que comme la femme n'a pas esté tirée de la partie superieure de l'homme pour lui commander, elle ne l'a pas aussi esté de ses pieds pour estre traittée en esclave, mais bien de son costé pour lui tenir lieu de compagne en cette communauté Aristocratique qu'ordonne Aristote, & de la region du cœur pour estre par lui conjugalement aimée. Beaucoup moins y en a t-il qui se souviennent de cette belle sentence de Marcus Varro, que *vitium uxoris tollendum aut ferendum est, qui tollit vitium, uxorem commodiorem præstat, qui fert, sese commodiorem facit.*

S. Ethic. c. 10.

A. Gell. l.1.c.17.

Peut-estre que Philocles vous pourra representer que sans vous mettre au hazard d'un mariage infortuné, vous pouvez fort bien recueillir toutes les satisfactions imaginables d'une femme que vous possederez & aimerez en toute liberté. Mais tenez aussi pour asseuré que c'est toute autre chose d'avoir un heritage à soy, que de le tenir à loüage, *Bibe aquam de cisternis tuis, & fluenta putei tui*, dit le Sage sur ce subject, & qu'au lieu des plaisirs d'une douce & legitime affection, vous n'y ressentirez que des chaleurs fiévreuses & desreglées, qui vous laisseront des langueurs & des desgouts insupportables; quand mesme vous ne tomberiez pas dans toutes les disgraces du bordel, capables de ruiner en mesme temps tous les biens du corps, de l'esprit, & de la fortune. Car pour le regard des premiers, vous sçavez que, *habet sua tela Cupido*, & vous pouvez vous souvenir de l'allusion de l'Espagnol, *Cortesanas, mas corteses, que sanas*; comme encores du dire des Italiens, *Più venenosa la potta che la botta*. Et veritablement si les infirmitez de Job ne sont la verolle mesme, comme l'ont escrit Perera & quelques autres, je ne sçay point de calamité

calamité comparable à celle d'un pauvre homme, lorsque sur ce subject,

Hellespontiaci sequitur gravis ira Priapi.

Quant à l'esprit, vous devez penser quelles peuvent estre ses fonctions dans un organe si miserablement conditionné. Et pour les biens de la fortune, il me suffira de vous ramentevoir cet autre proverbe d'au delà les Alpes, *chi ha un piede nel bordello, ha l'altro nel hospitale.*

Il pourroit encores vous mettre en consideration, qu'il est quelquefois des femmes comme des olives, lesquelles en vieillissant deviennent ameres, & que l'object de l'amour estant la beauté, l'un ne peut subsister sans l'autre. Pourquoy aimeroit-on un arbre sans ses feuilles, comme quand il en estoit revestu ? pourquoi baiseroit-on un visage tout labouré de rides, comme lorsque les roses & les lys y tenoient toutes les graces arrestées ? Venus & Saturne, disent les Judiciaires, se font une guerre perpetuelle ; & l'amour est depeint si jeune qu'il ne faut pas s'estonner s'il s'esloigne

loigne de la vieilleſſe. Auſſi que l'on s'ennuye ſouvent de battre touſjours à une meſme porte, *viene a noia al topo d'entrar ſiempre per un buco*, & finalement on ne touche pas volontiers un luth depuis que la table eſt deſbarrée & la roſette enfoncée. Mais outre que nous avons desja dit qu'il y a bien d'autres contentemens qui rendent plaiſant le mariage que ceux qui peuvent venir d'une periſſable beauté, encores eſt-il certain que comme le Soleil couchant ne laiſſe pas d'avoir les lumieres agreables, l'arriere ſaiſon auſſi des femmes que l'on a aimées ne manque pas de ſes graces & de ſes plaiſirs, qui firent preferer au judicieux Uliſſe les coſtez de ſa vieille Penelope, à l'immortalité qui lui eſtoit offerte ailleurs. Phryné diſoit fort gentiment qu'on beuvoit du bon vin juſques à la lie, ou en termes encores plus ſignificatifs, *multi bibunt fæcem ob vini nobilitatem*. Les longues années ne gaſtent pas toutes choſes eſgalement; il y a des arbres, comme les amendiers & les poiriers, dont la vieilleſſe rend les fruits meilleurs, dit Ariſtote; il y a des vins que le temps & le nombre des Conſuls recommandent;

dent ; beaucoup d'autres fruits secs ne laissent pas d'avoir leur goust agreable ; & les Anges, qui sont estimez les plus belles creatures, sont aussi les plus anciennes du monde, lequel pour estre vieil n'en est pas moins riant à nos yeux. Vous souvient-il point qu'Ovide ne pense pas qu'on puisse trouver de volupté solide avec les femmes qu'elles n'ayent passé trente cinq ans, se mocquant de ceux qui eussent voulu preferer Hermione à sa mere Helene, sous pretexte qu'elle estoit plus jeune.

L. 2. de art. am. *Illa munditiis annorum damna rependunt,*
Et faciunt cura ne videantur anus.
Utque velis Venerem jungunt per mille figuras,
Invenit plures nulla tabella modos.

Je laisse le reste des pensées lascives de ce Poëte sur ce subject, pour vous dire simplement qu'une femme reconnoissant avec le temps vos humeurs, sçait mieux en quoi consiste le point de la complaisance qu'elle vous doit ; si les années lui ont ridé le front, elles ont aussi applani ce que vous trouviez de rude & de raboteux

en

en ses façons de faire ; si l'âge lui a fait le corps plus pesant, aussi a t'il affermi ses affections, & rendu sa foy plus constante, d'où vient qu'on la nomme chenuë, *cana fides*. Mais après tout, une personne bien voulüe a tousjours de quoi vous contenter, *la gallina vecchia fa buon brodo*; & je n'ay point veu de mariages plus dans la bienveillance & la concorde que les anciens, comme s'ils estoient de la nature du miel, dont la plus douce partie se trouve tousjours au fond. C'est lors que se noüe le plus estroittement ce lien d'amitié indissoluble, ce nodus Herculeus, que nous presentent les deux serpens masle & femelle, entortillez au Caducée de Mercure, lequel nos Gaulois & les Egyptiens confondoient avec Hercule. C'est lorsque separant la bile de la victime, & l'enterrant avec grand soin, les sacrifices de Junon & de cette Déesse Viriplaca se trouvent, comme autrefois, sans fiel & sans amertume, & le lict conjugal sans riottes, sans defiance, & sans jalousie. Car qu'y a t'il de plus amer que cette façon d'aimer ordinaire aux jeunes gens, puisqu'ainsi est que la jalousie est un signe d'amour,

mour, comme la chaleur de la fiévre un tesmoignage de vie ; c'est une mort, disoit Salomon, que d'aimer de la sorte, & un vrai enfer que cette passion, *fortis est ut mors dilectio, dura sicut infernus æmulatio, lampades ejus, ut lampades ignis atque flammarum.* Permettez moy icy, Eleus, sur l'incertitude de ce que le Ciel ordonnera de vostre condition, que je vous die ingenuëment ce que j'estime de ce furieux transport d'esprit & de toutes ses dependances. La jalousie est double, ou de la part de la femme, ou de celle du mari ; mais elles ont toutes deux cela de commun, que la personne qui en est prevenuë s'ombrage de l'air qui touche la chose qu'elle aime, de l'eau qui lave ses mains, du Soleil qui la regarde, de la terre qui la supporte ; que les moindres soupçons luy tiennent souvent lieu de certitude ; & que par une miserable anticipation d'esprit, craignant un mal douteux, elle s'en fait un present & veritable. Or quant à la premiere, qui est sans doute la plus violente,

Cant. cant. ult.

Senec. in Medea.

(*Nulla vis flamma tumidique venti Tanta, nec teli metuenda torti,*
Quanta

*Quanta cum conjux viduata tedis,
Ardet & odit)*

vous esloignerez aisement cette furie infernale par vos comportemens raisonnables, & par le bon traittement que vous ferez à une femme ; qui despend, en un mot, de lui garder la foy reciproque, de ne pas verser en une lampe estrangere l'huile qui doit entretenir le feu sacré de vostre amitié, bref, en detorquant icy les termes de S. Paul, de faire que, *præputium tuum justitias legis custodiat*. Pour la seconde jalousie, vous en estes absolument le maistre, puisqu'elle despend entierement de vostre discours, & peut-estre de vostre seule imagination. Je ne veux pas dire que les comportemens d'une femme vous deussent estre indifferens, & qu'il n'y ait une jalousie loüable, dont nous faisons un des attributs de la divinité, *ego sum Deus zelotes*, je suis, dit-il lui mesme, le Dieu jaloux. J'advouë que l'honneur est l'une des choses & des plus delicates & des plus precieuses de la vie, *neque enim mihi cornea fibra est*. Aussi ne vous representeray-je point que la pluspart des Philosophes, & des plus

Epist. ad Rom. c. 2.

Persius.

R 3   saints,

saints, comme Platon, & des plus austeres comme Zenon avec tous les Stoiciens, ont fait les femmes communes dans le modelle parfait de leurs Republiques, Aristote, qui a esté de plus mauvaise humeur, s'estant neantmoins contenté de punir l'adultere au septiesme de ses Politiques ἀτιμία, d'une simple note d'infamie. Je ne vous exaggereray point qu'il y a eu tant de nations qui ont prattiqué cette communauté de femmes, comme les peuples appellez Agathyrses, les Massagetes, les Lybiens nommez Nasamones, & les voisins du Palus Tritonide, au rapport d'Herodote, de Strabon, & de tant d'autres des relations desquels nous nous sommes quelquefois entretenus; y en ayant d'autres parmi lesquelles la pluralité de maris est autant en usage, qu'ailleurs celle des femmes. En Calicut elles ont ordinairement dix ou douze maris, celles de Lithuanie ne se cachent point des aides de lict, comme elles les appellent, qui secourent le mary aux affaires de la maison; les Canariennnes de l'isle Lancelot avoient quasi toutes trois maris, servans par mois, & chacun à son tour; & celles de

C. 16.

L. 3. & 4.

Nicolo Conti.

Pius 2. Europa c. 26. & Mercator in tab.

de Medie, au rapport de Strabon, es- Cenqu. timoient bien chetifve la femme qui *de Berb.* ne pouvoit avoir que cinq maris. Je *c. 71.* ne vous feray point souvenir qu'aux isles Baleares ou Gymnesies la mariée avoit affaire avec tous les conviez aux nopces, avant que de venir à son espoux, qui ne la connoissoit que tout le dernier, comme celuy qui faisoit l'honneur de la maison, à ce que nous dit Diodore, Oviedo & Mercator attestans le mesme des habitans de Cuba presentement. Que les Lopes ou *L 3.* Lapons vers le Nort, & les naturels *hist. l.* de l'isle Gomere, aussi bien que ceux *17.c.4.* des provinces Chamul & Caindu, laissent leurs femmes avec les estrangers, qu'ils caressent très hospitalierement à leur retour si elles ont esté par eux contentées, comme nous content Marc Polo, Guaguin en sa Sarmatie, & Sigismond d'Herbestain. Que les Romains, & les Parthes, dit *11. Geo-* Strabon, s'entreprestoient librement *gr.* leurs femmes, comme fit Caton sa Marcia à Hortensius, & Tiberius Nero sa Livia, toute grosse d'enfant qu'elle estoit, à Auguste. Qu'Abraham reprit la sienne sans aucun desgout des mains de Pharaon & d'Abimelech;

R 4

melech ; & David sa Michol de celles de Phaltiel ; ce dernier me faisant souvenir de ce que Strabon & Agatharchides escrivent d'un Roy Troglodite, lequel se contente d'une brebis qui luy est donnée pour toute reparation par celuy qui a pris son plaisir avec la Reine. Mais je vous diray bien qu'en premier lieu vostre jugement vous doit servir icy, non seulement à considerer la naissance & l'éducation de celle en qui vous penserez, mais encores à preferer une beauté conjugale, que le vieil Ennius nommoit *stratam formam*, & Phavorinus *uxoriam*, à ces grandes & rares beautez qui attirent les yeux & evoquent les concupiscences du reste des hommes. Car encores que les Stoïques ayent voulu nommer τὴν ὥραν ἄνθος ἀρετῆς, *pulchritudinem virtutis florem*, si est-ce qu'à l'esgard du subject que nous traittons, cette excessive beauté est le poison de la vie, & la peste d'une famille, *bella moglie dolce veneno*, & comme dit cet autre proverbe, *chi ha cavallo bianco & bella moglie, non e mai senza doglie*. La mediocrité vaut mieux icy, comme souvent ailleurs, que l'abondance ; & est seule capable de vous

A. Gell. l. 5. c. 11.

D. Laert. in Zen.

vous faire eluder le dilemme de Bias, *ut neque habeas κοινὴν communem, neque κοινὴν pœnam.* D'ailleurs je vous diray encores, qu'il faut avoir esgard au naturel commun de toutes les femmes, lesquelles, aussi bien que le cheval fort en bride, sont plustost maistrisées & arrestées en leur lâchant un peu la main, qu'en la leur voulant tenir trop courte. Car ce n'est pas sans mystere qu'on donne des aisles à l'amour, les oiseaux aimans naturellement la liberté, & les affections sinceres estant ennemies de contrainte & de captivité. Plus vous tesmoignerez de franchise à une femme & de confiance en sa loyauté, plus vous engagerez sa foy ; *fides & fiducia relativa sunt*, & c'est icy que je voudrois vous dire, *fides tua salvum te faciet*. Souvent la puissance de faire une chose nous oste la volonté de l'executer, & particulierement icy,

A. Gell.
l. 5. c. 11.

> --- *ipsa potestas*
> *Semina nequitiæ languidiora facit.*

Ovid. 3.
am. el.
4.

Aussi bien vos soins & vos veilles ne serviroient-elles qu'à vous rendre plus miserable. Combien pensez-vous qu'il y en ait, qui ne se sont affectionnez à

R 5   une

une femme que sur la jalousie de son mary, laquelle leur a épuisé l'appetit, & recommandé une marchandise, qu'autrement ils n'eussent regardée qu'avec indifference? Ils s'imaginent des merites inconnus, où ils voyent tant de vigilance & de zele; & cette grande defiance de celuy qui possede, donne le prix à la chose possedée, qui passeroit pour vile sans cela.

Mart. l. 1. Ep. 41.

*Nullus in urbe fuit tota, qui tangere vellet
Uxorem gratis, Caeciliane, tuam
Dum licuit; sed nunc positis custodibus,
ingens
Turba futurorum est, ingeniosus homo es.*

Considerez d'ailleurs que si vostre femme est vertueuse, vos gardes & vos soupçons l'offensent, & que si elle est impudique, elle ne peut estre gardée. Vous ne possedez pas cette clef de David, avec laquelle *aperit & nemo claudit, claudit & nemo aperit*; & il y a telles serrures que le moindre passe par-tout ouvrira. Et comment garderiez-vous avec vos deux yeux une femme de cette nature, si Argus qui en avoit cent ne pût garder une vache muguetée,

muguetée ? En tout cas vous ne serez pas maistre de son ame & de sa volonté, qui commettront des adulteres spirituels, que je n'estime pas de moindre offense que les corporels, estant bien de l'opinion du Poëte,

Quæ quia non liceat non facit, illa facit. Ovid. 3. Amo. Eleg. 4.

C'est donc icy qu'il faut monstrer & posseder en effet une raisonnable & ferme asseurance en la vertu de cette moitié de vous-mesme, & croire que vous n'avez pas si mal servy les Dieux ny elle mesme, qu'ils voulussent vous punir de la sorte, & vous persecuter des passions du bestial Polypheme, qui court enragé après Acis son rival & sa Galatée ; d'un Thesée, lequel ayant espargné dans les horreurs de l'enfer le secours de la troisiéme promesse de son pere Neptune, s'en sert dans ce furieux transport contre son propre fils, qu'il met innocemment à mort ; d'un Gentilhomme Portugais, Mocquet. lequel depuis peu aux Indes, estant la nuit couché auprès de sa femme, pour avoir songé qu'elle commettoit adultere avec un sien amy, la poignarda impitoyablement à son resveil. Pourquoy

quoy un honneste homme ne se promettroit-il pas cette affection reciproque de sa femme & cet Anteros qu'il merite ? Pourquoy ne seroit-il pas aussi bien fortuné que ce Tyran de Syracuse Galon, celle duquel estimoit tous les hommes aussi punais que luy, n'en ayant jamais baisé d'autre ? On ne peut pas nier qu'il n'y en ait qui correspondent d'une amitié sincerement esgale & peut estre surpassante de beaucoup ; tesmoins ces Indiennes qui se jettent encores tous les jours dans le bucher ardent sur le cadaver de leurs maris, comme fit autrefois Evadné sur celuy de son Capanée ; & tesmoin cette passionnée Reine d'Ormus, laquelle mourut du regret amoureux que luy causoit l'absence du gentil Azevedo Portugais qu'elle avoit espousé.

Or après vous avoir parlé serieusement jusques icy, trouvez bon, Eleus, qu'avant que finir je me rie avec vous de la plaisante imagination des cornes, que l'on attribuë à ceux qui sont tombez pour leurs pechez dans les disgraces du mariage, ne doutant point que ce ne soit un des moyens qui tiendra tantost Philocles pour
vous

vous mettre en ombrage de ce Sacrement. Hé quoy ? n'y a t'il pas infinis passages tant du vieil que du nouveau Testament, qui parlent très honorablement des cornes ? celles de Moyse *Exo. 24.* nous représentent hieroglifiquement la divinité. Le Nazaréen est figuré avec des cornes au trentetroisiesme du Deuteronome, *quasi primogeniti* 1. *Reg.* *Tauri pulchritudo ejus, cornua Rhino-* c. 2. *cerotis cornua illius, in ipsis ventilabit gentes usque ad terminos terræ.* Anne dans son Cantique appelle son fils Samuel sa corne, *& exaltatum est cornu* Ib. c. 16. *meum in domo mea.* Samuel oignoit les & 3. Rois & les rendoit Christs avec l'huile Reg. c. qu'il portoit dans une corne, laquelle 1. estoit sa sainte Ampoule. David appelle Dieu *sanctum suum & cornu salu-* 2. *Reg.* *tis suæ.* L'Espouse du Cantique dit de c. 22. son bien aimé, *similis est dilectus meus* C. 2. *caprea hinnuloque cervorum.* (qui seroit C. 7. & aujourd'hui un fort mauvais compliment à une maistresse.) Dans les visions de Daniel les Rois des Medes & des Perses, & dix autres sont signifiez sous le symbole des cornes. Bref, Dieu les estime tant qu'il ordonna qu'il y en eust quatre aux quatre coings de son Autel, qui estoient arrousées de

sang

sang rouge, comme celles dont nous parlons le sont de blanc. Le Paganisme de son costé n'en a pas moins fait d'estat. Les Faunes, Satyres, & Pans s'en sont trouvez très honorez ; comme encores aujourd'hui les Mores d'Adem, & les Insulaires de Madagascar, s'en font artistement de leurs cheveux par galanterie. Bacchus ayant trouvé l'invention du soc & de la charruë, fut peint en reconnoissance avec un diademe de cornes,

Lov. Barthe me.

Diod. Sic. l. 3. & 4.

Accedunt capiti cornua Bacchus eris.

Ovid. ep. Saph. Pha.

(peut-estre en memoire de ce qu'elles ont esté le premier instrument du labourage, car il me souvient, entr'autres preuves, qu'à la descouverte des Canaries les Insulaires furent trouvez labourans avec des cornes de bœufs & des chévres.) Quand Jupiter voulut gagner les bonnes graces de la fille d'Agenor, il se para de la forme & des cornes d'un Taureau. Celle d'Amalthée ou d'Abondance est exaltée par toute l'antiquité. Et s'il est vrai que les cornes jettent des racines & fructifient, comme Linschot asseure qu'elles font à Goa, j'estime qu'il y a encores à present des greffes ou rejettons

jettons de cette corne là, se voyant beaucoup de maisons dans l'abondance qui seroient sans elles très incommodées. Souvenez vous de cet Epidius, lequel estant tombé dans la source du fleuve Sarne, & puis paru sur l'eau avec de belles cornes, en fut aussi-tost deïfié. Les medagles d'Alexandre le grand luy parent le front de deux cornes qui marquent sa divinité. Les batailles les mieux ordonnées ont eu des cornes, où consistoit leur principale force ; comme en celles d'Achelous, & en toutes bestes à cornes. Et Philostrate dit que Dieu a fait tout ce monde cornu, mettant l'une de ses cornes en l'Inde, & l'autre en Ethiopie ; c'est pourquoy, dit-il, les hommes sont noirs en l'un & l'autre endroit, comme est volontiers l'extremité des cornes ; qui est, ce me semble, une conception assez cornuë. Les Chimistes font un or que quelques-uns d'entr'eux appellent fulminant, & les autres cornu ; peut-estre avec un notable mystere, n'y ayant pas moins de relation souvent entre l'or & les cornes, qu'entre la cause & l'effet. Ne pouvons-nous pas adjouster à la recommandation des cornes ce qu'ont

Suet. de cl. Rh. c. 4.

2. de vita Apol. c. 9.

si soigneusement observé les Astrologues, que comme ceux qui sont benignement regardez par Orion deviennent excellents chasseurs, par Aquarius grands pescheurs, par Mars redoutables guerriers, & ainsi des autres ; aussi ceux qui sont veus d'un favorable aspect par Capricorne, reussissent des plus illustres Rois, & des plus celebres Heros de la terre ; *unde tantam fiduciam fati Augustus habuit, ut thema suum vulgaverit, nummum que argenteum nota sideris Capricorni, quo natus est, percusserit,* comme nous apprenons de Suetone en sa vie ; l'Empereur Charlesquint s'estant depuis vanté d'avoir eu un mesme ascendant en sa nativité. N'est-ce pas encores un grand advantage à ceux qui ont ces gentiles cornes de se pouvoir asseurer de la verité de leurs songes, puisqu'ils entrent par la porte de corne, qui est selon les Poëtes celle de la verité ; ainsi qu'il parut bien en celui de ce Roy d'Italie Cippus, lequel ayant resvé qu'il avoit le front cornu, sa forte imagination, dit-on, fit si bien reussir la chose imaginée, (*fortis imaginatio generat casum*) qu'à son resveil il se trouva la teste chargée du celebre pennache

Tenimb.
2. de cœ-
lo c. 3.
qu. 9.

pennache d'Acteon. Et je pense que si on avoit tenu bon regiſtre de cas ſemblables, on en conteroit aſſez bon nombre & de toutes conditions en nos jours, qui s'eſtans couchez le ſoir auſſi innocemment que ce bon Roy, ſe ſont levez le matin avec un bel habit de teſte façonné à la Moſaïque. Mais je m'apperçois bien que Philocles ne rit pas de ſi bon cœur, qu'il feroit s'il n'avoit point l'eſprit diverty au diſcours qu'il vous veut faire en faveur du celibat, auquel je veux rendre une auſſi paiſible audience que vous me l'avez tous deux voulu preſter.

PHILOCLES. Si eſt-ce, Caſſander, que j'ay pris d'autant plus de plaiſir à vos railleries, que j'apprehendois aſſez auparavant, que vos puiſſantes perſuaſions ne fiſſent quelque impreſſion dans l'eſprit de noſtre cher Eleus, peu reſpondante à ce qu'il doit attendre de noſtre ſincere amitié envers luy. Mais aprés tous les artificieux moyens que vous avez tenus pour ſouſtenir une aſſez mauvaiſe cauſe, vous avez bien voulu faire voir, tournant ainſi le tout en riſée, que c'eſtoit plus de gayeté de cœur, & par forme d'entretien que vous vous eſtiez engagé

engagé à sa deffense, que par intention de la nous justifier à bon escient, & peut estre plus par forme de compliment & de gratification envers un amy marié comme je suis, lequel vous avez voulu charitablement feliciter, qu'avec dessein d'engager dans la condition du mariage une autre personne, pour qui je sçay que vous avez des affections si tendres & si candides. Aussi aurez vous de moy, en reconnoissance, & pour ne demeurer ingrat, les tesmoignages de l'estime que j'ay tousjours faite de vostre genre de vie, & des grands advantages que j'y ay toujours remarqué ; avec une protestation respondante à la vostre, que comme je ne suis entré dans le mariage que par des mouvemens superieurs, en un temps auquel ma volonté s'assujettissoit par divers respects à celle d'autruy, aussi n'ay je rien de particulier qui m'en face presentement mesdire, & ne suis convié aux propos que vous aurés de moy, que par des connoissances generales, & des veritez universelles, que j'ay creu ne devoir tenir cachées à nostre amy, pour satisfaire à mon ingenuité, & ne luy faire fraude de ce qu'il s'est peu promettre de nostre entretien. Vous

Vous avez commencé, si j'ay bonne memoire par la recommandation de ces deux grandes divinitez de Venus & de son fils ; sur quoy mon humeur ne me permettra pas de contester avec vous, au contraire, reconnoissant leurs effets de la nature de leur cause, c'est-à-dire, aussi estendus & infinis que vous avez voulu remarquer, je serois pluftost pour adjouster à vos hymnes, que pour les diminuer, n'estoit que je crains de me perdre dans cette infinité. Et neantmoins Diogene nommoit l'amour γολαζόντων αχολίαν, *vacantium occupationem* ; & beaucoup ont estimé que le premier souspir d'amour estoit souvent le dernier de la sagesse ; & que pour ce subject Venus fut surnommée *Verticordia* par les Romains. Certainement on peut bien dire en general de cette passion, que si elle n'est reglée par la temperance, c'est la plus grande ennemie de toutes celles qui contestent avec nostre raison. C'est pourquoy les Grecs qui ont nommé la prudence φρόνησιν, ont aussi appellé la temperance σωφροσύνην, parce, dit Aristote, que celle-cy conserve la premiere. Mais comme je ne la voudrois pas requerir

D. Laert. in Diog.

Eth. Nicom. l. 6. c. 5.

requerir si austere que celle de Xeno-
crate, qui passoit les nuicts couché
aux costez de Phryné & de Laïs aussi
immobile qu'une statuë, ayant peu
partir du lict d'une Vestale ainsi que
le Soleil fait du signe de la Vierge,
sans luy faire perdre son nom. Et
comme je ne pretends pas me declarer si ennemy de toute volupté qu'estoit ce fondateur de la Cynique Antisthenes, qui avoit tousjours cette
protestation en bouche, μανείην μᾶλλον
ἢ ἡσθείην, *insania potius quam voluptate*
afficiar. Aussi ne pourrois-je pardonner à celuy qui se mariant par amourettes, comme l'on dit, pour mettre
une des moindres parties de son corps
à son aise, incommoderoit tout le
reste, pour se donner ce leger plaisir
si naïfvement definy par Marc Antonin ἐντερίου παράτριψις, καὶ μετά τινος
σπασμοῦ μυξαρίου ἔκκρισις, *intestini parvi*
affrictio, mucique excretio, non sine con-
vulsione, se priveroit de toutes les autres satisfactions de la vie; & qui sur
la consideration de quelques nuicts
voluptueuses, se rendroit miserable le
reste de ses jours, suivant les termes
Espagnols, *qui en se casa por amores,*
malos dias y buena noches. Puisque d'ailleurs

D.
Laert. in
Xenocr.

D.
Laert.
Antist.

De vita
sua l. 6.

leurs c'est bien mal l'entendre, que de chercher le contentement d'amour dans une condition qui luy est si contraire par toutes ses circonstances, que le seul mot du mariage vous prive pour tousjours de ce qui est de plus doux en amour ; estant certain que la principale & plus essentielle partie consiste en la connoissance & asseurance que vous prenez d'une affection reciproque, de laquelle les hommes mariez, non plus que par tout ailleurs les Rois, & les plus grands Princes, ne peuvent jamais avoir que quelques legers ombrages, & jamais aucune certitude, parceque l'ascendant & authorité des uns & des autres sur la chose aimée, luy oste la liberté d'agir volontairement, & fait qu'hais ou aimés, ils sont tousjours à peu-prés traittez & caressez également.

Mais avant que de m'engager plus avant dans les considerations du mariage, je crois devoir respondre un petit mot à ces grands advantages que vous avez voulu donner à ce foible sexe feminin sur le nostre ; & sans m'arrester au petit nombre d'exemples où il se trouve quelque chose d'eminent aux femelles, qu'à peine vous
avez

avez peu trouver dans toute l'estenduë de la nature, où vous vous estes mesme voulu servir de l'authorité d'Aristote ; je vous feray souvenir de la maxime generale qu'il establit sur ce subject au livre de la Physionomie, *κακεργότερα γίνεσθαι τὰ θήλεα τῶν ἀῤῥένων*, *magis malefica fieri fœminina masculis*; & de ce qu'il dit au second livre de la generation des animaux, que la femelle n'est autre chose qu'un masle imparfait, & failly par la Nature, qui est demeurée courte en son dessein, *τὸ θῦλυ ὥσπερ ἐστὶν ἄῤῥεν πεπηρωμένον*, *fœmina quasi mas læsus est*, ou comme disent les escholes, *est vir occasionatus*; adjoustant au quatriesme livre que pour ce subject elle peut bien estre nommée le premier de tous les monstres.

Pour ce qui est des femmes en particulier, les Italiens semblent ne les avoir nommées *donne*, *sino dal danno che fanno*, comme les Allemans *Frauu*, des fraudes & tromperies qui viennent d'elles ; y en ayant eu qui ont estimé que la bonté essentielle de la femme consistoit à montrer sa malice ouvertement, *mulier tum demum est bona, cum aperte est mala*; qui est peu de dire au prix de ce qui est porté dans l'Ecclesiastique, *brevis est omnis malitia super malitiam mulieris &c.* De là vient que comme Platon fait que sur la fin de son Timée, que les ames des hommes legers & temeraires, sont transmises après cette vie, suivant la Metempsycose Pythagorique, en des corps de volatiles; celles des voluptueux, dans ceux des pourceaux; des cruels & homicides, dans ceux des bestes les plus feroces; des ignorans & terrestres, dans ceux des serpens; & celles des plus stupides, qu'il appelle ignorantissimes, ne meritans pas de respirer cet air vital, dans ceux des poissons, pour y demeurer ensevelis soubs les eaux. De mesme veut-il que les ames des hommes non seulement timides & effeminez, mais encore meschans & injustes, soient contraintes d'animer par une Palingenesie ou seconde vie des corps de femmes, comme proportionnées à leurs depravées conditions. C'est aussi pourquoy on a dit que Promethée n'avoit esté attaché si miserablement sur le Caucase que pour avoir fabriqué la femme; & tous les peuples de la Chine & du Japon en ont si mauvaise opinion, *Lucian. in A-mor. Mendes Pinto.*

qu'ils

qu'ils ne pensent pas qu'il y ait de Paradis pour elles, ny qu'aucune puisse estre sauvée. Auquel cas, l'opinion de Mahomet qui leur deffend l'entrée de ses Mosquées, leur seroit fort advantageuse, quand il asseure la mortalité de leur ame. Tant y a que parmy les Chrestiens mesmes nous voyons les Moscovites chommans les festes de beaucoup de Saincts, ne reconnoistre pour saincte que par respect la seule Vierge Marie, & beaucoup ont creu avec S. Augustin & le subtil Docteur Lescot, que les femmes ne participeroient à la resurrection generale, qu'en changeant de sexe, & perdant le feminin pour le viril. Le vers Grec met le feu, la mer & la femme pour maux esgalement à craindre. C'est en ce sens que quelqu'un disoit de sa femme qu'elle estoit θηλυτάτη, la plus femme du monde, voulant dire la plus meschante. Et l'histoire d'Orphée nous fait voir, que celuy qui avoit peu adoucir le naturel des animaux les plus farouches, ne se peut preserver des femmes qui le deschirent. Voilà ce que je n'ay peu me dispenser d'opposer à ces imaginaires excellences du sexe feminin, & cela d'autant plus sommai-

Card. de anim. immor.

Relat. du cap. geret.

L. 22. de civit. Dei c. 17.

L. 3. sensent.

MARIAGE. 409

sommairement, que ce discours, si on luy donnoit libre carriere, n'ayant point d'autres bornes que les deffauts & imperfections de ce sexe, s'estendroit par consequent à l'infiny. Souvenez-vous que ces mesmes Poëtes que vous avez rendu si partiaux pour les femmes, n'ont inventé la naissance de Minerve sortie du chef de Jupiter & non pas du ventre d'une femme, que pour nous les representer incapables de prudence & destituées du bon jugement.

Mar. cap. bg. Pail.

Venons maintenant à considerer le mariage en general, & puis nous attachant à ses particularitez & circonstances, nous mettrons peine de le contempler en tous sens, afin d'en prendre une plus parfaite connoissance. Que s'il est à propos de rechercher la verité & l'essence des choses, par la consideration des mots & des lettres mesme dont ils sont composez, comme Aristote l'ordonne au premier de ses grandes morales, où il appelle cela, *veritatem rei, ex literarum similitudine & ratione nominis venari*; & si particulierement les Stoïciens ont esté loüez d'avoir tenu cette methode, comme l'expose Ciceron au premier

C. 6.

Tome II.   S   de

de ses offices, en ces termes, *audeamus imitari Stoicos qui studiose exquirunt unde verba sint ducta*; faisons comme il dit là & nous trouverons qu'aussi bien qu'au mot Espagnol *casamiento*, mariage, il n'y a qu'une lettre à adjouster pour faire cansamiento, lassitude, de mesme à celuy de mary, d'où est venu le mariage, il n'y a qu'un accent à y mettre & vous trouverez máry qui veut dire chagriné & ennuyé. C'est peut-estre ce que nous ont voulu donner à entendre les Legislateurs du Ciel, quand ils ont fait que Venus est la mesme estoile qui s'appelle Phosphore le matin & Vesper sur la fin du jour; voulans dire que les mariages où Venus preside, n'ont en leur matin & commencement que des gayetez & des lumieres, lesquelles peu de temps aprés se convertissent en des tenebres, symbole de la melancholie. Periandre l'esprouva ainsi, avec toute sa sagesse, lequel estoit si content d'abord de sa femme, qu'au lieu de Lisis, il la nommoit sa Melitte, ou sa petite abeille, & se vit enfin contraint de la tuer à coups de pied (comme depuis Neron sa Poppée & ce celebre Sophiste Herodes sa Regilla toute grosse)

Suet. in Ner. art. 25.
Phil. in Her.

tant

tant elle luy fut insupportable, bien qu'il l'aimat jusques à se servir ou pour mieux dire abuser de son corps aprés sa mort. Et veritablement quiconque a pris femme le matin, peut bien faire son compte d'avoir donné des ostages à la fortune, de faire, si bon luy semble, d'estranges jeux de luy dans la soirée. Quiconque s'est fait recevoir dans l'ordre de cette Chevalerie de Sainct Joseph, peut bien prendre resolution de porter la Croix sous la chemise le reste de ses jours. Et celuy-là n'avoit pas mauvaise grace de dire que si, selon le proverbe, les mariages sont faits dés le Ciel, on pourroit bien conclurre qu'il se faisoit en ce païs-là d'aussi mauvais marchez ; & aussi subjets à repentance comme en terre. Aussi voyons nous dans les moralitez poëtiques Jupiter mesme à qui le mariage a rendu le sejour de son Olympe si desagreable, qu'il est contraint de venir chercher du divertissement en terre, en fuyant l'odieuse compagnie de sa Junon. C'est pourquoy les Estats qui ont plus visé à leur advantage dans la multitude des hommes, dont ils croyoient avoir le soin, qu'aux contentemens

S 2 des

des particuliers, ont esté contraints de faire ces loix dont vous parliez tantost, qui convyoient par les recompenses & contraignoient par les peines à ce rude lien conjugal, tesmoin ce qui nous reste de la loy *Pappia Poppæa de maritandis ordinibus* chez les Romains. Car sans ces artifices, encores que le nombre des fols soit naturellement fort grand, si eust-il esté difficile que tant de personnes l'eussent esté jusques à ce point.

Juven. sat.

Certe sanus eras, uxorem Posthume ducis?
Dicqua Tisiphone; quibus exagitare colubris? &c.

Aussi que d'ailleurs ils avoient cette jolie porte de derriere qui nous manque aujourd'huy, appellée repudiation, par laquelle avec une feuille de papier en main, intitulée libelle de divorce, ils se tiroient de cet estat calamiteux, là où il n'est pas à present en nostre puissance d'en sortir que par le feu, la corde ou le precipice; sinon que depuis peu on s'est acortement servy de ce gentil pretexte d'impuissance. Nous connoistrons mieux la verité de ces maximes generales, si
nous

MARIAGE. 413

nous commençons à jetter les yeux sur le particulier, & je dirois sur les accidents du mariage, n'estoit que tous les malheurs m'y semblent essentiels; ou s'il y en a qui paroissent fortuits, à y prendre garde de prés, vous trouverez que ce sont de ces accidents que les Philosophes ont nommez inseparables. Voyons donc premierement ce qui est de plus public au mariage, & comme du dehors de la maison, & puis nous observerons le dedans, & tascherons à reconnoistre les femmes jusques dans la chambre & dans le lict.

Quand un homme a pris la resolution de changer sa liberté en servitude (d'où vient que pour le prix de la vente qu'il a faite de soi-mesme, il en reçoit les deniers appellez dotaux) nous disons qu'il n'est plus garçon, & qu'il a pris femme, par une façon de parler la plus vicieuse & trompeuse qu'il est possible. Car, comme a fort bien remarqué Aristote en sa categorie de *habitus*, il y a sept differentes significations du mot *habere*, dont la derniere & la plus impropre de toutes est celle-cy *habere uxorem*, parce, dit Ammonius, qu'elle est reciproque;

S 3 estant

estant vray que la femme nous a & nous tient autant & souvent davantage que nous elle ; comme nous disons avoir le mal de teste, bien que ce soit luy qui nous tienne & nous agite, & avoir pris la peste, quand c'est elle qui nous saisit & nous possede. Or cette telle quelle possession que nous croïons avoir faitte pour le soulagement de nostre vie, & l'accommodement de nostre famille, se trouve enfin, selon que nous vivons, à son incommodité, voire à sa ruine, tant par le mespris que font aujourd'huy les femmes des soins domestiques, que par les grandes despenses ausquelles ou elles nous engagent insensiblement, ou elles nous contraignent forcément. Car encores que Venus ait esté peinte les pieds sur cette tortuë, qui dit si bien dans Esope, οἶκος φίλος, οἶκος ἄριστος, *domus amica, domus optima*, pour leur apprendre la demeure sedentaire & continuelle qu'elles doivent faire au logis qui est commis à leur vigilance & conduitte ; si est-ce qu'avec toutes les persecutions de ces orientaux, qui leur mutilent les jambes, & leur rendent les pieds inhabiles à marcher, nous ne les empescherions pas de courir

rir les ruës, se faire traisner aux Cours, & vaquer depuis le matin jusques au soir, sous mille pretextes d'autant plus specieux, que nostre sottise les a laissez introduire. Ce qui fait qu'elles croyent faire avec juste authorité & raison, ce qu'elles font par coustume, *nam desinit esse remedio locus, ubi quæ fuerant vitia, mores sunt.* De là proce- Sen. ep. 39. de en partie la grande despense où vous constitue le luxe seul de leur personne, pour ne rien dire du reste de leurs profusions. Car pour paroistre superbement dans toutes ces promenades, & porter la teste altierement levée comme des Andromaches, avec des gestes & des mouvemens,

quibus incendi jam frigidus ævo Laomedontiades, & Nestoris hernia possit, Juv. sat. 6.

il leur faut des paremens & des habits, dont les Reines du temps passé eussent fait conscience de se servir hors leurs entrées solemnelles. La France n'a rien que de vil pour cela, l'Italie ny l'Espagne ne produisent pas de quoy contenter leurs appetits, à peine l'une & l'autre Inde envoyent-elles des singularitez & des nouveantez qui les

S 4 puissent

puissent aucunement satisfaire. *Intacta* *etiam anchoris scrutantur vada, ut inveniat per quod facilius matrona adultero placeat, corruptor insidietur nuptæ.* Leurs robes seules & leurs juppes coustent plus souvent qu'elles n'ont apporté de dot en mariage ; & telle porte au bout de l'oreille plus pesant que n'est son patrimoine. Encores si cette magnificence estoit accompagnée de quelque modestie ? & si leurs vestes couvroient une partie de ce que la nature cacheroit de leurs cheveux si elles la laissoient faire ? Mais nous voyons qu'à peine leurs modes de se bien ranger, comme elles parlent (*sæculum vocatur*) laissent quelque chose de reserve, qu'elles puissent montrer en particulier à leurs adulteres, de plus que ce qu'elles font voir à tout le monde. Elles alloient moins nuës lorsque l'escorce & les feuilles seules des bois leur servoient de couverture, qu'aujourd'huy vestuës comme elles sont, *si vestes vocanda sunt, in quibus nihil est quo defendi aut corpus, aut denique pudor possit ; quibus sumptis, mulier panem liquidò nudam se non esse jurabit.* Car peut-on dire qu'il reste quelque pudeur à une femme sous cet equipage ?

Plin.
nat. hist.
l. 22.
c. 2.

Sen.

ge ? & qu'hors le vermillon d'Espagne, la moindre teinture de ce rouge les accompagne, que Diogene disoit estre la couleur de la vertu ? D. Laert. in Diog.

Periere mores, jus, decus, pietas, Sen. in
    fides, Agam.
Et qui redire cum perit nescit pudor.

Et neantmoins c'est en cette belle posture qu'elles commencent leurs journées par la visitation des temples ; au lieu de la nudité de l'ame, elles y viennent faire parade de celle du corps; sous pretexte de communier l'esprit, elles y viennent communiquer leur personne, les rideaux des autels servants de couverture à leurs lubricitez ;

Multas Io facit quod fuit ipsa Jovi. Ovid.

Si Dieu souffre ces insolences, ce n'est pas merveilles s'il tolere, avec leurs maris, les visites atiltrées & les autres passe temps de l'apresdinée, lorsque sortant d'un visage feint & composé de la presence d'un mary, vous les voyez à trois pas de là comme des autours laisser aller sur leur foy, gagner le haut, & fendre le vent du costé que leur passion les emporte. Car à la verité elles ont cela de commun avec tous les oiseaux de proye, qu'elles vont au vif, & se paissent de crud comme eux; n'y ayant difference qu'en cela, que ceux-là fondent sur la proye, & celles-cy fondent dessous. Cette distinction de maintien & de contenance en la presence ou hors la veuë de leurs maris, nous est gentiment representée dans la theorie de la Lune, qui fait si bien la retirée en sa conjonction avec le Soleil qu'elle n'est pas perceptible, là où à mesure qu'elle s'en esloigne, elle prend plaisir, ce semble, à se faire d'autant plus voir à tout le monde. De parler de ce qui se passe en leurs reduits nocturnes, & dans leurs assemblées de Balets, c'est-à-dire en plein bordel, celuy-là seul le peut concevoir qui s'y est quelquefois trouvé, & qui a veu ce general prurit, excité tant par les contentemens de tous les sens à la fois, que par la licence de la nuict, & la petulance de la plus indiscrete jeunesse qui soit dans le Ciel, qui est la nostre. C'est là qu'encores qu'il leur fust resté quelque sentiment d'honneur du long du jour, il ne se sauveroit jamais d'un si commun naufrage. C'est là qu'entrées en Rut,

comme

comme l'on dit, & lors que selon le mot d'Aristote, ιππομανῦσιν equinunt, elles ne sçavent que c'est de refuser, (hormis celle qui laissant le reste à l'abandon, ne voulut jamais prester la bouche, disant que c'estoit elle qui avoit juré fidelité.) C'est là que les plus retenuës & retifves, s'il s'y en trouve, succombent soubs la fatalité de l'heure du chartier, où tout verse sans remission. Vous vous estonnez, ce me semble, que mon discours ne face aucune exception, comme si vous ignoriez que Pallas qui souffrit Vulcain s'approcher si prés d'elle, qu'il en repandit la semence dont fut produit Erichtonius, nous fait une leçon de celles qui passent pour les plus chastes, lesquelles ne laissent pas à son exemple d'endurer quelquefois d'estre ainsi brusquement & gaillardement caressées. Le bon est de voir comme à leur retour elles font passer la feste au bon homme pour des ceremonies de Vestales, & des mysteres de la bonne Déesse, aprés s'estre peut-estre mieux exercées que ne fit jamais Messaline, laquelle *superavit ancillam quinto ac vigesimo concubitu.* Et comme encores d'un front composé, & d'un visage mesle

6. de hist ani. c. 18.

Plin. l. 14. c. 63.

de

de quelque austerité, elles se plaindront à lui du mauvais divertissement, & du peu de satisfaction qu'elles auront receu en son absence. Car bien que le pauvre Moyse puisse aisément remarquer sur les lévres de sa pudique matrone les vestiges d'un insolent baiser,

Ovid. 1. amor. eleg. 8.   *Factaque lascivis livida colla notis;*

que son sein soit encores tout chaud d'une chaleur adultere; & que les traces des limaçons desgoutent & incommodent encores ses attouchemens sur tous les sentiers de l'amour;

Juven.   *Humida suspectis referens multitia rugis,*
Vexataque comas & vultum auremque calentem.

Si faut-il que par un effort d'esprit merveilleux, desmentant tous ses sens, & contredisant son propre discours, il preste toute creance à celuy de cette Faustine; & que s'appaisant (s'il avoit ressenti quelque emotion) du vent de sa chemise dont elle se coiffe, il souffre qu'elle luy donne *delle tette sul naso*, comme dit l'Italien, & le trahisse d'un baiser qui devroit estre la base d'un

MARIAGE. 421

d'un amour fidellement conjugal. C'est ainsi qu'Hercule embrassoit Antée pour l'estouffer, que le lierre s'unit à la muraille pour la ruiner, & que ces voleurs d'Egypte appellez Philistes, jettoient les bras au col de ceux à qui ils vouloient oster la vie. Encores n'arrive-t'il gueres que ces caresses soient gratuites, & que parmy ces douceurs elles n'y meslent l'absynthe de leurs importunitez. Car c'est là qu'elles dressent leurs embusches, & qu'attendant la beste au passage, dans propre traject du Rubicon, *Sen. ep. 52.*

(cum jam præsagit gaudia corpus,
Atque in eo est Venus, ut muliebria
conserat arva) *Lucret. l. 4.*

elles luy font tantost descouvrir son secret, tantost promettre les choses injustes, & le plus souvent, si elles peuvent, espouser toutes leurs passions hors celle qui luy doit estre cachée ; se servans des charmes de cette ceinture de Venus, soubs laquelle Homere loge si naïfvement la fraude & la tromperie. Que si ces considerations cessent, & que manquant d'autre dessein, elles jugent pour le mieux de tesmoigner une humeur froide, &
qui

qui n'est pas portée au dernier point d'amour ; c'est merveille comme elles rendent lors leurs approches difficiles, & combien ensuite elles sont injustes en leur derniere complaisance,

Ovid. 1.
amel. 4.
 Blanditia taceant, sitque maligna Venus.

Les jeux d'un amant ne sont jamais assez libres ny assez impudiques à leur gré, ceux d'un mary les importunent, & ne sont que vilains. Elles ne trouvent jamais de quoy assouvir leur faim auprés des premiers, icy le cœur leur grossit contre la viande, & protestent qu'elles voudroient que le mariage peust subsister sans ces fascheuses dependances & ces rudes devoirs. Voila les merveilleux opiates qui concilient le doux sommeil des hommes mariez ; du resveil desquels je ne vous diray autre chose, sinon que vous pouvez vous souvenir que le Dieu d'amour mesme, ayant espousé sa Psyché, se leva d'auprés d'elle & prit son congé avant le Soleil levé. Cependant, Cassander, vous declamez contre la jalousie, vous trouvez qu'on fait grand tort à la chasteté des femmes de ce temps de soupçonner leur loyauté,

Apul.
Metam.

té, vous dites qu'il se faut confier en elles, parceque, *plerumque habita fi-* *des ipsam sibi obligavit fidem* ; que par ce moyen *justus ex fide vivet*, & tel sauvera son honneur, lequel autrement il ne peut garder qu'avec l'anneau de Hans Carrel, c'est-à-dire en bouchant le trou ; entant qu'en bonne Physique *intus existens, prohibet alienum*. Vous adjoustez que naturellement les eaux veulent avoir leur passage libre, d'où il est aisé de conclurre, que la nature faisant toutes choses pour le mieux, il est raisonnable de laisser le canal des femmes en pleine liberté, & leur Nature (dont elles sont volontiers pauvres comme un Asne d'oreilles) en leur pure disposition. Voila mettre à vous gentiment vos argumens en forme. Or de ma part je vous advoüeray sans contrainte l'impossibilité de se mettre au dessus des artifices & de la malice des femmes pour ce regard, celuy qui s'en sauve se pouvant dire, à mon advis, plus heureux que sage ; si tant est que les moralitez de l'Arioste sur les advantures d'Astolphe & de Jocondo, reçoivent quelque exception. Je me mocque de tous les remedes magiques qu'on

D.'Paudes ius ad Ro. c. 1.

qu'on y a voulu trouver, comme quand ils ont escrit, *harundine transfixa rana natura per os, si surculus in menstruis defigatur à marito, adulteriorum tædium fieri.* Car, comme dit Pline, si telles choses estoient veritables, *multo utiliores vitæ existimentur ranæ quam leges.* Je sçay bien que comme aux Indes elles sçavent joliment endormir leurs maris pour vacquer à leurs amourettes avec leur breuvage appellé *Dutroa*, qu'icy elles leur font avaler des poids au veau qui ne sont pas de moindre efficace. Je vous donneray mesme la chasteté, si vous voulez, pour une chose imaginaire parmy nous, & mesprisée, voire vicieuse en beaucoup d'endroits ; n'ayant esté baptisée du nom de vertu, que quand la jalousie l'a voulu tenir sur les fonds. J'appelleray avec vous le poinct d'honneur une persecution du siecle, qui n'a de subsistance qu'au mesnage, & en la bonne conduitte de celles qui en font profession, & qui en ont & en font part à leurs maris, à peu prés comme de la bonne mine, autant qu'elles en sçavent artificieusement faire paroistre. D'où vient que Diane a esté tenuë pour estre plus sage que les autres

32. na. hist. c. 5.

Pirard.

autres Déesses, non pas qu'elle le fut en effet, mais pour ce qu'elle sçavoit mieux joüer son jeu, ne caressant que de nuit son Endimion, & faisant de jour la courroucée contre une pauvre Calisto. Je passeray encores plus outre, & vous confesseray avoir tousjours esté de ce sentiment, que les hommes ne pouvoient faire paroistre davantage leur sottise, que de faire despendre leur reputation d'un animal tel que la femme, & encores de la partie qui est en elle la plus difficile à cautionner. Mais aprés tout cela je ne laisseray pas de vous maintenir, que puisqu'il faut vivre sous les loix qui sont establies avant nous, & que nous avons trouvé le monde qui avoit convenu de ces principes d'honneur, il faut que nostre discours s'y accommode, & qu'ensuitte nos actions en despendent. C'est pourquoy le procedé des Italiens & des Espagnols à garder leurs femmes, pour ne parler que de nos voisins, bien qu'il soit plus contraire à cette liberté de nature dont vous parliez tantost, ne laisse pas d'estre fondé sur une bien meilleure ratiocination. Car quelle plus grande stupidité, & quel plus grand aveuglement

glement que le noſtre, qui preferons en mille rencontres l'honneur à la vie, advoüons que la plus pure partie d'iceluy deſpend de la bonne conduitte de nos femmes, ſçavons leurs infirmitez & inclinations diametralement contraires à nos intentions ſur ce ſubject; & neantmoins les laiſſons agir en pleine liberté, c'eſt-à-dire, fouler aux pieds ce pretendu honneur, & faiſons un vice de la jalouſie, par laquelle ſeule nous pourrions teſmoigner eſtre amateurs de noſtre reputation. Si nous ne pouvons ſurmonter le vice, pour le moins teſmoignons que nous en avons averſion, & faiſons noſtre poſſible pour le limiter & reſtraindre. Les femmes meſmes en beaucoup d'endroits reconnoiſſent tellement la force de ces raiſons, qu'elles ne font pas eſtat de leurs maris, voire ſe plaignent d'eux s'ils ne leur donnent des preuves de leur jalouſie; les Moſcovites entr'autres requerant meſme d'eſtre battuës & excedées ſur ce ſubject. La pluſpart des animaux que nous nommons deſraiſonnables nous font icy noſtre leçon; les lions deſchirent les Leopards reconnoiſſant en eux les marques des adulteres de leurs meres;

Sigiſm. ab Herb. & Guagn.

Philoſtr. l. 2. c. 7.

le

le Bouc à ses justes ressentimens contre Cratis, & luy voyant caresser sa Chévre le choque jusques à le faire mourir;

> *Si conjugio timuere suo*   Sen. in
> *Possunt timidi prælia cervi,*   Hippol.
> *Et mugitu dant concepti*
>   *Signa furoris.*

Et nous trouverons violente la procedure du Seigneur San Petre d'Omano? lequel un genoüil en terre devant sa femme, qu'il appelloit encores sa maitresse, luy demanda pardon de la contrainte où son honneur le reduisoit de la faire mourir, ne luy refusant pas mesme la faveur dont elle le requit d'estre estranglée de ses propres mains. Mais pourquoy, dites vous, prendre des soupçons legerement, & presumer des choses qui nous sont inconnuës? Sur quoy vous exhortez nostre cher Eleus, au cas qu'il se vit aux termes d'avoir besoin de vos bons avis, de se promettre mieux de sa bonne fortune, & d'user d'une genereuse force d'esprit à chasser loing de luy toute jalousie,

> *Hic animis opus, Ænea, hic pectore* virgil.
> *firmo.*

Pour

Pour moy je ne veux pas faire passer pour bonne cette maxime, qu'en termes de jalousie, d'amour & d'Estat, le seul soupçon face la certitude. Mais je vous trouverois aussi bien plaisant, si vous vouliez reduire les hommes à ne croire que ce qu'ils verroient en semblables matieres, ou à s'en rapporter à ce que leurs femmes leur en confesseroient par serment. Vous auriez aussi bonne grace à leur persuader par fortes inductions les tromperies ordinaires des sens, & particulierement de la veuë,

Idem.   *Aut videt, aut vidisse putat per nubila lunam;*

& que comme le verre nous fait voir toutes choses de la couleur dont il est, qu'aussi peut-estre la membrane de l'œil appellée κερατοειδης, ou tunique cornée nous represente des cornes où il n'y en a point. Les yeux, Cassander, dont l'homme doit voir le plus clair sont ceux de l'esprit, qui luy font appercevoir, ensuite de certains antecedens, des consequences absolument necessaires ; & de quelques conjectures bien prises & raisonnées, luy font tirer des resolutions toutes certaines.

De ces yeux là il penetre bien plus avant que de ceux du corps ; ce que nous apprend la Mythologie de Mercure, lequel avec deux de cette premiere nature, surmonta facilement Argus qui en avoit cent autres. Il faut avant que de sortir de ce propos, que je vous communique encores une de mes opinions paradoxiques sur iceluy. C'est que nos François croyent avoir fait une bonne repartie, quand ils disent que la jalousie des Italiens n'est bonne, qu'à faire prendre à leurs femmes les mesmes passe-temps avec leurs Gondoliers ou Estaffiers, que les nostres prennnent icy avec les galans hommes ; pretendans que de ces deux maux les Italiens encourent le plus grand, & qu'en un mot s'il faut estre cocu, il est moins honteux & sensible que la femme s'abandonne à un homme de condition qu'à un maraut. Car au contraire, considerant bien la qualité de l'outrage que reçoit un mary quand sa femme luy fausse la foy, je n'y trouve rien de plus poignant que le mespris qu'elle fait de luy, en luy preferant un autre qu'elle estime plus digne de ses affections. Or est-il que quand elle s'abandonne à un valet, elle

elle fait assez voir qu'elle n'y entend autre finesse que de contenter ses appetits, qui vont plus à la quantité qu'à la qualité, *por esso es uno cornudo, porque pueden mas dos que uno*; & par consequent l'affront en doit estre moins sensible, si neantmoins une chose qui est tousjours extresme, peut être consideree avec quelques degrez de moderation. L'injure au contraire est bien plus atroce, quand elle prostituë son honneur & le vostre entre les mains d'un homme, qui se sentant par là preferé à vous en prend advantage & vous mesprise. Car quant à l'injustice des enfans qui vous sont supposez, on ne peut pas dire qu'elle soit plus grande en vous donnant ceux d'un Païsan, que ceux d'un Prince; ou ceux d'un bon gros lourdaut de valet, que ceux d'un grand habile homme. Tant s'en faut, pour ce que l'action de la generation est tellement corporelle, que pour s'en bien acquitter, aussi bien que pour la gouster parfaitement, il n'y doit intervenir aucune operation d'esprit, il arrive souvent que ce valet y reussit mieux que son maistre, & que les enfans d'un vigneron, *cæteris paribus*, & recevant une aussi bonne
éducation,

MARIAGE. 431

éducation, & inſtitution, auront de grands advantages en toutes leurs fonctions de corps, & d'eſprit, ſur ceux du premier officier d'une Couronne. Or pour ce que cette jalouſie des hommes procede de la connoiſſance qu'ils ont de l'impudicité de leurs femmes, ſi nous pouvons reconnoiſtre les cauſes de ce mal, & les fondemens de ce deſreglement en elles, nous ſerons enſuitte plus capables de parler des remedes, s'il y en eſchet, ou de l'impoſſibilité d'en trouver.

Les femmes mariées prennent le frein aux dents, & ſe donnent pleine liberté dans la carriere d'amour, portées de l'une de ces trois paſſions (ſi elles ne le ſont de toutes enſemble) ou d'ambition, ou d'avarice, ou de pure volupté.

Vous voirez celles qui ſont dominées par la premiere, avoir volontiers de ces beaux eſprits qui font profeſſion de bien dire, & de tout ſçavoir. Et de fait elles ont ſi bien appris en l'eſchole d'Aſtrée, & ſi bien retenu les belles moralitez & les riches exemples du Decameron, & de la Celeſtine, qu'elles meſurent le merite & les

bonnes

bonnes graces d'une femme, au nombre & à la condition de ceux qu'elle tient engagez à son service, & ne croyent point qu'il y ait de plus vilains traits de visage que ceux qui sont accompagnez de quelque pudeur, *argumentum esse deformitatis pudicitiam*; ne reconnoissant point aussi d'autre chasteté conjugale que celle qui n'a jamais esté sollicitée. Que si vous voulez prendre garde à quoy aboutit la recommandation de toutes celles qui passent aujourd'huy pour femmes d'esprit, vous trouverez que c'est qu'elles sçavent mieux que les autres l'application des histoires d'Amadis de Gaule aux occurrences du temps present. Je ne vous puis mieux figurer le caractere de ces beaux & sublimes esprits, que par celuy de cette superbe Philematium, celle qui disoit la veille de ses nopces, que pour bien representer la laideur, elle l'eust voulu peindre avec le visage d'une pucelle (*casta puella anus est*) & que vous vous souviendrez avoir esté mariée comme par force, parce que son mary avoit la reputation de n'avoir pas grand'-chose. Or pource que la magistrature de ce personnage, & la

grande

grande connoissance qu'il a du droit ancien, le rendent comparable aux plus notables des Romains, vous trouverez bon que je luy donne pour cette heure le nom de Publius Cornelius Curnua. A peine avoit-on achevé de dire le jour qu'ils furent espousez l'Evangile de Monsieur Saint Jean sur leurs testes, & hautement psalmodié *cornu ejus exaltabitur in gloria*, que cette glorieuse femme, afin qu'on vit qu'elle espousoit un mary de bonne façon, & pour le rendre plus considerable, luy fit present d'un beau pannache tout semblable à celuy qu'avoit l'amoureux Jupiter quand il ravit la belle Europe. Il n'y eut personne si peu entenduë en la physionomie, ou si peu connoissante son humeur, qui ne jugeast bien déflors qu'elle estoit trop sçavante & trop glorieuse, pour souffrir que son mary, quelque habile homme qu'il fut, luy apprit rien la premiere nuict de leurs nopces. Depuis, pour ce qu'elle avoit leu dans les bons livres que la femme devoit espouser les humeurs avec la personne de son mary, & d'ailleurs pour n'estre estimée de moindre courage que luy, voyant que sa charge le ren-

doit personne publique, elle fit si bien en peu de temps qu'elle ne luy cedoit nullement pour ce regard; voire mesme le voyant en estime du grand Jurisconsulte, & sçachant que les plus renommez des anciens *omnibus sui copiam faciebant*, elle voulut aussi avoir la reputation de ne refuser l'entrée de chez elle à personne. Si ce n'est qu'elle se servit quelque-fois fort à propos du pretexte du mariage pour esloigner les importuns ou les odieux. Car au fonds vous sçavez qu'elle a rendu son mary de si bonne humeur, qu'elle dit elle-mesme qu'il est comme le bois à faire flustes, de tous bons accords; & quelquefois plus gaillardement, qu'il est chair & poisson tout ensemble, (ce que quelques-uns interpretent cocu & maquereau tout à la fois) en recompense de quoy elle luy a rendu leur lict si commode, qu'il y peut tout faire sans marque aucune de vilenie, parce que c'est un lieu commun. Je ne vous en diray pas davantage pour la vous faire mieux connoistre, sinon, qu'encores qu'elle ait le visage de couleur d'ambre, elle a pourtant une faculté toute contraire, en ce qu'elle rejette le festu; &
que

que ceux qui se sont mis à genoux devant cette sainte, asseurent qu'elle ne se paye pas de petites chandelles; comme d'autres aprés avoir pris connoissance du feu qu'elle cache sous sa jupe, ne se sont plus estonnez qu'avec une telle chaleur elle ait fait le plus sublime cocu du monde. Au surplus vous pouvez remarquer que son humeur & de celles qui luy ressemblent, n'est pas de cacher ny d'enterrer les cornes, comme fait le Cerf; elles font gloire de les rendre manifestes & d'estre tenuës pour galantes, spirituelles, ou en un mot pour ce qu'elles sont & leur mary de mesme; *si Alexandre es cornudo, sepalo Dios y todo & mundo.* Elles veulent que leurs mignons soient montrez au doigt & plus connus par les livrées & les faveurs qu'elles leur font porter, que par leur propre nom. Que si elles sont servies d'un grand, ou visitées de Jupiter mesme, elles desirent, comme Semelée, que ce soit avec les éclairs & le bruit du tonnerre, qui consomme à la fin ce qui leur peut rester d'apparence d'honneur, tant elles sont resoluës de satisfaire à leur amour ambitieux. C'est ce qui fait

In Tito. conclure judicieusement à Suetone qu'on pouvoit bien croire Domitia à sa parole, quand elle asseuroit que l'Empereur Titus son beau frere n'avoit jamais eu sa connoissance, *haud negatura si qua omnino fuisset, imo etiam gloriatura, quod illi promptissimum erat in omnibus probris*. Voilà une figure de l'esprit d'une femme, telle que nous disons naifvement representée.

Venons à celles à qui l'avarice a fait dire qu'elles avoient des cœurs de Diamant, leurs affections venales ne pouvant estre gagnées que par presens. C'est pour elles qu'est fait le proverbe Espagnol, *quien da mas, tiene damas*, & que les anciens nommerent Venus dorée, ayans de plus remply leurs fables de pluies d'or & de pommes d'or, quand ils ont voulu faire reüssir quelque amour difficile; jusqu'à chanter que le rameau d'or s'acquiert aussi tost les bonnes graces de Proserpine mesme. Les deux fleches de Cupidon n'ont aussi esté inventées que sur ce subject, n'y ayant, disent-ils, que celle d'or qui porte l'amour dans le cœur, l'autre de plomb, qui nous represente la pauvreté, ayant un effet tout contraire.

N'est-

N'est-ce point pour cela encores que les Astrologues ont mis en leur Ciel la Balance auprés de la Vierge, voulans dire que celles de ce sexe balancent ordinairement non seulement les bonnes graces & le merite, mais de plus les facultez & les presents de ceux qui les recherchent. J'adjousteray sur cela que fort à propos anciennement on ne faisoit qu'un mesme signe de ces deux la Vierge & la Balance, qui sont aujourd'huy divisez, parce qu'à la verité la femme est elle-mesme la balance qui panche vers la partie la plus pesante, & a ses inclinations du costé qu'elle reçoit le plus. L'Imperatrice Poppée en est le plus riche exemple qu'on puisse choisir, si nous voulons peser ces termes de Tacite; *famæ nun-* 13. *ann.* *quam pepercit, maritos & adulteros non distinguens; neque affectui suo aut alieno obnoxia, unde utilitas ostenderetur, illuc libidinem transferebat.* Hé quoy ? Diane sous le nom de laquelle la chasteté estoit reverée, ne fust-elle pas gagnée par un vilain Satyre, auquel elle s'abandonna sur la promesse qu'il luy fit d'une belle toison de brebis toute blanche ? Et pour descendre du Ciel en terre, nous verrons (prenans

T 3   ce

ce seul exemple entre dix mille) la femme d'Amphiaraus, laquelle gagnée avec une chaifne d'or par Polinice, fait aller son mary à la guerre de Thebes où il devoit miserablement perir. Ainsi voilà ce grand Prophete, tout clairvoyant qu'il estoit selon la signification du mot Hebreu, qui ne se peut garder des embuches d'une femme avaricieuse, laquelle se laisse debaucher par les presens. Or s'il fut jamais le temps auquel la bonne bourse fut plus consideree par les femmes que les beaux pendans, c'est sans doute celuy-cy, auquel il n'y a point d'eloquence comparable à celle de la muse Dorique, & auquel vous n'en verrez gueres de si difficiles à aborder, que vous ne transportiez plus puissamment par le son d'une bourse de pistoles, que ne fut jamais Alexandre le grand par celuy du luth de Timothée. Il ne s'en voit plus qui affectionnent en premiere instance les hommes nuds ainsi que fit Nausicaa son Ulisse. Et veritablement si (comme a escrit Aristote après Philippe le comique) Dedale faisoit bien mouvoir une Venus de bois par une infusion d'argent vif, il ne se faut pas estonner que l'argent

Diod. Sic. l. 4

MARIAGE. 439

parfait & metallique face si bien remuer celles qui sont de chair & d'os. Vous disant pour conclusion, qu'il n'y a point d'homme, à mon avis, lequel voulant joüer le personnage de Megadorus ou de grand honneur, ne trouve toutes les femmes Pandores, & qui ne luy pourront rien refuser.

Il reste à parler de celles que le seul plaisir semble convier à faire l'amour, lesquelles trouvent qu'il n'y a rien de si languide que les embrassemens d'un Mary, & que les fruicts amoureux ne sont goustez avec douceur, qu'autant qu'ils sont pris à la desrobée ; *aquæ furtivæ dulciores sunt, & panis absconditus suavior*. [*Prov. Sal. c. 9.*] Le bon Homere remarquant là-dessus que Jupiter ne trouve point de volupté avec sa Junon, que quand il la prend en cachette, τὴν γὰρ ἀνδρὸς ἐξεσίαν τέτηκεν εἰς κλοπὴν ὑπιχείας, *mariti enim potestatem mutavit in furtum adulterii*, comme parle Philostrate. [*in Epist.*] Et à la verité, soit que la Nature se plaise ainsi par tout au changement, soit que les paroles sacramentales facent icy leur operation, *& erunt duo in carne una*, [*Genes. c. 2.*] il n'y a gueres de mariez qui n'esprouvent avant qu'avoir mangé le minot de sel ensemble, que les

T 4 esmoémotions de l'attouchement se sont merveilleusement refroidies, & qu'à la longue les membres de l'un & de l'autre leur sont au maniement à peu-près une mesme chose. Je sçay bien qu'il y en a d'entre ces femmes qui fondent leurs excuses sur les mauvaises provisions de la maison, lesquelles les obligent de chercher de quoy passer la faim au dehors ; & j'advoüe bien qu'un bon ordinaire sert de beaucoup à faire bien porter un mesnage ; comme j'ay tousjours estimé que ce qui faisoit le plus regretter à Peneloppe son Ulysse, estoit qu'en vingt ans de son absence, il ne se trouva jamais personne qui sceut tendre l'arc & bander la corde ou le nerf comme luy,

Ovid. 1. *Penelope vires juvenum tentabat in*
Amor. *arcu ;*
Qui latus argueret, corneus arcus
erat.

Mais croyez aussi que vous auriez beau estre le p¹is grand conquerant, ou le plus vaillant combattant du monde, & que quand vous auriez cette partie aussi infatigable que le Dieu des Jardins, ou que la nature vous auroit esté aussi bonne & liberale

MARIAGE. 441

le mere qu'à la Balene masculine, de qui le membre genital arrive à treize coudées au dire de Cardan, si est-ce que vous n'eviteriez pas pour cela ce qu'il plairoit aux Parques & à une femme de l'humeur dont nous parlons, d'en ordonner. La verge d'Aaron cesseroit icy de faire des miracles, & toutes les graces & les vertus de sainct Crescimano ne vous en pourroient pas preserver. La grandeur de Pompée, ny la fortune jointe à la valeur de Cesar, ne les en garantirent pas. Les forces de Samson ne l'empes- *Judic.* cherent pas de perdre l'honneur & la 14. gageure tout ensemble, *si non arasse-tis in vitula mea, non invenissetis propositionem meam*; non plus que toute la Philosophie de Marc Antonin ne l'exempta pas de l'inevitable coup de corne, bien qu'on die que les Philosophes se sçavent deffendre des arguments cornus. Ces femmes-cy cherchent leurs appetits dans le changement des viandes, qui sont quelquefois si extravagans, qu'après s'estre sinon saoulées; au moins lassées de la puissance masculine, elles ont recours à l'impuissance des Hermaphrodites pour diversifier, tesmoing Phavori-
T 5 nus,

nus, accusé tout Eunuche qu'il estoit, d'adultere, ou prenant mesme plaisir à s'entretromper & tribaler,

Mart. l. 1. Ep. 58.
Inter se geminos audent committere cunnos,
Mentitur que virum prodigiosa Venus,

pour ne rien dire de celles à qui l'humanité ne suffit pas. Tant y a qu'elles tiennent pour maxime, que comme la brusture se guarit par un feu nouveau, l'amour n'a point de meilleur remede que luy-mesme quand il est diversifié. Sur le naturel de ces desgoustées, les Italiens ont fort gentiment nommé *cor di donna*, cette plante que nous appellons Soucy, voulans dire que le cœur des femmes n'est pas moins variable que cette herbe, bien qu'on ne la voye point en mesme posture, & que si elle regarde le matin d'un costé, elle soit tournée le soir d'un autre; comme aussi que leurs affections sont encores plus partagées & divisées que nous ne voyons les feuilles de cet heliotrope infiniment decouppées. De là vient qu'il se trouve si peu de Monoceros ou d'Unicornes aujourd'huy, & que celles qui n'ont

n'ont qu'un mignon, passent pour des superstitieuses entre les galantes, & dans les bonnes compagnies, *matri-* *monium vocatur unius adulterium.* Il y en a d'autres que la seule gourmandise presse, & qui sont dans une perpetuelle Boulimie d'amour, le cancer qu'elles portent au dessous du buste ne se pouvant rassasier de viande. Celles-là, contre toutes les regles de Logique, viennent à une continuelle petition de principe, prenant volontiers pour devise, *Quod non potest diu fieri fi.it sæpe.* Et comme si elles estoient Stoïciennes en Amour, elles ne se soucient pas tant de la bonne mine des hommes, moyennant que le jeu en soit bon, s'affectionnant assez souvent des plus laids, pourveu qu'ils ayent bonne eschine, ainsi que les Louves des plus malotrus. Petrone nous en fait voir qui ne baisent rien si volontiers que les vestiges du foüet, & qui n'estendent jamais les bras de si bon cœur que sur des esclaves, *dum amplexus suos etiam in crucem mittunt.* C'est d'elles que parle le proverbe Hebreu. *Tria sunt insaturabilia, & quartum quod nunquam dicit sufficit, infernus, & os vulve, & terra quæ nunquam satia-*

Sen. 3.

de Benef. c. 16.

Saty.

Salom. Prov. c. 30.

tur aqua, ignis vero nunquam dicit sufficit. Aprés quoy j'estime qu'il ne faut rien adjouster pour vous faire comprendre ce que c'est de cette derniere espece d'amour, que nous avons nommé amour de pure volupté.

Que si nous considerons ce que peuvent ces trois puissans demons, l'ambition, l'avarice, & le plaisir, sur des esprits de femmes, foibles de nature, depravées par la licence des mœurs, & abandonnées par nostre sottise à une pleine liberté, il sera aisé de conclure, que comme nous vivons en France (hors les graces prevenantes du Ciel) il n'y a gueres de moyens humains ny de remedes en nostre puissance, pour nous sauver de tout ce que nous avons remarqué de calamiteux dans le mariage.

Ovid. 3. *Rusticus est nimium quem lædit adulte-*
Am. El. *tera conjux,*
4. *Et notos mores non satis urbis habet.*

On fait un conte d'un Roy d'Egypte qu'Herodote nomme Pheron, & Diodore, Sesostris, lequel eut reponse de l'oracle Butis, le plus celebre qui fust lors, qu'il ne pouvoit recouvrer la veuë qu'il avoit perduë, qu'en se lavant

vant les yeux de l'urine d'une femme qui ne se fust soubmise ou laissée aller qu'à son seul mary ; sur quoy se servant en vain des eaux de la sienne premierement & ensuitte de toutes les autres, il n'en trouva qu'une dans tout son Estat qui eust la vertu medecinale qu'il cherchoit. Je ne veux point tirer de paralleles odieux entre ces temps-là & le nostre, mais je prie Eleus de tenir pour certain, que jamais les femmes ne furent plus femmes qu'elles sont, & que comme elles ont par tout la mesme figure exterieure, aussi ont-elles la mesme forme informante au dedans, un esprit aussi libertin, une volonté aussi portée au mal, & des inclinations aussi ennemies de l'honneur & du repos de leurs maris. Et vous osez le convier, Cassander, à donner quelque chose à sa bonne fortune, & luy dire qu'il n'a pas si mal servi les Dieux, qu'il puisse tomber dans toutes ces disgraces ? Pour le premier poinct, je ne sçay pas pourquoy vous voulez qu'il donne quelque chose à cette fortune, qui ne prend que trop sur nous en depit que nous en ayons ; & pour le second, souvenez-vous que cet athée qui combat

Apin.
Phil.
l.1.c.7.

bat la providence divine dans Plutarque, se sert pour un fort argument de la malice impunie de deux femmes, Clitemnestre, qui fit poignarder Agamemnon par son Egiste, & Dejanire, qui empoisonna Hercule à la persuasion de ce Centaure, lequel estoit sans doute quelque Cavalier, qui avoit eu part en ses bonnes graces. Que si la conclusion en estoit bonne, qu'il n'y eust point de divinité où il n'y a point de punition de tels crimes, jamais peut-estre l'atheïsme n'auroit esté si fort en raisons qu'au siecle auquel nous vivons. Mais les Dieux, diroit un Payen, tesmoignent assez qu'ils ne s'en font que rire, souffrans que leur mere commune Rhea adultere comme les autres, & entretienne ses Atys à leur barbe. Ce qui me fait souvenir de l'interpretation que donne Rabi Menachen au passage d'Esaye, *de semine serpentis exivit Basilicus*, où il veut qu'Eve nostre premiere Mere, qui venoit d'estre paistrie de si bonne main, n'ait pas laissé d'estre seduite & connuë par le Diable, qui vint à elle en Cavalier monté sur un serpent, & qu'elle ait engendré Caïn de cette copulation; lequel cas rendroit,

estant

estant veritable, la faute des autres beaucoup plus legere, qu'on pourroit dire estre quasi un second peché originel, & aussi universel que le premier. Comme il y en a qui ont creu que cette fragilité des femmes à tomber à l'envers, ne procedoit pas tant d'estre naturellement courtes du talon, comme l'on dit, que du pouvoir que Dieu donna lors au serpent, d'affoiblir cette partie du corps à tout le sexe feminin, selon le texte du troisiesme chapitre de la Genese, *semen ejus conteret tibi caput, & tu insidiaberis calcaneo ejus (vel conteres calcaneum ejus.)* Or puisque cette matiere amoureuse nous a entretenus plus long-temps que je ne m'estois proposé, & qu'il nous reste si peu d'heure & de promenade, donnons seulement une legere atteinte au reste, touchant comme du bout du doigt quelques autres despendances le plus inseparablement attachées au mariage,& pour cet effet considerons les conditions essentielles du corps & de l'esprit d'une femme, avec qui vous auriez à passer le reste de vos jours.

Quant au corps, octroyons luy toutes les graces que vous voudrez, encores

cores qu'il s'en voye plus de laids & d'imparfaits que d'autres, si m'advoüerez-vous qu'au moins une fois le mois il vaut bien mieux s'en trouver loing que près. C'est pourquoy Orphée avoit prudemment institué les Dionisiaques, pour separer pendant ces mauvaises lunaisons soubs ce pretexte les femmes de leurs maris. La Loy de Moyse faisoit le mesme durant sept jours, & en certain cas punissoit de mort l'homme & la femme qui luy avoit ouvert la fontaine de son sang, comme parle l'Ecriture. Et les femmes des Naires en la coste des Malabares, gardent encores aujourd'huy pendant trois jours cette ceremonie; comme font les Canadines, & autres Americaines, qui se tiennent à l'escart de tout le monde lorsqu'elles se sentent incommodées de ces fascheuses purgations. Mais croyez qu'hors ce tems-là mesme, il y a beaucoup d'hommes qui doivent envier le bonheur de ce Roy d'Aracan, lequel au rapport d'Odoardo Barbosa, ne couche qu'avec celles dont la sueur sent bon. Encores ne sçauroit-il si bien choisir, que la plus accomplie du monde n'ait en beaucoup de parties

Levit. 6.15. & 20.

Sagard des Hurons c. 4. & Chã pl.

de

de quoy molester la delicatesse de son odorat,

Desinit in piscem mulier formosa superne;

d'où vient que pour oster ce goust de marée, *& ne nares interim cessent, odoribus variis inficitur locus ipse, in quo luxuriæ parentatur.* Bien que, quoy que l'on puisse faire, on trouvera tousjours icy, suivant l'axiome Philosophique, un mesme principe de generation & de corruption, & dans le deshabiller & la nudité d'une femme que vous voirez à toute heure & sans preparation, plus de desgoust & de mortification, que de satisfaction & de charmes. *Sen. de vita Bea. c. 11.*

Nec veneres nostras hoc fallit, quo magis ipsæ
Omnia summopere hos vitæ post scenia celant,
Quos retinere volunt.
Lucr. l. 4.

On peut adjouster icy ce que disoit un bon compagnon, qu'il n'avoit jamais couché avec sa femme, pour agreable qu'elle fust, qui ne luy sentist mal avant que la minuict fust venuë. Ce qui se peut alleguer à l'advantage de leur

leur corps, c'est qu'elles ne manquent pas d'agilité & de soupplesse, qui sont vertus corporelles; tesmoing cette celebre Courtisane Cyrene, qui fut surnommée δωδεκαμήχανος, des douze figures differentes qu'elle pratiquoit, bien qu'elle ne seroit qu'une petite aprentive aujourd'huy parmy celles qui font des commentaires sur les postures d'Aretin. J'adjousteray encore ce mot, que cette partie de Geometrie qui l'occupe à considerer la profondeur des corps, appellée Stereometrie, perd en ceux-cy son escrime, pource que le fonds ne s'y trouve jamais; c'est pourquoy David eut raison de dire son *De profundis*, ayant couché avec Bersabée, & une femme en quelque peril de se noyer ayant hazardeusement empoigné la braguette de son mary, il fut fort bien dit qu'elle avoit eu raison de se prendre à une piece qui n'alloit jamais au fonds.

Parlons sommairement des qualitez de leur esprit, en certaines choses que nous n'avons point encores traittées.

Premierement leur opiniastreté est invincible, avec une humeur si contredisante, tredifante, qu'on peut dire que comme Platon faifoit boire des eaux de lethé à toutes les ames avant que venir en ce monde, celles des femmes femblent avoir toutes beu de ces eaux de contradiction dont il eft parlé au vingtiefme des Nombres. Un mary avoit bonne grace, lequel cherchant le corps de fa femme noyée, remontoit allant contre le cours de la riviere, avec cette refponfe à ceux qui l'en reprenoient, qu'il le faifoit ayant efprouvé que fa femme faifoit toutes chofes au rebours. Et c'eft icy que leur refiftant pour les corriger, vous eftes afleuré de ne point perdre voftre peine, pour ce qu'elle ne vous abandonnera jamais.

Le menfonge leur eft tellement naturel, que fi la verité n'eftoit connuë que par leur moyen, on pourroit afleurer avec ce Xeniades Corinthien, dont parle Sextus Epicurus, que toutes chofes feroient fauffes en ce monde. Sara, toute aimée de Dieu qu'elle eftoit, ofa nier aux Anges, fes hoftes, qu'elle euft ry derriere la porte lorfqu'ils avoient dit qu'elle concevroit. Mais fur tout elles y excellent quand il faut impofer au mary qui les prefle,

Adu. Mathem. l. 7.

Gen. c. 18.

presse, & qu'il est question de se tirer d'un mauvais passage.

Juv. sat. 7.   *Tunc immensa cavi spirant mendacia folles.*

C'est icy que le bon homme est en beau chemin s'il les en croit à leurs sermens, dont elles ne croyent pas que cent, pour faux qu'ils soient, puissent faire la moitié d'un peché mortel, ny qu'elles se parjurent envers autre Dieu que celuy des Poetes qui ne s'en fait que rire. Aussi Junon est dicte *à jurando*, parce que c'est le general mestier des femmes.

Faites de plus vostre compte que leur esprit est tousjours insidieusement aux embusches pour gagner le dessus, & se rendre en effet telles que beaucoup les nomment, à l'exemple des Spartiates, les maistresses de la maison. Auquel cas si le mary leur permet une fois de faire l'office d'agentes en sa place, il se peut bien resoudre d'estre le patient le reste de ses jours. Si une fois il reconnoist cette divinité feminine de la Lune, il n'y a plus de Dieu Lunus qui puisse luy rendre le dessus. Semiramis ne demanda que cinq journées de Souve-

P. Spart. in carac.

Diod. Sic. l. 2.

MARIAGE. 453

Souveraineté & de commandement au Roy son mary, & vous sçavez ce qu'elle fit dès la troisiesme. Voulez-vous voir quel est leur pouvoir & combien s'estend cette φιλογυνεία, que Ciceron traduit *mulierositas*, penetrez les cabinets des plus grands Empires, considerez-y les ressorts des principaux mouvemens de l'Estat, voyez quelles y ont esté la plufpart des causes, non pas apparentes & pretextées, mais veritables & essentielles des plus grandes affaires, & vous advoüerez que ce n'est pas en Lybie seulement qu'il y a des Gynaicoucratomenes, & qu'hors l'empire des Amazones il y en a bien d'autres gouvernez par les femmes. Aussi Minerve instruisant son Ulysse dans Homere, de ce qu'il avoit à faire pour se rendre de consideration dans la Cour du Roy Alcinous, luy recommande sur tout de gagner les bonnes graces de la Reine Arete sa femme ; car vous l'estant renduë favorable, luy dit-elle, rien ne vous sera impossible, & vous serez incontinent heureusement expedié ; de quoy l'avoit semblablement desja adverty la Princesse Nausicaa. Or pour ne me rendre odieux aux affaires de ce

Odyss. l. 7.

ce temps & ne m'embarasser contre mon humeur en celles de nostre Europe, prenons un exemple fort notable de la Perse. Democedes Crotonien Medecin si celebre, que depuis luy on recommandoit un homme de sa profession en disant qu'il estoit de Crotone, se trouvoit en une honorable prison dans la Cour de Perse, avec un passionné desir de revoir la Grece ; sur quoy l'occasion luy presentant Atossa femme de Darius travaillée d'un ulcere chancreux en la mammelle, il en entreprit la cure qui luy reüssit, & la recompense fut la persuasion de la guerre de Grece, que cette femme mit en la teste de son mary pour complaire à ce Medecin, lequel esperoit par cette occasion retourner en son païs. Ainsi voilà cette grande expedition d'une armée de sept cens mille hommes par terre, assistée d'une autre navale de six cens vaisseaux, qui desolerent toute la Grece, laquelle a pour fondement le sein d'une Reine qui sceut cageoller son mary dans le lit, comme le conte gentiment Herodote.

L. 3. Et afin que vous sçachiez que les plus innocentes se meslent de ce jeu-là,
C. 14.
& 15. considerez Esther qui proteste d'avoir
en

en horreur le lict d'Assuerus incirconcis, & qu'elle abomine la Couronne qu'il luy fait porter estant sa femme, autant que la chose du monde que celles de son sexe ont la plus odieuse & importune, *ut pannum menstruatæ*, ce sont ses parolles; & à trois pas de là se trouvant en sa presence toute troublée & en defaillance, qui procedoit vraisemblablement de crainte & d'indignation, elle luy en donne neantmoins cette raison, *Vidi te, domine, quasi Angelum Dei, & turbatum est cor meum præ timore gloriæ tuæ, valde enim mirabilis es, domine, & facies tua plena est gratiarum*. Ce compliment vous semble-t'il pas delicat?

Mais une des plus grandes persecutions du mariage, c'est l'importun & desordonné babil des femmes, soit qu'une humeur chagrine les face tempester, auquel cas,

Una laboranti poterit succurere Lunæ;

soit qu'elles veuillent faire les sçavantes, elles qui ignorent tout ce qu'elles pensent sçavoir, & ne sçavent que ce qu'elles feignent ignorer; soit encore que par ambition elles facent parade à toute une famille de leur authorité impe-

imperieuse. Estant notable que les plus impertinentes & desraisonnables sont tousjours les plus effrenées & tempestueuses, *la piu guasta ruota del carro fa sempre maggior strepito.* Mais elles ont toutes pour une maxime très-importante, voire pour un article de foy, que le silence est une qualité autant recommandable en un pere Confesseur, que messeante en une femme d'esprit ; quoy qu'ait voulu dire le proverbe Espagnol, *la muger, y la pera, la que calla es la buena* ; soustenant & avec verité très-constante, qu'il n'est pas des hommes & des femmes comme des Cigales, entre lesquelles il n'y a que les masles qui ayent de la voix, au recit d'Aristote & de Pline ; & que ce n'est pas pour neant que la Nature a fait les femmes si vocales.

5. *de Hist. Anim. c.* 30. *l.* 11. *c.* 26.

Je craindrois de tomber dans le vice que je reprends aux femmes, si je recherchois plus avant les secrets du mariage, ce que j'en ay dit estant suffisant, à mon advis, pour le vous faire reconnoistre, tant en sa substance qu'en ses accidens ; & vous faire advoüer que parlant du general des femmes, il fait fort bon se garder d'une mauvaise, & ne se gueres fier en la meilleure.

meilleure. Estimant qu'à present vous ne trouverez pas estrange la naïfveté de celuy, qui demandoit à son voisin un rejetton du figuier auquel sa femme s'estoit penduë; non plus que le compliment de cet autre qui disoit à son amy affligé de la perte de sa femme, que son mal le touchoit de sorte qu'il eust desiré qu'il luy fust arrivé. Et souvenez-vous là-dessus du conte au vieil Loup que le vilageois vouloit martyriser, lequel fut conseillé au lieu de la croix ou du feu, de luy donner une femme qui le feroit pirement perir tous les jours, que tout autre supplice; & de l'Archidiable Belfegor, que Machiavel fait avoir mieux aimé retourner en enfer, que de se remettre soubs le joug du mariage.

Quint. 6. Inst. c. 3.

Un autre plus partial & plus animé que moy contre le mariage, auroit aussi examiné bien plus par le menu mille autres cuisans soucis ausquels il nous tient engagez; le soing de la nourriture & entretenement de toute une famille, laquelle semble ne croistre que pour nous accabler; les peines que causent les maladies journalieres d'une femme, d'un enfant, voire d'un serviteur, dont les infirmitez portent necessairement jusques sur nous ; les difficultez qui se trouvent dans l'institution de nos enfans, souvent pervers, & indisciplinables ; les disgraces où nous jettent à toute heure les mieux naïs, par malheur ou autrement, ausquelles il faut que nous apportions necessairement le remede ; l'impossibilité d'advancer honorablement dans les charges, ou de promouvoir aux autres conditions de la vie un nombre de garçons & de donner un doüaire suffisant à plusieurs filles, dont il ne faut pas esperer de se deffaire autrement ; bref une infinité de telles amertumes matrimoniales, qu'on veut que Socrate ait toutes avalées sans froncer le sourcil, c'est pourquoy nostre amy vous le proposoit tantost si expressément à imiter. Comme si aucun pouvoit ignorer que ce sage des Philosophes, de la sorte qu'ils se sont pleus de le nous figurer, ne soit une idée conceuë par eux à plaisir de ce qui ne peut estre réel que dans le Ciel ; & qu'un tel modele de toute sagesse ne soit aussi fantastique & surnaturel que le citoyen de Platon, le Prince de Xenophon ; l'œconome d'Aristote, le Laboureur d'Hesiode,

siode, l'homme prudent & le Capitaine d'Homere, l'Orateur de Ciceron, le Poëte d'Horace, l'Amant d'Ovide, l'Architecte de Vitruve, le vray amy de Lucien, l'Hermite de Saint Hierosme, l'homme bien temperé de Galien, la maquerelle Celestine, la putain de Veniero, ou le Courtisan de Castiglione. Quant à moy je suis tout persuadé que quiconque vous fait voir Socrate impassible dans toutes les calamitez de son mariage, nous represente mieux sa statuë de marbre, ou son image de bronze, que ce qu'il estoit veritablement parmy les Atheniens.

Tout ce qu'Apollodorus nous a dit de plus considerable, c'est qu'en fuyant le mariage, nous renonçons à l'immortalité que semblent donner les enfans avec leur posterité, & que nous voyons estre si recherchée dans toute la Nature, que jusques aux plantes elles produisent leur semblable, & se perpetuënt autant qu'elles peuvent dans leur rejettons. A quoy je ne veux point repartir que la consequence n'est pas necessaire, veu que les plus illustres hommes de l'antiquité portoient le nom de Heros, ἀπὸ τῦ ἐρωτ۞, *ab amore*

amore pour estre fils d'un amour libre, & hors les gesnes du mariage, lesquels neantmoins ne haissoient pas d'immortaliser leurs parens. Aussi voyons-nous que Jupiter n'a de sa femme legitime qu'un boiteux de Vulcain, infamant le Ciel de ses mauvaises conditions ; & de ses autres maitresses des Hercules, des Apollons, & des Mercures. Comme s'il estoit des fruits du mariage ainsi que de ceux des plantes, lesquels sont rendus meilleurs par l'adultere que nous avons mis jusques entr'elles, *nam arborum quoque adulteria excogitata sunt, ut nec poma pauperibus nascerentur*, ainsi que Pline a remarqué. C'est pourquoy assez de nations, comme les Tartares, ne font point de distinction entre ceux que nous nommons naturels, & les legitimes ; les Turcs aimans encores mieux ceux qu'ils ont de leurs Odaliques ou esclaves, que ceux qui naissent de leurs femmes espousées. Je ne repliqueray point non plus, que l'adoption a semblé à beaucoup un moyen bien plus propre pour perpetuer leur memoire, parce qu'elle se fait avec choix, jugement & certitude ; là où la naissance des enfans est douteuse, & leur inclination

Nat. hist. l. 17. c. 1.

nation à la vertu encores plus incertaine, *heroum filii noxæ*. Ainsi nous voyons Socrate autant mesprisé par ses enfans, que glorieux par Platon qu'on peut dire son fils adoptif ; & que Theophraste a tout autrement contribué à la reputation d'Aristote, que son fils Nicomachus. Les enfans de Scipion (qui sortirent comme une espoisse tenebre du milieu de la foudre) de Cimon, de Pericles, de Thucydide, d'Aristides, de Ciceron, de Marc Antonin, de tous ceux que nomme Spartianus en la vie de l'Empereur Septimius Severus, & de tant d'autres que nous voyons tous les jours ou stupides, ou écervelez, voire furieux tout-à-fait, sont de mauvais instrumens d'une glorieuse immortalité. Mais je vous diray bien premierement, qu'assez de personnes ont estimé que n'avoir point d'enfans c'estoit un bien inconnu, & peut-estre n'y eut-il jamais plus de subject de le croire, si vous pesez bien les conditions du temps present. Aussi Thales, Zenon, Diogene, Platon mesme contrevenant à ses loix, & assez d'autres grands personnages, qui tous ont fait gloire de n'avoir point de descendans d'eux,

ont

ont assez fait voir qu'ils attendoient bien l'éternité d'ailleurs. En second lieu, je vous souſtiendray, que comme le corps se peut justement attribuer les enfans dont nous parlons, l'ame aussi a ceux qui lui sont propres, c'est à sçavoir les labeurs de ses estudes, les fruicts de ses veilles & meditations, & generalement toutes ses actions vertueuses, desquelles nous devons nous promettre une veritable immortalité. Et cela d'autant pluſtoſt, que la premiere façon de se perpetuer par filiation, nous est commune avec le reste des animaux, voire mesme avec les plantes ; là où cette autre eſtant toute spirituelle & divine, doit aussi pour ce subject estre seule estimée propre à l'homme & seule digne d'estre l'object de son esprit.

Voicy le lieu auquel je me sens obligé, avant que finir, d'user de quelque gratitude envers Cassander, lequel charitablement s'est rendu si ingenieux à colorer les disgraces du mariage, en faveur de ceux qui s'y trouvent engagez ; après que pour toute response à cette belle apologie des cornes, je luy aurai dit, qu'ayant apris que la marque de la malediction de Cain

MARIAGE. 463

Cain estoit une corne qu'il portoit au front, & que la beste de l'Apocalypse, qui represente l'Antechrist, *habet capita septem & cornua decem*, mon humeur religieuse m'a fait facilement croire que tout homme de bien, estoit obligé en conscience de les abominer.

C. 17.
v. 7.

Disons donc quelque chose en faveur de son celibat, dont le seul nom est tout celeste & divin, s'il est vray que ceux qui en font profession, comme nostre cher Apollodorus, soient nommez *cælibes* en Latin, *quasi cælites*, & ὄντες en Grec, pource que delivrez de tous les soucis qui travaillent le reste des hommes, ils semblent mener une vie plustost Angelique que mortelle. C'est ce qui a donné lieu au proverbe, *qui non litigat cælebs est* ; parceque comme le mariage & les procez sont choses non seulement pleines d'agitation & de turbulence, mais encores d'inseparable compagnie,

Quint.
l. Inst.
c. 6.

 --- *dos est uxoria lites* ;

le celibat, au contraire, est accompagné d'une perpetuelle tranquillité,

Ovid.
2. de
Art.
am.
A19.

Suet. in Oct. Art. 65.

Αἴθ' ὄφελον ἄγαμός τ' ἔμεναι, ἄγονός τε ἀπολέσαι,

Quam convenit cælibem manere & sine liberis,

comme s'escrioit si souvent Auguste. Que si un Iccus Tarentinus, pour s'entretenir glorieux dans les combats Olympiques, s'abstint tout le temps de ses exercices de l'accointance des femmes; si un Chrysson, un Astyllo & un Diopompus ont encores fait le mesme, comme nous asseure Platon; & si nous en voyons tous les jours qui le prattiquent parmy nous, pour des fins qui ont moins de fondement; que ne devez-vous faire beaucoup plus volontiers, ô Eleus, pour ne tomber comme dans un abysme en cette condition du mariage, bien plus capable d'affoiblir vostre ame & de corrompre vostre bon naturel, que n'est l'eau de perdre la generosité du vin, dont elle ne ruine les forces qu'entant que nous les marions ensemble, & que nous la rendons sa femme.

8. de Leg.

ELEUS. Vous nous avez fait voir, Orasius, qu'il n'est pas de tous les mariez

MARIAGE. 465

mariez comme des damnez, encores que selon vostre description ils ne soient gueres dissemblables. Car j'avois autrefois ouy dire, que comme ceux-cy voudroient attirer avec eux le monde, s'ils pouvoient, au lieu de leur damnation, les autres faisoient de mesme profession de se donner des compagnons en leur misere le plus qu'il leur estoit possible. Mais à ce que je puis voir, le bien particulier que vous me voulez l'a emporté cette fois sur une inclination si generale; dont je veux aussi que vous receviez cette satisfaction, que si l'humeur en laquelle vous m'avez porté me dure, vous ne serez point en peine de me dresser d'Epitalame; ne me sentant pas moins esmeu presentement à la simple imagination d'une femme, qu'estoit ce Jean Empereur de Moscovie fils de Basile, qui s'esvanoüissoit, comme j'ay leu autrefois, aussi souvent qu'il en rencontroit.

ORASIUS. J'avois bien ouy parler d'assez de femmes, qu'une syncope faisoit tomber à la renverse à la veuë de certains hommes; mais si la chanse est ainsi tournée, la compagnie

pagnie de Cassander vous vient tout à propos pour vous assister en vos cheutes. Prenez ensemble vostre chemin accoustumé. A Dieu.

De tales bodas, tales tortas.

Fin du Tome II.

www.ingramcontent.com/pod-product-compliance
Lightning Source LLC
Chambersburg PA
CBHW050249230426
43664CB00012B/1888